米文集·时光

佳作网 主编

浙江工商大学出版社
ZHEJIANG GONGSHANG UNIVERSITY PRESS

·杭州·

图书在版编目(CIP)数据

米文集．时光 / 佳作网主编．—杭州：浙江工商
大学出版社，2021.4
ISBN 978-7-5178-4370-2

Ⅰ．①米… Ⅱ．①佳… Ⅲ．①作文－中小学－选集
Ⅳ．①H194.5

中国版本图书馆 CIP 数据核字（2021）第040364号

米文集·时光
MIWENJI·SHIGUANG
佳作网 主编

责任编辑	厉　勇
封面设计	雪　青
责任印制	包建辉
出版发行	浙江工商大学出版社
	（杭州市教工路198号　邮政编码310012）
	（E-mail：zjgsupress@163.com）
	（网址：http://www.zjgsupress.com）
	电话：0571-88904980，88831806（传真）
排　　版	杭州朝曦图文设计有限公司
印　　刷	杭州高腾印务有限公司
开　　本	880mm×1230mm　1/32
印　　张	14.5
字　　数	345千
版 印 次	2021年4月第1版　2021年4月第1次印刷
书　　号	ISBN 978-7-5178-4370-2
定　　价	50.00元

谨以此书，献给 174 位米文小作家。

| 目　录 |

第一辑　　留住

第二辑　　半亩地

第三辑　　花中皇后

第四辑　　神奇的羽毛

第五辑　　第一次做早餐

第六辑　　爱上中国诗词

第七辑　　薄荷夏季

第八辑　　在蓬莱仙岛

第九辑　　沉浮之中

第十辑　　爷爷的算盘

第十一辑　　爸爸早点回家

第十二辑　　小康路上

第十三辑　　我和我的祖国

第十四辑　　苔花如米

月亮啊，你慢慢走。也许，吃了这石榴，
就能留住妈妈的时光了呢。

留　住

今年的秋天来得迅疾，不知不觉，桂树香了，稻子沉了，硕大的石榴裂了，哈哈地乐晕在地上。秋风打窗檐儿溜进来，吓得人一哆嗦。今夜书桌前的灯依旧亮着，笔仍舞着，人仍在学习着。

"吱嘎"一声，门偷偷开了："女儿，渴了没？秋天要多补点水啊，妈给你倒了杯水，喝一口？"

又来打扰我思路。我愤愤地想着，不自觉地眉头就拧在了一起，眼睛就斜了过去。妈妈没再说什么，轻手轻脚地出去了。

过了一会，我就有点后悔了。秋风果真厉害，只消一会便吹得我口干舌燥。"妈妈这会儿还在生气吧。"我偷偷想，"还是自己去倒杯水好了。"我按着门把手，轻轻滑开——还好没有发出声音，我溜了出去。

刚刚转过墙角，我一个急刹车连忙后退，险些撞到墙——妈妈正背对着我坐在客厅里，小心翼翼地在干什么大事一般。

我平复了一下快跳出喉咙的心，咽了一口口水，移步走到妈妈背后，小心打量。偷偷看去——一个硕大的石榴，妈妈眯着眼，用小指大的细叉子一点一点挖着。我耳边似乎又回响起昨天妈妈兴奋的声音："我的石榴快到了，改天剥给你吃吧！"我心底一颤。

石榴边上，是一个晶莹剔透的大玻璃碗，里边盛着小半的石榴粒。一颗颗，一粒粒，挨挨挤挤，贴着壁，闪着鲜红的光泽。

这时，妈妈身体动了一下，我急忙转过身，一瞥——呀！她驼着背，把眼睛眯了又眯，手因为过于紧张有点发颤。她的鼻尖沁出点点汗珠，手轻柔地剥着最后一颗石榴粒，像是抚着婴儿的脸颊。

我忍不住鼻头有些发酸。我赶紧垫着脚尖回去，重新打开了门，故意发出很大的动静，走了出去。

妈妈转过身，笑吟吟地对着我："我想着，应该是白开水没味，你从小都喜欢吃甜的。这不，我特地买了石榴，剥好了，吃吧。"

我忍着将要夺眶而出的泪，不去看飘在妈妈发间的几缕白发，强颜欢笑道："太好啦！果然妈妈是最疼我的！"

她仍笑着，坐到我身边："那就一起。"她似乎什么都明白了，又好像什么都没明白。

石榴还是那么透亮，纤细的籽被厚厚的果肉紧紧拥抱着，誓不分离。我突然有点不忍心了。妈妈催促道："赶紧吃，果肉要干的。"我又是一颤，眼前再次浮现出妈妈弯着腰眯着眼的情景。

我终于忍不住了，一滴大而亮的泪珠滴落，落在石榴粒中，如同果粒。妈妈看见，竟有点手足无措："哎哎，怎么哭了呢？不会是冻哭了吧……"

我赶紧抓起一把石榴粒塞进嘴里，抬头向妈妈绽放出一个大大的微笑："没，是甜哭了哦。"

"小丫头，嘴挺甜。"她也笑了，也捏起一颗放进嘴里。

我望着窗外的月亮。月亮啊，你慢慢走。也许，吃了这石榴，就能留住妈妈的时光了呢。

傅岩淇/文，八年级

你御风而去，我等你悄然归来

他总是御着风。因为他就像是一阵风，总是风风火火地去，又悄无声息地来。

"今天爸爸回家吃饭吗？"我抬起头望着刚刚回家的妈妈。"啊……不知道啊，应该回来吃吧。"妈妈手上的动作顿了顿，迟疑地说道。"哦。"明明知道这种问题70%的回答都是不来吃，剩下的29.9%是不知道，还有0.1%才是意外惊喜。可是为什么听了回答，心里总是空落落地，我低下头，掩饰住眼角的一丝失望。耳边传来淡淡的叹息声。沉默了一会，突然有门把手被转动的声响，我心中一动，下一秒心中就被欢喜填满。"哈喽！"果然，耳边传来爸爸的声音，略带欢喜却又掩饰不住疲惫。"你来啦！"我大叫着扔下一桌子的作业跑出书房，那个总是御着风的男人正笑着坐在沙发上，妈妈坐在他身边，掩饰不住的笑意盛满了双眼。

"我出发啦。"爸爸的声音轻轻的，却透过厚重的门隐隐约约地传进来。我伫立在房门前，最终还是忍不住偷偷把门开了一条缝，却只望见他的一片衣角——他又走了，御着风，悄无声息，只在稀薄的晨雾里留下一个隐约的轮廓，而我却还来不及细数你的白发。

他总是御着风，带着风的轻柔，也携着风的犀利。

与万万千千的家长们一样，他总是希望我可以更优秀、更完美一点。而我却频频用努力，拿出一张张惨不忍睹的理科试卷。他像风一样犀利地指出我学习的漏洞百出。这阵犀利到了极点的风啊，刮得我的心生疼。可我也清楚记得，他会御着风，为我带来精致的甜点和最爱的奶茶。点点滴滴，小心翼翼地点亮着心中的明灯。可我，还未曾细细端详你眼角渐渐出现的皱纹。

他总是御着风，带着风的潇洒，却掩饰着虚弱。

他一点都不擅长喝酒。为了应酬，他不得不喝，然后吐得昏天暗地。"你爸一定又喝吐了。"妈妈担心地看着紧闭的门，叹了口气。我沉默了一下，最终还是忍不住小声问道："那……爸爸没事吧?"妈妈刚刚张开了口，那扇紧闭的门突然打开了，爸爸艰难地伸出头来："我没事，真的没事，不要瞎想……"声音小小的，虚弱得像是一阵风就可以吹走似的。我看着爸爸紧蹙的眉和难看的脸色，脑海里冒出来一个倔强的背影，在路灯微弱的光下被拉得很长很长。我别过头去。今夜的风又刮起来了，扯着树枝发出"哗哗"的声音。不知怎的，那个背影在脑海里总是挥之不去。我，还没有紧紧握住你的手。

我不知道怎么表达自己的感情，"爱"这个字眼也永远说不出口。我曾无数次拿起笔，结果都是又缓缓放下。我曾无数次看着这个御风的男人，爱就在嘴边却说不出来。

你总是御风而去，或许带了风尘。但要记得，我一直等着你，等着你悄然归来。

傅岩淇/文，八年级

我的爸爸

我爸爸个子很高，头发短短的，炯炯有神的大眼睛上有一副厚厚的眼镜，宽阔的肩膀是妹妹最爱骑着撒欢的地方。

爸爸是一名骨科医生，经常没日没夜地工作，不是开刀就是值班。他陪我去培训班的时候，还总带着一本厚厚的《骨科学》埋头苦读，其他家长问他："你是不是准备考研究生？"我笑了，我爸爸已经是个博士了，他只是学无止境，比较好学。因为好学，他医术也很精湛，总有人送锦旗给他，称他仁心仁德、妙手回春，妹妹也总是很自豪地说："我爸爸能把断掉的骨头接上。"

爸爸是个大忙人，在家里陪我们玩的时候，总是有医院打来的电话问他病人怎么处理。亲戚们来我们家吃饭的时候，总能把吃饭现场变成门诊现场，他每次都很耐心地解答大家的问题。过年那几天，他因为接触了新冠患者被隔离了，连元宵节都没回来，但我们为他自豪，因为他一直在前线工作。他戴着手术帽、捂着严严实实的口罩在手术间的样子，铭刻在我们全家人心中。

平日里，他会带着我和妹妹唱小曲。每当吃好晚饭，他就架起曲谱，弹起他心爱的尤克里里，我和妹妹依偎在他身边，随着曲调，我们唱起了《成都》《蓝莲花》《生如夏花》……优美的旋律，悠扬的歌声，是我童年最美好的快乐时光。

夜深人静的时候，总等不到爸爸高大的身影。但他在我们心中是最好的爸爸！

齐晞言/文，三年级

春风无言

外祖父的家在一个清静的偏远山村，那里有绿水环绕，茂林修竹，又有青山点缀其间。水边有一块绿茵茵的菜地，地上的蔬菜经过山水的滋养，显得格外生机勃勃，一派"一水护田将绿绕，两山排闼送青来"的景象。

小时候，我时常在外祖父家待着，经常跟着外祖父在田间摘菜。雨后，湿润的空气清新可人，我和外祖父来到了田间。

"先采萝卜吧，萝卜最好吃啦！"

"嘿呦嘿呦拔萝卜！"我一边唱一边采，不知不觉，我手中已经攥了好几个小巧玲珑的红萝卜。

"哈，拔葱也太简单了，这可难不倒我！"

不一会儿，菜就堆了很多，我心里美滋滋的。看着眼前那还有嫩绿的一大片，也顾不了多少，只一个劲儿地摘、拔、提、铲，不久，采的菜堆成了山，这下我可慌了神。

"呀，这也太多了，浪费蔬菜可就麻烦了！快告诉外公去。" 我匆匆忙忙地跑到了外祖父身边。

"不好啦，外公您看，我摘了那么多蔬菜，我们三个人怎么吃得完呀！"

可外祖父却不慌不忙地笑着说："孩子，我还嫌你采得不够多呢！"我百思不得其解，这些菜三个人得吃到猴年马月吧！

嘿，外祖母已经在招呼我和外祖父停手了，这时田里成熟的菜也已经消失了一大半，我才停下。外祖父笑眯眯地摸摸我的头，我俩满载而归。

回到家，只见外祖父仔仔细细地将这些菜进行分类，一份份地分好，我更疑惑了。

"孩子，这些菜给你舅舅吃，他们都住在城里。"

"外公，城里有超市、菜场呀，那萝卜木棒一样粗，那包菜皮球一样大，他们随处都能买呀！"

"小北，咱们自己种的菜更环保。再说这蔬菜里还藏着一样东西。"

"哦，什么东西呀？"我好奇地问。

"长大了你自会明白。"外祖父神秘地笑笑。

后来，我离开外祖父的老家。这些年，我时常收到外祖父捎给我们的蔬菜，我心里也只是高兴，有时还嫌太多，吃不完，并没有留意其中藏着的"东西"。

今年庚子鼠年，一场突如其来的新型冠状病毒肺炎疫情席卷整个世界，中国也不例外。外祖父又寄来了蔬果。看着外祖父分类捆扎得整整齐齐的绿油油的蔬菜，就像战备物资一样，仿佛用之不尽、取之不竭。我再也不会感到无所谓了，我小心地整理着，和外祖父在田野里的时光再一次荡漾在我的心间……

我似乎一下子长大了，许多道理一下子明白了，原来长辈对我们的爱常化在无形之中，似一股无言的春风温暖人心，这一份份鲜蔬中藏着的就是长者之爱呀！

郑北辰/文，五年级　指导老师：汪卓昭

奶奶的手

　　在我的印象中，奶奶有双停不下来的手，时而用它缓慢地敲击键盘，时而用它有力地耕种土地，时而用它灵巧地编织毛衣。许是因为代沟，我嫌她唠叨，不想与她交谈，然而她却用那双手生动地诠释了对我的爱。

　　那年，我迷上了牛仔裤，淡蓝与深蓝的拼接，棉线与破洞的组合，让人显得活力十足。我穿着它，故意在客厅里走来走去，想要博得一些称赞。这时，浑身散发着油烟味的奶奶走出厨房，经过我面前时，突然停了下来。她布满了沟壑褶皱的脸忽地缩成一团，差点看不出五官来，皱着的眼睛流露着生气的神色，连偌大的眼袋仿佛也在表示着不满："也不知道你爸你妈怎么养你的，连裤子破了都不知道！"后一秒，她倏然抬起头，双眼充满了期待："等你脱下来，我给你补补，马上就能穿了！"我惊讶得不可思议，飞速回答："就是这个款，破的才好看呀！"奶奶摇着头，喃喃说："破成这样还好看?！等晚上我给你补好！"我见与她说不清楚，不置可否地转身走了。

　　晚上，我在半梦半醒中仿佛听见"哒哒哒"的踏板声……

　　第二天早晨，我起床发现自己的牛仔裤不见了，正当我焦急地寻找时，隔壁的房间又传来了熟悉的"哒哒哒"之声，我连忙起身向隔壁的房间走去。

　　昏黄的灯光下，缝纫机"哒哒哒"的声响回荡在狭小的空间中，缝纫台上红红绿绿的碎布显得异常碍眼。踏板声时响时停，断断续续，像一缕轻烟飘飘散散。那个暗沉沉佝偻着的背挤在狭窄的木椅里，烫着卷儿却抵不过花白的发丝随着"哒哒哒"的声音微微颤抖着，还有粗粗的呼吸声夹杂着几声咳嗽，合奏着一曲晨之歌。我目之所及处的那双手，行云流水般做着各种转、捏、折等动作，灵动得如飞舞的蝴蝶，显然那是双苍老的手。我静静地看着那双手，感受着时钟的流转。

踏板声停了，奶奶艰难地起身，牛仔裤补好了。破洞不见了，参差的边也用白线缝得平整极了。

那天，我穿上了这条牛仔裤，哪怕它看起来有多古怪，但它是由天下最美的手缝成的。

奶奶的手，蕴含了多少爱的力量呵……

陈诺/文，七年级

散　步

　　我和父亲，永远的散步搭档。

　　每天，我们都例行公事般去散步，有时候在小区内绕圈，有时候到江边公园走走，但时间总是在半小时左右。不管我的作业有多多，也不管父亲的工作有多忙，我们总是在晚饭后出去散步。而散步的乐趣也只有我俩知晓：可以在人烟稀少的公园，将自己带到平地上稳步前行或在上街沿处走下"平衡木"；可以像一位潇洒的文豪，文思从口中叽里呱啦地表达出来，仿佛能随着灵感而生出一篇篇千古文章。

　　父与子的交流是何等潇洒、何等自在，在散步时，我嘴中绝不闲着，可以讲学校同学的趣事，讲看过的书、听过的故事，谈天说地、谈古论今，讲得心胸舒畅，比洗一次桑拿浴还更胜一筹。

　　说着，讲着，春风得意时就会聊到学习，主角终于登场了。一说到作业什么的，我立马提出要回家写作业。平常人定说什么"饭后百步走，活到九十九"之类的，但父亲却说："我们已经散了七八年步了，风雨不误，一个小小的作业就想让我们功亏一篑吗？"这段道理才是天地之道，那些谈天说地、春风得意，一股脑儿都黯然无光。

　　"已经决定的事，坚持做下去，你不努力，就会被落下。"这句父亲在散步时告诫我的话，一直贯穿了我整个小学阶段。每天散步已是我必做的功课，它是如此重要，既是强健体质，也是敞开心扉，更是父子间敞开心扉的交流。

　　　　　　　　　　迟天济/文，七年级　指导老师：冯燕

雨中的父亲

雨，漫过了天际。雨像一条条大水蛇，贪婪地爬上路人的小腿。此刻，我已经几乎万念俱灰，可是还有一丝希望，因为一个蓝色的身影冲入了校区……

"咔嚓"那扇老门应声而开，父亲随着老门的呻吟走了进来。不错，正是他——那个蓝色的身影，一会儿我们上了那辆饱经风霜的电瓶车。父亲是来接我回家的，虽然雨下得很大，路还很滑。

我们冲向目标——家处于低洼区，积水很多。哎，正是上有天罗下有地网，我们仿佛在一个"怪兽"的口腔中，那"口水"又凉又滑，若不是有路灯昏黄的光线，真是让人提心吊胆啊，就怕一不小心从车上滑下来。

快到了，此时我们全身湿透，透心凉，就像我们刚才一不小心失足掉进西湖似的。但我此时最担心的是电瓶车的心脏——电瓶，不出我所料，电瓶发出几声异响，随后罢工了。我跳下车来帮父亲推车，而父亲严肃地阻止了我的举动，父亲一脚深一脚浅地走着，我感到一股暖流冲入我的心脏，在昏暗中，我热泪盈眶，想说话却又无话可说。几次想跳下来，又都被父亲制止了，雨与泪在我脸上交汇，相互融合，傻傻地分不清，在朦胧中，我看见家就在前方……

雨中的父亲，我想对你说："你的父爱是我的自豪，我永远也忘不了那天夜里父爱发出的灿烂金光。"

迟天济/文，六年级　指导老师：陈燕

老 桥

　　我老家的石桥，只不过是连接两个村子的普通桥梁。灰石砌成，大宽台阶，狮子扶手，雕刻栏杆，都是我美好的回忆。

　　随着岁月的流逝，随着时代的变迁，随着科技的进步，这座老石桥就渐渐地被遗弃了：整个桥体都长上了密密麻麻的青苔，将雕刻都遮住，犹如一个耄耋之年的老头儿。

　　一次偶然的机会，我又一次踏上了老石桥。那是一个阳光明媚的下午，我渐渐走进尘封已久的老石桥。那一刻，好像就如两个分别已久的亲人重逢，令人格外感动。

　　我找了一个青苔较少的台阶坐下，轻轻地抚摸着石栏，静静地回忆往事，石桥是全村老百姓的心血之作：那时候还没有石桥，人们从两村往返总要划船，但后来船不够了，有个村民便提议造一座桥。于是，两村人民立即行动起来：设计稿纸、搬石头、建造桥梁……由于当时设备落后，这一造就造了将近一年。大家看着自己的劳动成果，欣慰地笑了……这一切全都是两年前离我远去的曾祖父告诉我的。

　　一说到曾祖父，我就不禁热泪盈眶。他虽然年逾期颐，但还陪我到大街上买东西。那时候我还小，还不完全懂得孝敬长辈，总是要他多出点钱，多买些东西，他也欣然答应。但是一年后突如其来的一场疾病，他永远离开了这个世界。

　　转眼间几年过去了，一踏上老桥，我便沉浸在无限的思念之中。

张博文/文，五年级　指导老师：钟慧萍

傲慢的高跟鞋

我妈妈是一个爱美丽、十分自信的女人，她鞋柜里有很多高跟鞋，红色、白色、黑色……尖头、圆头、鱼嘴……我妈妈穿着高跟鞋总是那么婀娜多姿。

一天深夜，家里的鞋柜闹腾起来，到底发生了什么事儿呢？原来是近段时间妈妈独宠高跟鞋惹的祸，鞋柜中的高跟鞋因为受到妈妈的专宠越来越骄傲自大了。平底鞋看不过去，于是高跟鞋和平底鞋展开了一场"口舌大战"。它俩都觉得自己是主人的最爱，平底鞋看不惯高跟鞋趾高气昂的样子，愤愤地说："上班时，主人带着你，下班时她就喜欢和我们待一起，有什么了不起的？"高跟鞋伙伴多，自然扭着腰说："你看，我的伙伴多，五颜六色都有，多漂亮啊！你看看你，孤零零的一双，还满身黑乎乎的，多难看啊！主人也就下班才会想起你！"平底鞋不服气地说："我的颜色好搭配衣服，你呢？"高跟鞋以拉高百倍的声调尖声说："我们的颜色看着多漂亮啊！我们就是鞋多力量大。"这下把平底鞋脸都给气歪了。高跟鞋一边笑，一边说："你脸色更难看了，哈哈哈……"

还没等高跟鞋讥笑完，它们的主人——我的妈妈就从房间出来了，高跟鞋就一下子止住了笑声。我妈妈用轻声轻语说道："其实我真的一点儿也不喜欢穿高跟鞋，上班时，我还是喜欢穿平底鞋，有时真的没办法啊！"声音不响，但依然字字清晰，高跟鞋听了顿时瞠目结舌，平底鞋用一种理解的口吻说："主人的心情只有我能理解。你啊，下次不要这么骄傲了。"高跟鞋们个个都低下了头，伤心地说："我明白了，可是主人不喜欢我们了，怎么办呢?"只见我妈妈笑了笑说："高跟鞋，我还是喜欢的，穿着它感觉气质就好，但是一天下来真的很累。我也很喜欢平底鞋，它最适合我的脚。"此时平底鞋对着高跟鞋说："你听听，主人谁都喜欢，我觉得你只要改掉骄傲的坏毛病，主人会更喜欢你们。"高跟鞋不好意思地点了点头。

从此，我家鞋柜一片祥和……

朱缪轩/文，六年级　指导老师：翁吉英

妈妈的味道

我喜欢"吃"，提拉米苏、奶油面包、鸡蛋、布丁、蔬果、比萨，那些让人流口水的美味使我羡慕嫉妒恨。但是，不管它们有多华丽，多精致，却远远比不上那种朴实的味道。

朴实的味道，便是妈妈的味道。

厨房烟雾缭绕，我越过妈妈的背影，就可以看见今天我爱吃的一道菜。有时是炒青豆，有时是红烧肉，有时是清鸡汤，有时是糯米团，有时是烤面包。厨房里的妈妈被油烟呛得直咳嗽，那时年幼的我可不管，我也不知道怎么管，那时的我只知道趴在厨房门上，盯着那一道"我的菜"，只知道用袖子去抹嘴角快流出来的口水。

从小到大，餐桌上总会有一道我爱吃的菜。我不知道妈妈是怎么知道我喜欢吃什么的，不喜欢吃什么的。那时年幼的我可不管，喜欢吃的菜便狼吞虎咽，忽视餐桌另一边的水煮大白菜。妈妈总说我挑食，把白菜、萝卜、苦瓜一筷子一筷子往我碗里搛。我皱皱眉头，也咽下去了。如果那些白菜、萝卜、苦瓜是饭店里的，我永远也不会吃。因为妈妈做的饭菜有一种"妈妈的味道"，再难吃的菜，只要有那种味道，就是我的最爱。

去菜市场买菜时，妈妈带着我挑挑拣拣，嘴里嘟嘟囔囔着，好像在对我说话，又好像在自言自语："这个你喜欢吃对吧？那个每次做你都不吃……上次这个你可吃了大半盘哩……"

我总是一愣一愣地。我什么时候没吃这个？我什么时候爱吃那个？

妈妈什么时候做过这道菜？我都忘了，妈妈怎么记得？

妈妈总是知道这桌菜我最爱吃什么。筷子晃动着，夹到的菜却进了我的肚子。妈妈怎么知道我爱吃的呢？为什么妈妈总是不吃呢？

我似乎懂了，又似乎没懂，这些问题没思考多久就抛到脑后了。

现在，我长大了，我知道怎样体会那种朴实的味道。

我看见，妈妈在厨房里忙碌着，被浓烟呛得阵阵咳嗽；我知道，这是妈妈每一天一个普普通通的步骤；我明白，妈妈会把她的爱，一点一点融入饭菜中。

妈妈端着菜出来了。她笑着坐下。我支着下巴，很幸福地闻着米饭的香。今天，又有我爱的红烧肉。我低着头，使劲往嘴里扒着米饭，又夹起一块肉，呼哧呼哧地往嘴里塞。其实我不饿，但是如果我表现得这么饿，妈妈就会很开心。

妈妈真的很开心，她看着我，许久才动筷子。她撚了一块肉，晃了晃，又在空中停了一下，问："好吃吗？"

"好吃。"我故意含糊不清地说，就像嘴里塞了很多很多饭菜一样。

妈妈又笑了笑，把筷子上的肉放进我的碗里，眼角细小的皱纹露了出来："好吃就多吃点，我不和你抢。"

何雯昕/文，六年级

爸爸，我想对您说

亲爱的爸爸：您好！有一些事我不能当面和您说，只能写下来。

记得那一次，我考了好成绩，您给我买了一盒画笔。回到家，弟弟用羡慕的眼神打量着我的画笔。突然，他快速跑过来抢夺我的画笔。我着急地大声说："这是爸爸买给我的，你不可以抢！"弟弟就像没听见一样，继续抢。我很生气，一用力，把画笔夺回，可此时，弟弟摔倒在地，哇哇哭了起来。在书房工作的您听到声响后马上跑出来，不分青红皂白就冲我大吼道："干什么，不准欺负弟弟，你多大，他多大……"

"没事吧，宝宝，姐姐有没有打你啊！"当你转向弟弟时，您的脸却变温柔了。

"那个，笔笔，画画。"弟弟皱着眉头指着画笔说。

"快把笔给我！"您转过头来，用眼睛瞪着我，刚上扬的嘴角又挂下去了。

"可这是您对我的奖励，不行，不给！"我紧抱着画笔说。

此时，我已经急得快哭出来了，可您还依然向我追要着。

您什么也不管，一下子就从我怀里夺走画笔，给了弟弟。还抚摸着他的脑袋，说："拿去吧，去房间里画吧！"

"你身为姐姐就应该让着他，不就是一盒画笔嘛！有什么大不了的！"您轻描淡写地说道，说完转身就去工作了。

晚上，我躺在床上翻来覆去睡不着，心里翻江倒海，枕边一片湿。

心中的那两个小人，此刻不像平常那样会争吵，而是站在了同一战线上，一个说："爸爸真是，竟然不关心你，明明是你的东西！"另一个紧接着说："就是，爸爸冤枉小主人，小主人真可怜！"

爸爸，我也是个孩子啊！我也需要关怀和鼓励，自从弟弟来到人间，您就再也没有和我说过"晚安"，再也没有给我拥抱，我不想因为弟弟而失去您对我的爱！

胡安蝶/文，五年级

爱的港湾

我的家就是一个爱的港湾，温馨快乐。

地球仪风波

姐姐房间里有一个大大的地球仪，我窥视它很久了。姐姐怕我弄坏，就是不肯给我玩。

有一次，我趁姐姐洗澡偷偷溜进她的房间，把地球仪拿出来玩。姐姐看见后很生气。妈妈说："你是姐姐，让着点妹妹，给她玩一下呗！"姐姐生气地说："妈，这是原则问题。妹妹拿我的东西经过我同意了吗？不问取之则是偷！"我忍不住"哇"的一下哭了起来。爸爸了解了事情经过后，语重心长地对我说："贝贝，拿别人东西，是不是得经过别人的同意啊？""我拿的不是别人的，是姐姐的。"我争辩道。"就算是姐姐的，也要经过她的同意啊。如果姐姐不问你，就把你最喜欢的布娃娃拿走，你会高兴吗？你不是经常跟我们说'己所不欲，勿施于人'吗？""对不起，姐姐！"我向姐姐道歉。爸爸又对姐姐说："宝宝，妹妹没经过你的同意就拿你的东西，的确不对。但你也不该这样生气，应该告诉她下次拿东西要经过你的同意才行。孩子们啊，家不是讲理的地方，是讲爱的地方。我们一家人要相亲相爱、互相包容。"姐姐温柔地对我说："你玩吧，小心点别弄坏了。"我破涕为笑说："好，我们一起玩吧！"

在玩中，爸爸和姐姐指着地球仪教我认识了经线、纬线、南极、北极，找到了七大洲、四大洋，世界上最大的岛"格陵兰岛"、最小的岛"瑙鲁"。

地球仪风波虽然过去了，但是却让我明白一个道理：就算拿最亲的人的东西也要经过对方同意，这样双方才会开心。

"少女心"的妈妈爱看书

妈妈说"读万卷书，行万里路"，读书可以让人变得有智慧，小孩子一定要多读书。每天晚上妈妈都会陪我安静地看书。看完一本书，我们还要一起讨论书里的故事情节、人物性格、心理特征，这本书讲了什么道理。

有一次，妈妈看《摆渡人》，哭得稀里哗啦，吓得我不知所措，急忙叫爸爸来。爸爸抱着妈妈，轻轻地帮她擦掉眼泪，问："是不是又看到第二十一章了？"妈妈哽咽着点点头。我一脸迷茫又担心地看着妈妈。爸爸告诉我："这本书妈妈已经看过好几次了，每次看到第二十一章男主崔斯坦和女主迪伦分别的场景就会痛哭。你妈妈的心里还住着一个'少女'呢！"我听了真是又想笑又无奈：有这样一个拥有少女心的妈妈，想必我们的生活会很精彩吧。

可能是受妈妈影响吧，我和姐姐也成了小书虫。爸爸说这是言传身教的结果。

我们的家有原则，有爱，又有趣。妈妈每天无微不至地照顾着我们的生活起居；爸爸努力工作，下班后辅导我做作业、陪我做游戏；周末一家人带着宠物狗"叮叮"一起去郊游野炊。每天我们都过得无比开心，我好爱好爱我的家！

童昕王娜/文，三年级

臭爸爸与暖爸爸

"快过来，东西还没有整理哩?"

"我可不想理，这些东西又不是我的，凭什么呀? 啊!"

我正懒洋洋地躺在我的"猪圈沙发"上，目视着正在收拾"烂摊子"的爸爸。不高不矮的个头，稀疏的眉毛下边有着"两只"锐利的眼睛，唇上和下巴长着密密的胡子，有事没事总喜欢拿我的手臂当"剃胡刀"。

哎，你可别看他长得这么老实忠厚，整我的法子那可是一套一套的。有一次，我睡得正香的时候，他就起了坏主意，用我最心爱的印章在我细嫩的手臂上盖了几个印章。我听到有什么坏笑的声音，迷迷糊糊醒来了。正当我还没有反应过来之时，他像豹子一般向我冲来，再次向我盖上他的战利品，并在我发呆的时候以快速的冲刺逃之夭夭。我下意识地瞧了瞧我的手臂，好家伙，那火红而又醒目的印章刺入了我的眼帘，怒火已经燃烧在了我的心田……

"臭老爸，你给我出来!"我的怒气足以让我把他给吞了下去。

爸爸看见了我怒气冲冲的模样反倒是更加高兴:"来呀，来呀，来打败我呀!"

"那就休怪姑奶奶我不客气了，呀!"我拿起印章猛地向他冲去，谁知他机灵一闪，窜到了我的背后并向我大腿发起了进攻……不久，我们便缠在了一起，我给他的手掌盖上一个，他必给我的额头加上一个，谁也不愿服输，谁也不甘落后。但毕竟"姜还是老的辣"，虽然我俩都成了"小红怪"，但爸爸身上的"红块"明显比我的少，我还是战败了。

"愿赌服输呦，小坏蛋！"这句话让我的怒火火光冲天啊，但却又没有办法还手，不争气的眼泪就流了出来，我不停地啜泣，想把心中的无助全部释放出来，我也不知道我哭了多久，直到爸爸走了过来，撒娇似的对我道歉："对不起了嘛！原谅我呗！"我赌气似的摇了摇头，但还是在呜咽。爸爸一见我真的伤心了，便安慰我道："爸爸错了，你别哭了嘛。明天，赔你两包薯片。"

看着他搂住我的胳膊装可怜的样子，我不禁破涕为笑，一见我笑了，他也傻傻地笑了。

月亮美好地望着我们这对快乐的父女，它是不是也在羡慕我的臭爸爸与好爸爸呢？

姜彦彤/文，五年级

我和爸爸走月亮

秋天的夜晚，月亮升起来了吗？在曹娥江里洗过澡了吗？我牵着爸爸的手在铺满灯光的江边小路上走着……

走过杨柳青青的小路，一棵棵柳树像一名名飒爽的士兵在路上巡逻；走过梯田式的台阶，在灯光的照射下，忽明忽暗。仰望天空，月亮怎么还不出来？我想：她可能还在换衣服吧。

啊，我和爸爸走月亮！

原来那一片荒无人烟、杂草丛生的地方如今已经成了百花盛开、鸟语花香的花海。设计师叔叔在那设计了一条条蜿蜒小道。听爸爸说："这里原本是一片沼泽地，也是曹娥江的一部分。"小路两旁金黄色的蒲公英，呆萌的小猪，穿越水浪的海豚，吱呀吱呀转的大风车，在草原上撒野的斑马，一朵朵艳丽的花……还有大象、蜘蛛、天鹅，都被五光十色的灯光照亮了！仿佛在月光下跳舞。

啊，我和爸爸走月亮！

这时，我看到了远处一个银边镶嵌的月亮站在草地上。几颗闪闪烁烁的小星星在月亮旁边跳舞，当我想拿起手机把这一瞬间拍下来时，爸爸二话不说，把我举到了头顶，坐在了他的肩膀上。这种居高临下的感觉，让我想起了小时候骑在外公肩膀上的味道。

多么浪漫，多么宁静的夜晚，我和爸爸走月亮！

陈泓谕/文，四年级

奶奶神奇的手

我的奶奶有一双神奇的手。

厨房里有它的身影。菜篮子里静静地躺着一大块牛肉，奶奶用双手把牛肉清洗干净，再切成小块，然后放进锅里，往里面加上老酒、酱油、香料，用小火慢炖两小时，一碗香喷喷的五香牛肉就做好了，每次都让我馋涎欲滴，口水直流三千尺。

客厅里有它的身影。奶奶对手工有着极大的兴趣，她经常到街上买一些五颜六色的布料和金灿灿的细线，然后靠出色的技艺绣出一盆盆精美的工艺花，送给亲戚和朋友，让大家赞叹不已，很多人都想跟奶奶拜师学艺。

书房里有它的身影。我每次光顾爸爸的书房后，就像孙悟空大闹天宫一样，把书房弄得一团乱，不是把书乱堆乱放，就是把铅笔、橡皮、透明胶等文具扔一地。只要奶奶进书房整理后，就像观音菩萨挥动了手中的柳枝，让一切物品都归了位。

阳台上也有它的身影。每次我打完篮球回来，我的衣服总是脏兮兮的，白球鞋变成黑球鞋，像从染缸里浸过一样。但奶奶总是很有耐心，也很有办法，经过奶奶细致的清洗，运动服、球鞋看起来都像新的一样。

于是，我问奶奶："奶奶，你的手为什么这么神奇？"奶奶笑着答："只要你热爱劳动，你也会有一双和我一样的手。"

董行/文，四年级　指导老师：沈兰

我有一个古灵精怪的外婆

提到外婆，一般人脑海中都会出现慈祥、和蔼的老太太形象。我的外婆却很不一样。她既不慈祥，也不和蔼，却幽默调皮、活力满满，甚至时不时制造一些令人啼笑皆非的"事故"。我的外婆，简直可以用"古灵精怪"来形容。

作为一个即将进入古稀之年的乡下老太太，外婆一直给人风风火火、快人快语、不服输的女强人印象，一点儿都没有"木冬冬"的老太太样子。相反，在老太太的皮囊里，包裹着一颗年轻而充满活力的心。然而，也正是因为这种不服输的个性，外婆成功地在某年春天制造了一个"大事故"。

那天，外婆和其他老太太在社区闲聊，看见一个年轻小伙子在做引体向上，这让从小好强淘气的外婆很心痒。她豪气万丈地对身边的老太太们说："这个，我也会！"

也许，外婆当时忘了自己已是年近古稀的老太太，年轻时翻墙爬树身手敏捷的记忆，此刻让她热血沸腾了吧！所以，外婆一撸袖子就上了单杠。没想到，不服输的老太太做引体向上，后果也一样严重——外婆的胳膊"光荣"脱臼了！

这件事成了外公和其他老太太茶余饭后的笑料，让外婆很没面子，也让外婆吃了不少苦头。然而，谁也没想到，对于没能在其他老太太面前成功炫技，外婆一直耿耿于怀。胳膊好得差不多的时候，她又进行了尝试。结果，外婆的胳膊再次成功脱臼！

从此，这成了外婆的痛点。表姐让我千万别在外婆面前提这事儿，因为外婆会崩溃。除了成功把自己的胳膊折腾脱臼外，外婆还干过另一番"伟大"事业。

去年夏天，我和妈妈去外婆家时，惊讶地发现外婆家的边境牧羊犬竟然成了"光身"，活像一只白了五个色号的变异沙皮狗。幕后黑手竟然又是外婆！外婆甚至给"剃度"后的牧羊犬拗了一个妖娆的造型——全身趴在地上，前腿交叉放在身前。她得意地跟我们说："呐——多好看啦！天气再热也不怕啦！"

结果，可怜的牧羊犬整个夏天受尽了蚊蝇的折磨，被咬得浑身都是红包。哎！害"狗"不浅的外婆啊！还真当自己干了一件伟大无比的事业呢！

外婆的生活很精彩。每天早上她都风雨无阻从乡下赶到城里跳木兰扇舞，顺便在菜市场买点菜，再赶回乡下给外公做饭。闲暇时，就上爱奇艺看看自己的演出视频，刷刷儿女们的朋友圈，偶尔跟着外公去田间地头种菜摘菜……怎么样？很前卫吧？实在没事干了，她就训狗，还给它抓跳蚤。

外婆不仅爱玩，还很懂得养生。她给自己订了鲜牛奶，每天喝点红酒，清淡饮食，坚持散步，偶尔出去旅游。我很爱这样古灵精怪又懂得生活的外婆。老年人就应该像她那样，每天过得开开心心。

余佳蓉/文，四年级

"没有"妈妈和奶奶的除夕

"爆竹声中一岁除，春风送暖入屠苏。"转瞬间，鼠年春节就要来临了。好几年没回乡下老家过年了，除夕那天，我们全家欢天喜地来到爷爷奶奶家共度春节。

车子刚到村口，远远地，我望见一个身穿崭新的红色羽绒服的小男孩，他双手正吃力地拎着一大篮水果和零食，蹒跚着走进路旁一座新修的院子。我定睛一看，呀！这不是文佳吗？我不禁大吃一惊——他变化真大啊！我差点认不出来了。

文佳家是这里远近闻名的贫困户，家里四口人：奶奶长年卧床，妈妈因为早年的车祸丧失了劳动力，家里只有爸爸一人辛勤操持，日子过得异常艰难。

印象中的文佳，冬天总是一身洗得发白、破洞随处可见的"百家衣"，在他们家四处透风的破瓦房中瑟瑟发抖。村里人怜惜文佳，每到过年，总是你一家我一家地送去些吃的、喝的和日常生活用品，文佳家这才能勉强凑合着过一个春节。

车子刚停稳，我照例抓起一大包给文佳准备的礼物就往他家跑去。

文佳家里那座破旧的瓦房早已不复存在，取而代之的是一幢气派的三层小洋楼。房子显然是刚装修完，里面家具、家电一应俱全，后院里还停着一台威风凛凛的多用途拖拉机。文佳正在厨房帮爸爸宰鱼杀鸡，忙得小脸通红。看见我来了，赶忙招呼我到客厅，请我自行享用茶几上堆得像小山似的零食和水果。

经过交谈，我才知道这几年文佳家里发生了翻天覆地的变化。在国家"精准扶贫"政策的帮助下，文佳爸爸学到了一身过硬的现代农业技术，家里承包了二十多亩土地，修建了大棚：冬天种草莓，春天种西瓜，夏天种秋葵，秋天种番茄，一年下来收入着实不少呢。一家人的生活现在过得红红火火、甜甜蜜蜜。看着文佳脸上洋溢着幸福的笑容，我打心底里为小伙伴感到高兴。

"文佳，快过来帮忙。"厨房里传来了焦急的呼唤声。文佳迅速答应了一声，为难地看了看我……哦，原来文佳家今晚邀请所有过年还在辛勤工作的"精准扶贫"驻村干部和技术员到家里一起吃年夜饭，现在他得抓紧时间帮爸爸去准备丰盛的菜肴。

文佳央求我一起去给爸爸帮忙。望着文佳期盼的眼神，我痛快地答应了。突然，我灵机一动，我的妈妈和奶奶可是厨房高手，何不请她们出马来帮忙呢？我神秘地对文佳说："我有一个更好的主意——这个除夕，我把妈妈和奶奶借给你！"文佳听了开心地跳起来。

就这样，今年春节，我在爷爷奶奶家过了一个"没有"妈妈和奶奶陪伴的除夕……

项子凝/文，三年级

第二辑

半亩地

现在我才知道，为什么那么多人认识奶奶，
为什么那么多人见到奶奶后，
笑容是那么灿烂、话语是那么亲近。

半亩地

奶奶说我是个最幸运的孩子，一出生就分到了半亩地。

的确，我是我们村里分到地的最后一个人，即便是仅仅比我晚出生不到两个月的黄舜，也依然没有分到一点点土地。因此我被认定为全家幸运的开始。当自己得知是这么一回事时，便感觉自己会发光。

奶奶还说："一定要让这块地来个大丰收。"

于是爷爷奶奶买种、翻地、播种、浇水……只要一有时间，我就会回到乡下，与爷爷奶奶一起劳作。没过多久，居然就到了收获的季节。当我和爷爷奶奶一起走进田间，一眼望去，一大片成熟的庄稼，各有各的姿态，看着成片的金灿灿的向日葵，火红的大南瓜，还有绿得似乎有点发黑但并不影响它的美观的油冬菜。我一蹦三尺高，迫不及待地问奶奶："我们是不是会赚很多钱呀？"奶奶异常平静地回答说："赚多少钱奶奶不知道，但一定能帮助很多人。"我想不太明白，但也没有多说什么。眼看着奶奶把今天收获的玉米和油冬菜自己仅留了一小份，其余的都分给了大老太一家和苗苗外婆一家，她们都是离我们最近的邻居。又是一个采摘的日子，奶奶仍然是自己留下少许，其余的都分给了更多的邻居。这样的事情屡屡发生，我终于忍不住了。

"奶奶，我们辛辛苦苦得来的'果实'，您基本都送人了。这几个月我们的力气不都白费了吗？"

"孩子，钱是赚不完的，力气也是花不完的，但是在别人需要帮助的时候给予帮助才最重要。"

现在我才知道，为什么那么多人认识奶奶，为什么那么多人见到奶奶后笑容是那么灿烂、话语是那么亲近……从这件事之后，我有意无意地去了解更多关于奶奶的"故事"。其实，关心家人、孝顺长辈、帮助邻里，再多词语都很难全面地描述奶奶的"为人处事"。

　　幸运的半亩地，更是宝贵的"半亩地"。

徐悉硕/文，五年级

街角的绿邮筒

　　天空微微打了个哈欠，轻轻弯下身躯，藏在身后的红日调皮地探了下脑袋，缓缓地撩起了昨日放下的轻纱，阳光倾泻而下，落在了街边那个绿邮筒上。晨风吹拂而过，抚摸着我的脸，我却沉浸在奶奶昨日讲的故事里……

　　奶奶那个年代，没有电脑，没有手机，那时候只能通过书信联系。家里男孩子多，基本都供他们去上学了，所以女孩子能识字的并不多。奶奶是幸运的，上学上到了初中。随着家里兄长们一个个踏上离乡背井的求学之路，家里越来越冷清，奶奶那时候最开心的事情就是去绿邮筒塞信。

　　绿色邮筒储存着对亲人的关怀，也寄托着他乡人对亲人的思念。无论刮风下雨，奶奶都会去，奶奶说这个绿邮筒还"教会"了她太多太多的字。很多字都不是读书的时候学的，都是通过不计其数的书信往来，慢慢积累的。难怪奶奶写得一手好字。

　　奶奶说每次给她的爸爸妈妈读信的内容时是最开心的，那时候生活过得很拮据也很艰辛，但是每每听到远方亲人一切安好或者学有所成的时候，全家都会开心地忘了当下的煎熬。听奶奶讲述和描绘着过去那么多的信件内容，仿佛一切就在昨天，而我也跟随着奶奶的思绪走进了那个年代。奶奶说总有些东西会用消失来证明它的珍贵，的确我没法感受那个绿邮筒的魔力，但是此刻站在它的面前，我开始重新认真打量着它。

是的，绿色大邮筒对于今天，已经失去了往日的风华。之前每一次经过，更感觉它像极了风烛残年的老人。此刻我仿佛看见了曾经那个蹦跳着的小女孩，踮着脚，踮着踮着就长大了。街角的这抹绿应该会是很多人记忆深处的一种情怀，更是时代的见证者吧！

杨瑾宸/文，四年级

墨　香

　　我最爱闻两种味道：一种是新发的课本崭新的油墨味儿，迎着春天开学时的青草气息，也许这是知识灌溉的味道；还有一种味道是藏在我爷爷的书柜里笔墨纸砚的味道，这是墨香味，也是岁月的味道。

　　爷爷喜欢写毛笔字，而且很仔细，他写的春联从来不会有折痕。沉静的岁月没有声音，却像泛黄的老照片一样写满了故事。

　　今年过年的时候，像往常一样，我来到了爷爷的家里。爷爷从他的书柜里给我拿出了一本《闲话中国年》。从这本书中，我知道了大年三十写春联、贴春联的习俗。原来春联最初叫"桃符"，古代人会把有些画刻在桃符上，祈求平安。王安石写道："千门万户曈曈日，总把新桃换旧符。"后来到了明代，在朱元璋的提倡下，春联才逐渐地普及开来。

　　了解到这样的传统，这次在爷爷家写春联时我也格外认真，像是在感受一份古老的传承，一笔一画，一撇一捺，都包含着文化的气息。我小心地拧开墨盒，小心翼翼地挤压，那墨就慢慢地倒入白色的砚台之上。墨色很黑，像是夜晚中没有星光的天空，乌黑黑地不见光芒。墨味很香，无法用言语来形容，这种香味不像茉莉花那样带着迷人的味道，也不像栀子花一样香气扑鼻，但总是别有韵味，让我沉醉不已。

　　接下来，我铺好红色的春联纸，那精美的图案、喜庆的感觉映入眼帘，大红色代表吉祥如意。爷爷微笑着，将砚台上的毛笔握在手中，轻轻地告诉我说："看毛笔要看四德，这四德就是尖、齐、圆、健。"

说完这些，爷爷握着深褐色的笔杆，缓慢地动起了笔。

上联：万里鹏程随心起，下联：新处鸿运顺意来。横批：福喜盈门。这十八个字，在爷爷那圆润的笔锋下，显得笔走龙蛇、刚劲有力。

墨色生香，看着这一副精心书写的春联，在爸爸的帮助下，我贴到了家门上，也刻在了自己的心里。

夏紫璇/文，三年级　指导老师：胡琳玲

茶　魂

　　春日初升，光洒大地；春雨入泥，滋润冬土；春风拂过，万物复苏。春天是一个草长莺飞的季节，少不了垂柳与桃花，更少不了茶！

　　爷爷和我去自家地里找春笋时，意外发现了刚长出的茶叶。茶叶嫩嫩绿绿的，像地里的春笋一样刚探出一点点芽头，比春雨冲洗过的柳叶还娇嫩，比最精致的翡翠还绿。爷爷看见春茶的嫩芽拍手叫好，连忙叫我把春茶摘下来。

　　回到家里，爷爷准备炒茶。炒茶是茶叶香味的关键，一丝也不能怠慢。给茶杀青，最重要的是火候，煤气灶不行，必须是乡野的土灶，生铁打造的直径一米之大黑锅，后头有个灶孔用来烧火，我们家几乎所有的茶都是用这眼土灶头炒制的。

　　稻草点燃，加入劈开的竹片和木柴，就得到一灶旺火。开炒时要用大火把茶叶里的水分煸干，同时加上手的揉捏与翻炒。奶奶炒茶时必定要戴手套的，不然锅太烫了。但爷爷不戴手套，他的手艺老练得很。只见他手法娴熟，那么烫的铁锅、那么烫的茶叶，他一下手似乎锅下面没有火似的。大火在灶中熊熊燃烧着呢！但爷爷似乎不受一点儿影响，一翻、一甩，好像不是在炒茶，而是在绿色的浪花里舞蹈。茶叶经过爷爷的翻炒，漫出一缕轻烟，烟中浮着茶叶端庄又曼妙的青绿，蜿蜿蜒蜒飘向天空，跃入云层。那是一条盘旋的青龙，它扶摇直上，气魄悠悠，忽而仰天长啸，忽而颔首低眉……

　　青烟散去，青龙远去，一杯清茶已在灶旁端坐。抿了一小口，似乎一整个春天都在嘴中弥漫，苦中藏甜，甜中漫香，茶水更是把香味烘托到极致。那条青龙又回来了，在唇齿中腾空、直上、盘旋……

我终于明白爷爷为什么那么爱茶了。那不是茶，是茶魂，是中国魂！犹如青龙与茶，苦中带甜，永不言弃，清苦却又美好。青龙与茶不正是中国的象征吗？茶里有青龙，青龙是茶的魂，没有青龙茶就没有魂，没有茶青龙也将无处安歇！

从古至今，中国的英雄不都是粗茶淡饭，艰苦朴素？艰苦的环境打磨着青龙的心，即使再大的苦难青龙都不会灭亡。青龙是英雄的魂，是中国人心中不可磨灭的印记！自古留取丹心照汗青的英雄们正像清茶一样，清苦、朴素……

中国人待客少不了茶。端上一杯茶，表示主人家对客人的尊重；称赞这杯茶则是客人对主人家的敬意。于是，一条龙便从一口茶中脱颖而出，仰天长啸，那是茶的声音，是龙的声音，是中国人的呐喊；是英雄们铁马冰河的困厄，是楼船夜雪的悲苦；这就是五千年来的中国魂！它就像爷爷的手一样，伤痕累累，却又清苦朴素，但那条冲向云端的青龙，却从来没有离开过……

王星熙/文，五年级

大院，真美

我家住在一个部队大院里。那是一个空军大院，非常美丽！

春天，那里的树，新芽萌发，焕发着勃勃生机；夏天，那里的树，郁郁葱葱，给人以凉爽；秋天，整个院子不是红色就是黄色，层林尽染；冬天，树木银装素裹，整个院子也成了银白色。大院的小溪里有许多可爱的小鱼小虾。一排排房子整整齐齐地排列着，像是战士的列队。这个大院里，住着许多解放军叔叔阿姨。每当我走在大院里，经常会遇到穿着飞行服、拎着飞行帽的飞行员，他们迈着整齐的步伐，从大院里走过。有时还会听到他们嘹亮的歌声："东风送我飞向前，金色的朝霞在我身边飞舞，脚下是一片锦绣河山……"每当此时，我仰望祖国的蓝天，眼前是五星红旗在蓝天飘扬。

大院里，我经常看见那些飞行员叔叔阿姨两人成行、三人成列、四人成方地走着，嘴里喊着响亮的口号，英姿飒爽地走向银灰色的战机。有时，我在大院里遇到飞行员叔叔阿姨的时候，会庄重地向他们行一个少先队礼，而飞行员叔叔阿姨们会对我微微一笑。我目送着他们登上战机，滑过跑道，直冲云霄，飞向蓝天。我心里特别崇敬他们，他们是祖国蓝天的守护神，祖国的蓝天有了他们才会更蓝。

2019年10月1日，我在家看了电视直播的"70周年阅兵式"，当各式各样的战机从天安门前飞过的时候，我想到了我们大院里的叔叔阿姨们，我由衷地感叹："这里，真美！"

金筠茹/文，三年级

家乡的味道

"月是故乡明，人是故乡亲。"家乡，是满载我童年记忆的地方。

家乡的味道是温暖的。幼年时我住在温州外婆家里，每天早晨，外婆都会给我烧上一碗热气腾腾的馄饨。馄饨一上桌，那一阵阵诱人的香味就扑鼻而来，热乎乎的汤上浮着一层金黄色的油和碧绿的葱花，一看就使人食欲大增，满口生津。用小汤勺轻轻地搅一搅，碗里的馄饨立马活跃起来，一只只打着旋儿，在碗里互相碰撞，像一只只戏水的鸭子，十分可爱。我嘟起小嘴轻轻吹一口气，再慢慢地将馄饨递到舌尖上，虽然有点烫，但还是有一种无与伦比的口感，像游丝一样飘到我的心尖上。虽然那时候还很小，但我还是能不费吹灰之力把它解决掉。每次外婆看到我一脸满足的样子，总会绽开花儿般的笑脸，我用舌头舔着嘴唇，仿佛这是一天最享受的时刻，因为这碗馄饨里面有温暖，有幸福。

家乡的味道是酸甜的。家乡盛产杨梅。最有名的当属温州的茶山杨梅，那里的杨梅颜色鲜红，个头大，果肉多，咬上一口，甜中带着几分酸的汁水立刻在口中洋溢开来，那酸酸甜甜的味道刺激着味觉，小小的舌头兴奋地呐喊着。杨梅的吃法还多种多样。可以烘干，撒上一点白糖，做成杨梅干，这是我的最爱。也可以把杨梅泡在白酒里，放上一段时间，酒中就有了杨梅的味道，而杨梅里也有了酒的味道，这就是外公最喜欢喝的杨梅酒了。

尝人间百味，念念不忘的，还是家乡那浓浓的味道！

杨镓玮/文，五年级

故乡的桂花

关于故乡，我有诸多回忆；关于故乡，我有很多情感！其中让我印象最深的就是家乡的桂花。

记得我回故乡的那几天，阳光明媚，鸟儿在我窗前唱歌，我打开窗户，就闻到了阵阵清香，那香味淡淡的，让人陶醉。那清香是从哪里来的呢？我一路往庭院里走去，寻找香味。

啊！原来是老家门前的桂花树开花了，这棵桂花树的年龄可比我大多了。桂花满身金黄，小巧玲珑，活像一个个可爱的小精灵，惹人喜爱！

于是，我不由自主地爬上了树，哗啦哗啦，一场漂亮的"桂花雨"下了起来。我叫上在屋子里的爷爷奶奶、爸爸妈妈一起来分享这场香味扑鼻的桂花雨。

这个时候，妈妈似乎突然变成了一个魔术师，她摘下一些桂花，放进机器里面跟面粉那么一搅，再放到锅炉里面一蒸，香喷喷的桂花糕就出炉了，让我们大饱口福。

桂花既漂亮又可爱，做成美食更是让人垂涎欲滴，美味至极！

我的故乡，我的童年，还有那淡淡的清香，这就是故乡的味道，是我朝思暮想的地方！

胡宇晨/文，三年级　指导老师：尉卫英

春　节

这个春节
我在乡下外婆家过
上午还在澳门金莲花广场
体验澳门回归20周年喜悦的我们
下午就已回到江南小村
这是小康社会的速度
老房子换成了小洋楼
外婆脸上笑开了花
小雨滴滴答答
也浇不灭心中热切的期盼

春联贴上了门楣
寄寓着鼠年的期盼
那倒贴的福字
闪烁着一年的吉祥
心里的快乐
像烟花一样
在院子里绚烂绽放
春节她披着新衣
穿着新鞋

戴着新帽来了

春节是属于回忆的
外太婆开始说起往事
满脸的皱纹里
是风霜也是财富
眼神里是对我们小辈
满满的爱

李依辰/文，三年级　指导老师：郑秋霞

时　光

　　时光总是匆匆地来，又匆匆地走，在不经意间，就从你的身边溜走了。

　　爸爸告诉我，我很小的时候，因为妈妈上班早，我起床看不到妈妈就会哭，爸爸就会拿出手机给妈妈打电话，听到电话里传来妈妈温柔地叫着我名字的声音，我就不哭了！小时候，我们住的小区对面有个大公园，我最喜欢去那里玩。休息天，爸爸妈妈就会牵着我的小手，带我去公园，公园里绿树成荫，五颜六色的花一簇簇地相拥盛开着，我沿着小石子路一路快跑，爸爸在后面小心翼翼地跟着，怕我摔倒。遇到认识的小伙伴，我会和他一起去小动物座椅上，我坐在狮子上，他坐在河马上，我们摆出骑马的姿势，嘴里喊着"驾！驾！冲啊！"玩得不亦乐乎。我们也会拔一根小草，把它当成一把剑，然后骑上我们的自行车，像骑士一样，在公园的平地上骑来骑去。

　　那时候，我虽然不会说话，但是只要听到妈妈的声音，就很有安全感。那时候的我们，随手捡起一个东西，都能开心快乐地玩上半天。时光啊，一去不复返，我们要珍惜童年无忧无虑的美好时光。

　　小时候，爸爸下班回来，一打开门，我就会冲过去，爸爸就会把我抱起来，往上扔高高，我就会开心地大笑。现在的我还是会在爸爸下班开门的那一刻冲过去，但是爸爸已经抱不动我，也不能再扔高高了。

　　时光啊，请你放慢脚步，让爸爸妈妈脸上的皱纹长得慢点慢点再慢点。

王子范/文，五年级

我的家乡

　　我的家乡在有江南水乡之称的上虞。那里有以孝女曹娥命名的曹娥江，有碧波万顷的白马湖，有名师荟萃的春晖中学，有可口多样的四季鲜果，更有传承弘扬孝文化的中华孝德园和孝德风情街。

　　孝德风情街位于中华孝德园前面，每个星期五晚上都有展览和演出。一天，我和家人来到了风情街。一到入口处，灯光璀璨，观者如潮，丹桂飘香，真是"流光溢彩一条街，繁花似锦醉游人"啊！一排排古雅有致的房屋错综相连，各乡镇的特产琳琅满目，有新鲜的，有烘干的，有腌制的，有供观赏的，等等。

　　走进章镇馆，黄绿色的小果整齐又安静地躺在朴素的篮子里，虽然它的外形不美，但是它的风味独特、营养价值极高，它就是红心猕猴桃。人们你一篮我一袋，争先恐后地购买物美价廉的维生素C之王。

　　进入长塘馆，火红的小柿子整串整串地挂在墙上，圆溜溜的，摸起来软软的，甜香味儿不由自主地在脑海中盘旋，馋得我猛咽口水。下管的栗子香糯粉嫩，岭南的五彩米粒长色美，道墟的羊肉鲜嫩可口，上浦的古窑址历史悠久。一些馆内还有各种老式用品展示，如电话机、收音机、电视机、自行车、蓑衣、纺车。越窑青瓷的展示，乡贤名人的介绍为风情街抹上了绚烂的一笔。悦耳的青笛演奏，优美的舞姿，动听的歌声吸引了一拨又一拨的人群，人头攒动，每个人脸上都洋溢着满足自豪的笑容。

　　路灯下，一条条彩带在风中舞动，那是富饶又美丽的家乡。

谭芮/文，六年级

故乡的桥

这是一座五孔的石拱桥，是我们小镇上最古老的桥。

多少年来，这座始建于明代的石拱桥就静静地卧在河面上，像一位慈祥的老人，朴素而稳重；更像一位村庄的守护者，从日出到日落，迎送朝霞和暮色，一直默默无闻地护佑着大家的外出和归来。饱经沧桑的石拱桥啊，成了祖辈父辈童年温暖的回忆。

改革开放后，在离年久失修的老桥百米处，架起了一座木桥，新刷的棕褐色的油漆在阳光下格外透亮。村民们欢呼雀跃，仿佛它是这里最耀眼的明星。车马行人在宽阔平整的木桥上通行，发出动听的声响。石桥望着在木桥上匆匆忙忙往来的行人，有些落寞，却也有些开心：平坦的木桥给这条小河注入了新的力量和生机。石桥依然安静而坚定地卧在河面上，放学的孩童喜欢在石桥上逗留，似乎总能从石桥上找到新的乐趣。

这座古老的桥静静地在时光中静默，身上的青苔也一日比一日厚。是在回忆往日的荣光，还是在祝福着木桥的兴起？只有流淌的河水知道。有一天，几个气宇非凡的人来到它的身边，指点着这条小河，议论着什么，古桥意识到将有大事来临。

轰隆隆的机器驶来了，戴着安全帽的技术人员和工人进场了。他们在河的两岸干得如火如荼、热火朝天。没多久，一座现代化的钢筋水泥桥拔地而起，稳稳地落在了古桥的另一侧。

新的水泥桥通了车，宽阔的桥面可以同时双向数辆车呼啸而过。

每隔两个桥墩上都矗立着挺拔的灯杆。每当夜幕降临，整座桥灯光璀璨、流光溢彩，美不胜收。河的两岸更加热闹了：一边是弯弯曲曲一眼望不到头的游步道，另一边是绿绿葱葱的大草坪。政府已经在这里开发了农家乐，白天来河边休闲垂钓的人不少，晚上这里的广场舞更是热闹非凡。古桥看着身边巨大的变化，欣喜而忧伤：自己是该退出历史舞台了。

五一那天，沉寂的古桥边突然热闹了起来，一群年轻人在谈论着，说这是"网红桥"，还说他们将通过一座叫"互联网"的桥，和从桥上走出去的成功人士，一起振兴乡村，把家乡的特产——春天的笋、夏天的桃、秋天的柿、冬天的橘，通过水泥桥运往全国各地。

拱桥，木桥，水泥桥，连接了村里与村外的世界，连接了过去的回忆与未来的生活，维系了一代又一代人的记忆。新时代，它们又将见证小镇未来美丽乡村的新篇章。

郑子希/文，九年级　指导老师：黄琳璐

江南的雨

　　我的家乡是一个叫临安的地方，下雨的时候，尤其能衬托出这江南小城的味道。

　　放学的时候，乌云密布，天暗了下去，整个校园浸润在浓浓的墨色里。同学们无一例外地走进了带着忧郁的水墨画。

　　乌云越压越低，好像快承受不住天河的重量了。终于，"啪嗒"，第一滴雨点慢慢落在地面上，紧接着更多的雨点落了下来，一滴一滴，非常密集，像道透明的屏障。可仔细一看，它们却又是那么分散，没有两滴雨点从同一个高度落下，砸到同一个地方，溅起同样的水花。因此，我对每一滴雨，都是那么珍惜。

　　从窗户向外望去，可以看到两抹清新的绿色。一棵是银杏，还有一棵也是银杏。银杏的枝条离得那么近，近得我都可以看清，雨是如何落到银杏叶上，又是如何顺着叶儿的纹路，忽地滑落。除了一小串晶莹的、闪着光的露珠。

　　雨渐渐大了，雨声是那样单调，却又那么凉爽，空气中有一种甜甜的、凉爽的香味。那是雨水与露珠的气味，带点秋天阳光的暖意。雨水汇集起来，顺着黑色的屋檐飞奔下来，像一条条银色的水龙。

　　地上有很多大大小小的几近透明的水坑。不知道哪个调皮的孩子，竟毫无顾忌地跳进了水坑，溅起高高的水花，留下被溅湿的路人站在那里发愣……

　　　　　　　　　　　　　　　　　　张研/文，六年级

我的快乐除夕

新年在人们的期盼中飘然而至，除夕到了！大街小巷喜气洋洋，家家户户张灯结彩，男女老少脸上都洋溢着笑容，准备除旧迎新。

除夕早上，人们总会"新桃换旧符"，来表达对新年的祝福和希冀。在我家，爷爷会早早地在门口贴上崭新的春联，配上中国结和"福"字，再挂上一对大红灯笼。红灯笼就像两个大火球，在阳光的映衬下闪闪发光，十分耀眼。这时，我会大声地读出春联上的字，来沾一沾喜气。

除夕的年夜饭总是最丰盛的，也是这一天的"重头戏"。中午一过，爷爷奶奶就开始在厨房忙活起来。我们家的年夜饭一般要准备十样菜，每一道菜都有特别的含义。奶奶说，这是她的奶奶传下来的，可是传家宝哦。比如：肉丸蛋卷三鲜菜，象征家人团圆、生活鲜美；西施豆腐，寓意福气；蒸年糕，那真是"年年高"；炒藕片，意味着"路路通"；烧芥菜，是要戒除晦气；红烧鲤鱼，那就是年年有余、鲤鱼跳龙门的意思；还有八宝饭，迎新接宝，一听名字就很吉祥！于是，在品尝这么多色香味俱全又饱含美好寓意的饭菜中，我感受到了传统佳肴源远流长的文化。

年夜饭前，不管是南方还是北方，都会有传统的祭祀或者祝福的仪式。在我们家，这可是一件重要的不可或缺的大事，由全家之主的奶奶一手操办。先把供奉祖先的猪肉、鸡、鱼、糕点和水果等摆放好，再放上几套碗筷、酒盏，点上一对大红烛，祭拜开始。每个大人都要给祖先添酒，以示尊敬。

对于孩子们来说，除夕夜最美好的事情，当然是得到压岁钱和放鞭炮了。年夜饭开吃不久，爷爷奶奶、爸爸妈妈、小爸爸小妈妈就会变戏法似的掏出一个个漂亮的大红包，把压岁钱递到我和哥哥手上，并送上祝福。我总是开心地边说谢谢，边暗自计算着我的"小金库"收入。饭后，除夕夜迎来高潮，大人们用竹竿挑起长串的鞭炮开始点响，我们小孩子在大人的帮助和鼓励下燃起各种小烟花。一刹那，"爆竹声中岁岁除"，火树银花，响声震天。我捂着耳朵，看着夜晚变得五彩缤纷，听着周围的欢声笑语，激动地上蹿下跳、大喊大叫，体会着欢闹的气氛。

每年的除夕，总是我最开心的一天。一年又一年，我感受到相似的快乐，又体会到不同的收获。因为每年我都在不断成长。

骆欣源/文，三年级

向往的地方

田园，乡下的风景在我眼里就是浓浓的新鲜空气，一眼望不到边的绿色和一大片的田地。一切都那么心旷神怡。

鸡鸭，乡下人家大多会养。随便一个路旁小溪都能看到，鸭妈妈带领着小鸭们戏水觅食，小鸭子扑扑翅膀，抖抖身上的水，挺起脖子，踏着步子，去晒太阳了；小鸡还会趁主人不注意钻出家的空隙偷偷溜出去。鸡鸭也不光是可爱的动物，也是乡下人家口中的美食，香喷喷的，肉嫩嫩的，金黄金黄的，一想起就那么诱人。

劳作，挖土豆也是一道靓丽的风景，两两合作，人们手握锄头倾斜地朝着土豆进攻，左翻翻，右翻翻，蚯蚓都跑出来找土豆了，另一个人找着土豆，粉嫩的土豆，扁扁的，似乎在别处没有见过。不一会儿，一扁担都装满了。

小沟、小溪是我们玩耍的乐园，鱼、虾、螺随处可见，顺手一捞，满满一罐带回家。

山上的雾环绕着山，一座山，若有若无，加上瀑布、清水、灰蓝色的天，不知是山围着雾还是雾围着山，构成了一幅山间的水墨画。

空气新鲜，似乎能把你从城市吸的汽车尾气排出，给你一场新鲜的洗肺之旅。

田园是山和雾的乐园，田园还是小溪田螺的旅游胜地，田园更是新鲜植物的家乡、鸡鸭的天堂，还是我向往的地方。

陈苏杭/文，四年级　指导老师：王晓萍

乡　愁

　　一条幽静的小路延伸到山里，风徐徐地掠过。

　　老人年事已高，然而走在这条石径上，离乡数十年的沧桑依然沉重地打击了他，亦使他更加思乡，乡愁在心间挥之不去。

　　愁像一支箭，刺穿了他那颗多愁善感的心灵，落下了散落的希望。思乡是一个解不开的绳结，在眼中那平静的"湖水"中抛下了一颗石子，泛起了涟漪……

　　当我去深山看望他时，他已时日无多：枯瘦的手臂尽是突起的细筋，饱经风霜的脸上布满了密密麻麻的皱纹，都是岁月留下的痕迹。此时，他只能躺在床上，望着门前斑斑点点的青苔，轻声呼唤着村支书，还是像年轻时一样温和。

　　"等我们发现他时，他已经昏倒在出山的路上了。"村支书一边抽着烟斗，一边对我说，"他前两天还说要回什么家乡，哎，真是荒唐的想法。"

　　"那你们不应该支持他吗？为什么由他去呢？"我焦急地打断了他的下半句。

　　"刚开始我也不怎么清楚，只知道他不是本地人，他自二十岁就在这儿了，那时是我的父亲当村支书。他后来没有结婚，一直独来独往，待人亲切，也很勤劳。唉——这是命吧！"说着，他对着烟斗狠狠地吸了一口，长叹一声，接着说，"前几天，他突然说想回家，怎么也拦不住，后来就……"

"那到底发生什么事了？不，我还是自己去问问吧？"按捺不住的我，又一次打断了村干部的话，径直地往门里冲去，身后传来一声又一声的叫唤。

我推开门，一股陈旧的气味扑鼻而来：大大小小的蜘蛛网如同一张张雷达图，横七竖八地使整间尘埃的屋子更加败坏，地面上坑坑洼洼。昏暗的灯光下，他用那轻而无力的声音回答着——

"我不知道该怎么叫你，孩子，我离乡已有几十个年头了，在这些日子里，我觉得我过得很拘束，不管怎么样，还是故乡好啊！在那里有我的亲人，童年……"他喝了口茶，继续说道，"我自从离家，二十岁辗转来到了这里后，就爱上了这里，于是我留了下来……"他伤感地说着。

"直到我收到了这些信，不知道公安局是怎么找到我的，当我打开这些信，依稀记得这好像是妈妈的笔迹……"他哽咽并激动地说着，从枕头下拿出一个包得很好的袋子，将它送到了我的手中，打开一看，是那些信，那些从来没有寄出过的、沉甸甸的、妈妈的信。我顿时热泪盈眶，眼泪不听使唤地在眼眶里直打转……

唯有老人门前的一汪池塘，数十年来未曾改变。在清风的吹拂下，依然荡漾着层层波纹。而池中的景物，随着岁月的洗礼早已经物是人非了……

袁政勋/文，六年级

幸福的年

过年对我们中国人来说，象征着团圆、欢乐、久别重逢以及一年新的开始。"万物迎春送残腊，一年结局在今宵"，在这个重要的节日里，每个人都最想和家人在一起吃上一顿团圆饭，分享一年来的喜乐和幸福。

大年三十那天，我和爸爸妈妈一起欢天喜地地回乡下姥爷家过年。今天，火车上的拥挤和嘈杂变成了热闹和喜庆。过了三个小时，我们到站了，兴奋的我迫不及待地从座位上蹦了起来，恨不得一步就跨到姥爷家。

家家户户都是满满的年味儿和喜庆。此起彼伏的爆竹声互相贺喜庆祝，火红的灯笼、火红的对联、火红的窗花和火红的爆竹碎片交相辉映，浓浓的爆竹烟味和诱人的菜香味融成妙不可言的年味儿。所有人的脸上都洋溢着灿烂的笑容，大人们紧锣密鼓地准备年夜饭，孩子们忙不迭地给每一道菜命上美好的名字，猫猫狗狗们在院子里心满意足地耍着。姥爷家的小院子被夕阳的余晖笼罩着，门头上一块闪闪发光的匾吸引了我的注意，上面写着"光荣之家"。

左邻右舍争先恐后的爆竹声仿佛在宣布："我们家的年夜饭开始喽！"等到时钟指向一个吉祥的数字十八点十八分，姥爷一声令下："开饭了！"一大桌子团聚在一起的亲人，一大桌子有着吉利名字的饭菜，大家情不自禁地表达着内心的幸福。姥姥说："以往，一年中的食物都留在今天晚上吃，狼吞虎咽。"可是我现在一点都不饿，根本吃不下。姥姥说这叫"饱年"。妈妈说："我小的时候，大人们把糖果攒在一个叫'气死猫'的篮子里，高高地挂起来防猫、防狗、防馋娃，等到过年这一天才端出来。"爸爸和姨夫热火朝天地聊着当今国际形势，我和表姐忍不住庆幸我们生活在幸福和平的年代。

"岁月静好，岁月静好，你们可知有人在负重前行？"被遗忘在一边的姥爷突然站起来，走向一幅有着习爷爷照片的挂图前，自豪地说："看到了没？这幅图和门头上的'光荣之家'可不是每家都有的，更不是能用金钱买到的。"我和表姐好奇地伸着脖子仔细研究这幅画，发现上面写着：驻京部队官兵、伤残、复员、军休、转业、退伍军人：春节愉快 万事如意。姥爷接着说："这幅画和那个匾是我们军人才有的。并不是每个人都能够回家过年的，坚守边疆的军人就在雪山上过年。你们现在生活的安定和祥和离不开军人们的负重坚持……"

我和表姐听了，十分感动。边防军人，舍小家，为大家，这种大爱的精神是多么可贵！

燕芳岑/文，六年级

乡村暮色

黄昏的乡村是一幅人与自然和谐相映的美丽画卷。

落日的余晖温和地洒向农家的菜园，那里仿佛披上了一层金灿灿的轻柔的面纱。黄瓜的细藤上还带点儿刚浇过水的湿气，花瓣儿正朝着余晖最灿烂方向，像是在享受着田间最后的日光浴；番薯藤的绿叶宽大又饱满，叶与叶相连得毫无空隙；此时辣椒长得最为茂盛，那火红火红的面颊燃烧着夏日的激情，勤劳的农人瞧见了，也不担心太辣或太甜，倒是还能增添几分收获的喜悦。

"吱吱，吱吱""喳喳，喳喳"蟋蟀轻快地跳动在村里唯一一座石桥上，犹如一个在杂草间自由穿梭的特技高手。夕阳下的老桥有几分古老与沧桑，杂草横卧，偶见几只花斑瓢虫伏在草中。也许，它们是在静静地欣赏夕阳或夕阳下的古桥。

桥的另一端，有一棵老松树，它像百岁老人一样挺立在那儿，在它的生命中，不知经历了多少个日落月升。此刻，正是松树底下最热闹的时候。瞧，远处那一家已经过桥了，没过几分钟，附近的每一家都来了。原来，树下有一位长须老人手持一把"诗人扇"，正讲着故事："第七十回：猛张飞智取瓦口隘，老黄忠计夺天荡山……"围在他身旁的人个个都听得津津有味；树旁又有几个孩子执着长竹竿，正在小心翼翼地捉着蝉呢。"快，你往这儿，我从那儿，咱们来个'关门打狗'！"

暮色来了，黄昏依依不舍地告别了我们，沉睡在了天边那连绵起伏的山峦里。家门口，我和同伴们结束了一天的功课，在晚风吹来的花香中，在家门口儿做起了闲事消磨时光：剥土豆皮、抓蛐蛐、翻小人书、观看蚂蚁搬家……

月已上了柳梢头，我们点起了火，一边烤玉米一边赏星星。"看，亮亮的是北斗七星，那几颗是小熊星呀！"知了不叫了，鸟也回巢了，夜越来越深……

郑北辰/文，四年级　指导老师：汪卓昭

甬城的雨

　　甬城就是多雨。所以我对雨的直观感受也很明了：细密、绵柔，有时虽会大发雷霆，但更多的还是那连绵不断、淅淅沥沥的抚摸。

　　甬城的雨富有诗情画意。滴滴答答的雨水掉落在南塘老街的石板路上，"啪"地溅起一朵朵小水花，随即化成一泓清水，转瞬即逝。一滴滴水珠的落地声交杂在一起，好似一曲轻快的雨天交响曲。雨天光顾南塘老街的客人虽然少了许多，但仍有星星点点的人撑着伞，在雨雾中左顾右盼，轻快地漫步着。虽然没有戴望舒笔下的《雨巷》那样富有诗情画意，但也颇有一番景致。路边的一家家小店照旧开张。角落里一家不起眼的臭豆腐店，一个中年男子正在吆喝着卖豆腐。那豆腐的阵阵香味，面带笑意的中年男子的吆喝声，滴着雨水的棚子，夹杂着淅淅沥沥的小雨。

　　甬城的雨是朦胧的。来到城中百姓最爱的月湖公园，坐在八角亭里，赏着雨景。朦胧的雨犹如一层轻薄的窗纱，横贯于我与景物之间，透过雨幕，隐约瞧见那绿油油的草地映衬于百花间，旁有一座小桥与亭子相映成趣。雨天，亭的倒影虽没有无雨无风时那样清晰，但那色块更如一幅抽象画。这就是甬城的杰作。

　　甬城的雨是清香的。雨本身不香，但如果有桂花的话，就会与众不同。雨水打落花瓣，星星点点的"金黄"掉落到地，夹杂着雨水和芳香，就成了清香的雨。我深深吸气，尽情享受着大自然天赐的芬芳，顿时感觉心旷神怡。雨停了，但我的思绪仍在那独特的雨中。

張博文/文，五年级　　指导老师：钟慧萍

戏服与金扇的记忆

我有一件戏服和一把金扇，它们的样子很普通，只是淡蓝色的长袍缀上有着点点梅花，扇子上画着蜡梅与牡丹。

"走啊！"随着音乐奏响，台上的灯光越发亮堂起来了，所有的射灯都射向戏服和金扇，我好似站在灯光闪耀的大舞台上，像个万众瞩目的明星似的。我朝台下望去，啊！每一位观众的眼球都被我身上的戏服和闪闪发光的金扇吸引住了，我有些得意，摆出一副"大官"的样子。轻抚水袖如轻云，饱览着蓝天，如水泼墨的丹青描绘着故事的画卷。一扬金扇似悄悄击碎薄薄的水面，似身在仙境观赏着各种金色的淖尔们起飞与降落的翩翩身姿。我沉浸在自己的小世界里，无法自拔。那时，我是多么幸福，母亲总是在舞台的一角静静等候。演出结束时，她第一个冲上去，热泪盈眶地说："诺诺，你这次演出非常精彩，非常出色！"

意犹未尽的我又来到了南塘的大舞台上，那金扇与水袖仍是我最默契的伙伴，它们显得更优美了。我想起了老师对我的教导与关爱，平时的一收一放、一腔一势。我慢慢挥动这水袖和金扇，那样子好似翩翩飞舞着的蝴蝶在花丛中采蜜，我轻轻地捕捉着它们美丽的身影。

啊，我又是多么幸福、快乐！老师给予了我许多的演出机会，从此，我演遍了温州的大街小巷，似乎每一个舞台上都有我那英俊的身影、那把闪闪发光的扇子，还有那流水行云的戏服，我乐此不疲。

"哇哇！"每当这种声音在我耳边轻飘的时候，我总能去捕获它，它能令我更加自信。可是，为什么每当响起这种声音，我会想起金扇和戏服呢？

那把金扇和那身戏服，我一直舍不得丢，每次接触到破旧的金扇和短了一大截的戏服的时候，我总是会一次又一次地抚摸它，尽管它早已失去了那泛着活力的外表，变得死气沉沉，尽管它已不再闪烁着那耀眼的光芒，尽管我已不再去练那首曲子，但我还是会将它视若珍宝。

叶馨诺/文，五年级

老家的那条路

老家门口有一条通往县城的路。

爷爷对我说，他小的时候，总在这条路上玩。路边的墙上写着标语：要致富，先修路。那时，路上总是坑坑洼洼，雨天泥泞却充满乐趣。小青蛙在路上翻山越岭，爷爷追着小青蛙也在翻山越岭。路上的大水坑，倒映着爷爷蹦蹦跳跳的身影。哈哈哈，这让我想到了小猪佩奇。

爸爸对我说，他小的时候，走这路去上学。路边的工厂也有标语：大路畅通，百业兴旺。门口的这条路从石子路变成了水泥路，后来，又变成了柏油路。平坦整洁的路面虽然打不了弹珠，但是上学却方便了很多，他骑着自行车畅通无阻。路上的小汽车越来越多，喇叭声不断，尘土飞扬。他说那时候，他觉得连汽车的尾气都是香的。他从小立志要开上小汽车，去接个姑娘回到这条路上。哈哈哈，这个姑娘就是我的妈妈。

今年国庆长假，爷爷翻新了楼房，还改造了一个漂亮的院子。楼房的旁边新立了一个大牌子，上面写着"绿水青山就是金山银山"。我问爷爷什么是绿水青山，爷爷伸手指着不远处的高山和小河说，这就是绿水青山。我问爸爸那什么是金山银山呢，爸爸张开双臂抱向爷爷指的地方说，这就是金山银山。我似懂非懂，但看他们笑得那么开心，想起门前这条路的故事，我一下子就明白了。

爸爸迁来了小树苗，妈妈买来了花籽。我们一起在路边种下了一排排小树，撒下许许多多花的种子。待小树长高，待花儿盛开，它们长大，我也长大，然后快乐地走在这条绿树成荫、开满鲜花的路上……

我自己的路，也从这儿幸福地开始。

陈天右/文，三年级

花中皇后

清晨的小雨，慢慢唤醒沉睡的生灵。

花中皇后——月季花

春天到了，花园里的月季花又开了。

看呀，一片片碧绿碧绿的叶子间，镶嵌着那星星点点的红，远远望去，就像一颗颗红宝石，在阳光照耀下闪着迷人的光芒，而在雨后，又是那么娇艳欲滴。走近了，水滴形的花瓣层层叠叠的，像个大绣球，中间露出金黄色的花蕊。花蕊们修长笔直的身子，像排列整齐的少先队员，每一个的头上还戴着金黄色的小帽子，可爱极了。每一朵花的下面，还有像手掌一样的花托，支撑着美丽的花儿，让她们有了依靠。

当你走近月季花时，还没来得及细细观赏，就先闻到了一股淡淡的清香，那香味沁人心脾，能让人忘记所有的烦恼。再用手轻轻触摸它的花瓣，丝滑的手感，真是比婴儿的皮肤还要柔滑。天气好的时候，小蜜蜂就三三两两地过来了，它们是闻到花香了吧？只见它们欢快地唱着采蜜歌，在月季花的花蕊中忙碌地采着花粉。月季花也很大方，敞开怀抱，任凭小蜜蜂们在上面跳舞歌唱。

月季花除了有美丽的外表，迷人的芳香，还能净化空气，美化环境，大大降低周围地区的噪音呢。她的根、叶、花都可以入药，具有活血消肿、消炎解毒的功效。月季花的全身都是宝，不愧是花中皇后呢！

看着月季花，我不禁想起宋代诗人苏东坡赞美它的诗句："花落花开无间断，春来春去不相关。牡丹最贵惟春晚，芍药虽繁只夏初。惟有此花开不厌，一年常占四时春。"

李依辰/文，三年级　指导老师：郑秋霞

小金鱼金金

我家有八条小金鱼，各有特色，但我最喜欢的是金金。远远看过去，它就像一小块金子，在阳光的照射下闪闪发光，所以我给它取了个名字叫金金。

它的头和其他兄弟姐妹们比起来要小一些；小脑袋上配着一双水灵灵的圆眼睛，像两颗黑白相间的小宝石；它不用鼻子呼吸，而是用鳃呼吸；小嘴巴一张一合，高兴时还会吐几个小泡泡。

金金的身体亮晶晶的，像一块琥珀，鱼鳞呈金黄色，这又给金金添了几分美丽；它的背上和肚子两边还有鱼鳍，游动时飘飘摇摇，就像船桨一样，帮助它前进；水里像有一把小剪刀，随着水波轻轻摇摆，这不是金金的尾巴吗？每当我放学回家，它都用这尾巴讨好我，想要一些食物。

金金很贪吃。有一次喂食时，它一看见我的手指，就以为食物来了，急匆匆地游过来，围着我的手指转了好几圈，可它没发现鱼食，又失望地回去了。我觉得它还是挺聪明的，过了一会儿，它又游过来了，仔细看着我的指缝，终于发现了我藏在指缝里的食物，就欢欢喜喜地吃掉了。

它还是我的知心朋友。我伤心时，向它倾诉我的痛苦，它会吐几个泡泡，像在跟我说："小主人，别伤心，下次认真些就好了。"我开心时，也会告诉它，它会祝贺我："真棒！小主人，下次再接再厉哦！"

瞧！这就是我的好朋友，漂亮又善解人意的金金。

李依辰/文，三年级　指导老师：郑秋霞

一只乌龟

一个阴雨天，我站在地上看着一只乌龟，水从他的壳上流下来，我的眼眶里一滴晶莹的泪珠，也缓缓落在泥地上。

时间回到几年前的一个春天，"哇，一只乌龟！"我尖叫起来，一只在草丛里打滚的乌龟。我仔细观察它，这是一只脚受了伤的乌龟，我轻轻用手抚摸它沾着泥土的青色硬壳，决定把它带到我家养伤。我悄悄地进了家，把乌龟放到水盆里，并长吁了一口气，我早就想养一只宠物了，可是老爸总是不同意，所以一直没有养成。

我又经常拜托爱乌龟的外公买些虾回来，然后我用手指把虾壳剥开，放到水盆里。乌龟吃虾肉的样子有点好笑，只见它用爪子拨了拨，确定这是它的最爱后，一边用爪子抓住虾肉，一边用嘴咬住并把虾肉撕咬开，慢慢地品尝撕开后最小的那块，真像一个美食家。

为了保持盆内清洁，我经常换水。换水时，我用两只手把乌龟壳死死夹住并轻轻放到水槽里，乌龟在水槽里四只爪子开始打滑，像一个不会划水的人一样。我连忙用水龙头放些水，这样乌龟就会安静起来，开始在浅水中漫步。

过了几个月，乌龟的伤养好了。我想我们家有家人，它有没有呢？如果有的话，它一定很想念它们了，我决定把它放生。

就是那个阴天雨，我默默地把乌龟放到地上，看着它，一颗泪珠滴落下来，心里有深深的不舍。

迟天济/文，七年级　指导老师：冯燕

雨

早晨，太阳公公早早地打着哈欠起床了，天变亮了。小河里的水宝宝们"哗哗"地唱着歌，互相追逐着，互相打闹着……

太阳公公想和水宝宝们开个玩笑，把脸蛋憋得通红通红的，炙烤着小河。有些调皮的水宝宝慢慢地变成气体升上了天空，他们像调皮的孩子，继续在天上追逐着，打闹着，慢慢地变成了云宝宝。他们越玩越开心，样子也是千姿百态，变化万千。你变成婀娜多姿的白雪公主，他变成风度翩翩的白马王子；你变成美丽的花朵，他变成自由自在的蝴蝶在花朵间飞来飞去；你变成一大片软绵绵的棉花糖，他变成一只面目狰狞的怪兽张开血盆大口把你吃掉……

不知不觉，有的云宝宝发生了争吵，他们的脸色越来越难看，变成了阴沉沉的黑色。

雷公公来劝架了，他怕云宝宝们听不到，就翻出了一年没用过的大鼓，"咚咚咚"地敲了起来，发出震耳欲聋的声音。闪电婆婆也来劝架了，只见她风驰电掣般地划出了一道又一道优美的弧线，把吵架的云宝宝分开。雷公公的鼓敲得太响了，电婆婆的弧线太吓人了，所有的云宝宝都哭了，泪滴就像断了线的珠子，"噼啪噼啪"地打到大地上。

太阳公公也来劝架了，他面带微笑，化去了云宝宝们脸上的黑色，又变出一条绚丽多彩的彩虹桥，让胆小的云宝宝变成水宝宝从桥上回到了小河妈妈的怀抱。

闫书畅/文，三年级　指导老师：周美玲

我的心爱之物

　　我喜欢的物品多得像星星一样数不清：海边捡的小海螺、老师送的芭比娃娃、生日时朋友送的绚丽多彩的台灯……可我最爱的是陪伴了我三年的小兔子。

　　这只小兔子有一身雪白的绒毛，宝石般的大眼睛和棉花糖似的小尾巴。两只长长的耳朵足足有十五厘米。嘴分三瓣，总是不停地耸动着，不是因为害怕，也不是在寻觅食物，而是在吃菜叶子。小白兔无忧无虑，快乐的时候就会欢蹦乱跳。走路时，前腿跳，后腿用力蹬。它还喜欢趴着睡，四肢收在肚子下面隔凉，头搭在前爪上。

　　它不是我买来的，而是在雪地里捡到的，所以我叫它雪球。

　　雪球可聪明啦！有一次我考试没考好，失落地回到家，雪球见了朝我跑来，嘴里叼着我最漂亮的布娃娃，我不禁笑了。当我考试考得好时，雪球见了，嘴巴就会一张一合，仿佛在对我说："不要骄傲哟，你要争取下一次也有好成绩。"

　　雪球可是我的宝贝，连我最好的朋友也不能碰一下。因为我怕她们欺负它、弄伤它。有一次，我的表妹来我家里玩，她看见了这只可爱的小兔子后，说了一句："哇，太可爱啦！"就走过去摸了一下。我看见后，怒气冲天，毫不犹豫地冲过去，把表妹无情地赶出了房间。

　　这只小兔子，不仅漂亮，而且还聪明。它是我的挚友，更是我的心爱之物。

程驿涵/文，五年级　指导老师：张晓玲

竹

　　春雨沙沙，春雷轰轰，万物复苏，生机勃勃。小竹笋从泥土里钻出小脑袋，好奇地看着这个世界，多美啊！花红柳绿，莺歌燕舞。它高兴地呼唤着小伙伴："你们快出来看，外面的世界很美丽！"小伙伴听到后，都争先恐后地钻出地面，像一群群贪玩的孩子。

　　春风吹拂，阳光明媚，小竹笋迎着春风快速成长，修长挺拔，像一位坚韧的战士。它的叶子绿绿的，三张叶子黏在一起，就像一个"个"字，看着好奇特。竹子一节一节的，每节之间是空心的。爸爸曾给我出过一个谜语："未曾出土先有节，到凌云处总虚心。"原来说的就是竹子啊。

　　长大后的竹子用处很多，可以做竹席、竹椅、筷子、竹篮……听说还可以造纸呢。苏东坡说："宁可食无肉，不可居无竹。"竹子对人们生活的用处可真大啊。妈妈说古代文人称梅兰竹菊为花中四君子，很多诗人都喜欢用竹子为对象写诗。清朝诗人郑燮就写过一首《竹石》——"咬定青山不放松，立根原在破岩中。千磨万击还坚劲，任尔东西南北风。"

　　竹子可真了不起！

童昕王娜/文，三年级

小区公园即景

清晨的小雨，慢慢唤醒沉睡的生灵。我从美梦中醒来，起身、洗漱、用膳。移步阳台，凭栏处，潇潇雨歇。抬望眼，无边春色，一览无余。微风掠过，风铃木在远处随风摆动，这是在邀约我下楼观赏这满园的春色吗？

楼宇与楼宇之间，通过架空层来打通整个园区的通畅。我穿过架空层，七拐八拐，便来到了小区东门附近的池塘边。走上塘中石桥，轻坐在石凳上，贪婪地呼吸着清甜的空气。抚石前望，水面光滑如镜。几只蜻蜓飞舞过来，悄悄地点点水面，荡漾起层层涟漪。池塘的岸边静卧着一块块形状各异的大石头。一棵大树横卧于石头之上，粗壮的枝条斜伸向水面，茂密的树叶遮住了细小的枝丫，恰如一位醉酒的老汉，因耐不住醉意，随意卧在石头上。忽然一阵风夹带着呼啸声，迅猛地刮过湖面，激起水波，带起细微的浪花，拍打着岸边的石头。池塘两旁的柳树经不起这般吹拂，纤细的柳枝在空中胡乱颤动。星星点点的红花围在柳树旁，也止不住颤抖起来。风走后，水面又重归于平静。此时此情，很值得玩味，是不是有些"拍堤春水蘸垂杨，水流花片香"的韵味？

石桥对面有一座宽大的钢结构仿古观景亭，淡淡的银灰色，将其点缀得更加古朴典雅。亭子后方有座喷泉，藏匿在青绿色的灌木丛中，喷出的水则通过地面的地板凹槽与池塘相连。朴素的门栏将亭子装饰得别有风味，内设有两排长凳，可观景，可休息。若是此处再添设几架秋千，岂不更有"闲庭寂寂，曲沼漪漪。更秋千、红索垂垂"的意境？

欣赏够这东门的池塘景色，我继续向前走，沉浸在小区的重重园景里。走着走着，我拐到了一条小路上，走进了小区南端的一座池边。走得累了，我拣一个石凳坐了下来。眼前的池塘虽略微小些，但依然满池春水。远处的石壁刻着几句应景诗，瞧笔迹，应该是用潇洒至极的行书写成的。我从小池边的楼梯走上去，茂密的竹叶里竟然也藏匿着一座小亭。"对亭台幽雅，水竹清虚，嫩凉轻透。碧沼红蕖，送香风盈袖。"用这句诗形容此景倒也恰当。

当我走回到我家楼下附近，发现有一处园林小品——"五狮花坛"。你瞧，花坛上的五只小狮子造型统一，还绕着花坛，守护着中心圆拱状的灌木丛。每只小狮子兽嘴微张，露出上下四颗尖牙，瞪大的双眼，彰显其可爱。花坛旁的造景有点类似"曲水流觞"，只见弯弯曲曲的人造小溪，流水时快时慢，最后流向"月半池"。池内漂浮着些许落叶，犹如一只只小船，航行在池中。

本来我还想继续兜兜转转，可惜手机电量告急，我不得不回家充电。回味小区的园景，虽比不上其他景观，但也不失古朴大气，让人眼前一亮。

汪熙然/文，六年级　指导老师：黎婉莹

神奇的羽毛

很久很久以前，有一座山，
山的旁边有一条小溪。
潺潺的溪流撞上了溪边的石子儿，
泛起了七彩的小水花。

神奇的羽毛

蓝莹莹的天空，有一只金丝鸟在飞呀飞，它飞过一片绿色的树林，一不小心，翅膀擦着了一根树枝，把身上最美丽的一根金色羽毛擦落在树林里。

金色的羽毛随风慢慢地、慢慢地飘落在树林里的小河中。

小河的水清澈见底，羽毛落下的地方荡起了一圈圈涟漪。一条眼疾手快的鱼妈妈看见了，情不自禁地赞美道："啊！多么漂亮的羽毛！要是我失明的宝宝能看到它，那是多么美妙的事情啊！"鱼妈妈把羽毛用嘴巴小心翼翼地带回了家。原来她的宝宝因为玩手机上瘾，眼睛失明了。当鱼妈妈把羽毛放在鱼宝宝眼前的时候，神奇的事情发生了，鱼宝宝竟然兴奋地瞪大了眼睛，它的视力也恢复了。鱼宝宝后悔地说："我以后再也不长时间玩手机了！"

神奇的羽毛顺着弯弯曲曲的小河漂到了波涛汹涌的大江里，又顺着波涛汹涌的大江，漂到了浩瀚无际的大海。一条闷闷不乐的鲨鱼看见了，情不自禁地赞美道："啊！多么漂亮的羽毛！要是能治好我那蛀牙的宝宝，那是多么美妙的事情啊！"鲨鱼妈妈把羽毛用嘴巴小心翼翼地带回了家。原来它的宝宝因为酷爱吃糖，满嘴牙齿都被蛀虫吃掉了，在学校里上课，汉语拼音都学不好，常常被同学们笑话。当鲨鱼妈妈把羽毛放在鲨鱼宝宝嘴边的时候，神奇的事情发生了，所有的蛀虫都吓得连滚带爬地逃跑了，坚固的牙齿又回来了。鲨鱼宝宝后悔地说："我以后再也不吃太多的糖了！"

神奇的羽毛被惊涛巨浪冲到了沙滩上。沙滩上遍地都是各种颜色、各种花纹的贝壳，但它们都没有这根羽毛漂亮。一个活泼可爱的小女孩看见了，情不自禁地赞美道："啊！多么漂亮的羽毛！要是能治好我被隔离的爸爸的病，那是多么美妙的事情啊！"原来她的爸爸不小心感染了新冠病毒，被隔离了，而且病情越来越重，小女孩是去海边给爸爸祈祷的。小女孩用双手把羽毛捧着，小心翼翼地带到了医院，恳求医生把这根羽毛送给她的爸爸。当医生把羽毛放在爸爸鼻子旁边的时候，神奇的事情发生了，所有的新冠病毒都吓得连滚带爬地逃跑了，爸爸的病好了……

　　神奇的羽毛顺着风飞呀飞，飞呀飞，飞进了医院，飞进了千家万户，全世界的新冠病毒都吓得连滚带爬地逃跑了……

　　神奇的羽毛顺着风飞呀飞，飞呀飞，飞进了树林里。一只金丝鸟看见了，情不自禁地赞美道："啊！多么漂亮的羽毛！你离开我，帮助了这么多需要帮助的人，真是太感谢你了！"

　　神奇的羽毛手舞足蹈地跳起舞来，最后又神奇地回到了金丝鸟的身上，它还会离开吗……

闫书畅/文，三年级　　指导老师：周美玲

母鸡和狐狸

一天早晨，阳光明媚，微风习习，母鸡穿上了漂亮的衣服，悠闲地出去散步。突然，她用眼睛的余光发现了一只饥饿的狐狸，正踮着脚尖，流着口水，鬼鬼祟祟地跟在她后面。

她想："不能紧张，我要淡定，我一跑，就会被狐狸抓住了。"

母鸡走到树丛中，狐狸提前跑到了母鸡的前面，悄无声息地躲在一棵大树后，露出一双凶恶的眼睛，目不转睛地盯着母鸡，心里想："等母鸡走到大树旁，我来一个饿虎扑食，就可以把她逮个正着了。"

母鸡早就注意到了狐狸的一举一动，气定神闲地走了过来。走到大树旁的时候，突然大声唱起歌来："我要飞得更高……"一边唱，一边高高地飞了起来。

突如其来的变化让狐狸有些不知所措，他一个饿虎扑食撞到了另一棵大树上，被撞得头昏眼花，半天没爬起来。

母鸡加快了脚步，走到农场的时候，狐狸跟了上来。狐狸静悄悄地绕到了母鸡的前面，躲在了一个草堆旁，全神贯注地等着母鸡的到来，心想："前事不忘，后事之师。你这次飞得高，我也会跳得高，这次让你插翅难逃。"

母鸡继续悠然自若地走了过来，当她走到草堆旁的时候，突然爬到了旁边另外一个草堆的上面。

狡猾的狐狸万万没想到，一头扎进了草堆里，半天都爬不出来。真是祸不单行，倒霉的事情还不止这些。这个草堆是公牛家的，公牛看见了火冒三丈，怒气冲冲地一头顶了过来，把狐狸顶得鼻青脸肿，昏迷不醒。

当狐狸醒来的时候，已经是三更半夜了。饥肠辘辘的他一瘸一拐地走上了回家的路，一边走一边对自己说："母鸡的本事真大呀，以后我再也不敢打她的主意了！"

闫书畅/文，三年级　指导老师：周美玲

背 影

　　夜色如同掺了胶的浓墨，黑沉沉的难以化开，一道枯瘦的枝丫扭曲着爬入天际，似一道狰狞的伤疤横在眼前。一个黑魆魆的高大背影，悄无声息地走向村口那幢矮旧的、窗前烛光摇曳的房屋。

　　风动，卷起一地白草。那个背影来到房前，拍了拍那扇小小的柴门。过了好一会儿，仿佛是被风吹开似的，那扇门吱吱扭扭豁出一条缝隙，露出一张饱经风霜的面孔来。

　　"老丈，我从魏国来，途经此地，可否留宿一夜？"

　　门内的老者拄着拐，清清嗓子，一双混浊的眼上上下下打量着此人。须臾，开口道："可有住店凭证？""实在对不住，行路匆忙，一时忘了带。""那可不行！"老人忽地睁大双眼，将一条门缝掩得更加狭窄，接着说道："客官呐，不是我不让你住，若是从前，我必是会让你住上一宿的。"来人从包袱里摸出一把钱币，递到门缝前："老丈，求您了！就一晚，明儿一早便走。"

　　"不行不行！如今的连坐之法太可怕了，若是被告发，我全家老小都没命啊！"老人连连摆手。

　　看着老人哆哆嗦嗦的模样，门外的商鞅嘴角挑起，露出一丝讥诮。八个大字从他眼前一闪而过——作法自毙、玩火自焚。什伍连坐法，不正是自己一手推行的吗？如今被告谋反，却连容身之所都没有。不过再想想，自己这些年推行的垦草令、二十等爵利等法令，也确实如快马一般，拖着秦国这辆大车飞速前进。我已经实现了自己的抱负！

现如今，若死于山河……大概，也是一种幸运。从第一次见到秦孝公起，这么多年过去了啊！真是恍若缝中驹，石中火，梦中身。

想到这里，商鞅自嘲地摇摇头。此时，远处传来马蹄与喊杀之声。望着咸阳的方向，一时间如有万千煞气卷入他的双眼，宛如一尊苏醒的邪神。随后，他决绝地转身离开。喊杀声越来越近，老人拉开柴门，注视着商鞅越行越远的背影，不禁叹了口气。

此后不久，商鞅被秦兵杀于郑国，其尸身被带回秦国，被秦惠王处以"车裂之刑"。

历史记住了这个孤独决绝的背影，之后无数次的王朝兴废、治乱更迭，莫不让人记起这个背影。

"民惟邦本，本固邦宁。"要"固本宁邦"，须"德治"，更须"法治"。以严刑苛法破除国人的"贪痴嗔淫"，才能共创法治、文明、大同、和谐的社会。

商鞅，你死得其所！

余佳蓉/文，六年级

《红楼梦》新编

正是中伏时节，大观园中热浪滚滚，蝉鸣阵阵。

先说那潇湘馆内。黛玉因体弱多病，开不得空调，打不了电扇，只好摇着把团扇，坐在榻边看书。丫头们与刚来的湘云皆在打盹儿，暑热难耐，黛玉看不进书，睡不着觉，十分无趣。忽见廊外架上的鹦鹉垂着头，闭着眼，也在打瞌睡。黛玉便心生一计，蹑手蹑脚走到架边，悄悄凑过去，冲着鹦鹉大喊："一朝春尽红颜老，花落人亡两不知！"

鹦鹉一个激灵，猛地睁开眼睛，"啪"一下从架上跌落下来，"嘎嘎嘎"一阵乱叫，拼命拍打着翅膀，保持着平衡。它费了九牛二虎的劲才回到架上，这才发现原来是主人在搞恶作剧。它愤怒地大叫了几声："大坏蛋！大坏蛋！"随即便继续闭目养神。

黛玉揉着肚子，笑得直不起腰来。她忽然觉得有些乏了，便回到榻上，歪着头看了会儿书，沉沉睡去。

她刚睡着没多久，湘云就醒了。屋里静得出奇，只有窗外的蝉儿还在扯着嗓子嘶鸣。黛玉正闭着眼睛斜倚在榻上，手上还拽着一本《王摩诘全集》；紫鹃在椅子上歪着，绣了一半的荷包放在膝盖上；雪雁骑坐在门槛上，勾着脑袋，嘴角还挂着一些晶莹剔透的口水。她推推黛玉，挠挠紫鹃，戳戳雪雁，三人都如死猪一般，半点反应也没有。

湘云实在无聊，只好回到榻上，拿起手机刷朋友圈。可是，却怎么也打不开微信。又试着刷抖音，还是打不开。她蹭一下从榻上跳了起来："什么？潇湘仙子住的地方，居然没有网络！苍天啊！"她一边喃喃自语，一边高举手机，朝门外走去。

经过廊下，看到架上的鹦鹉正闭着眼睛打盹儿，她的坏心眼就上来了。于是，拿食指对准它的肚子就戳了下去。这下可捅了马蜂窝，鹦鹉又大叫起来："云妹妹是大坏蛋！云妹妹是大坏蛋！"湘云一边嘎嘎大笑，一边绕着潇湘馆到处找信号。可是找了半天，半点信号都没找到。她颓丧地一屁股坐在竹林附近的石凳上，仰天长啸："我快无聊死啦！"

她的声音随即在林中荡漾开来。"我快无聊死啦！""我快无聊死啦！""我快无聊死啦！"……

湘云一下子兴奋了起来。

"这个挺好玩的嘛！哈哈，我要录下来，把那几只'猪'都吵醒！"

于是，她打开手机录音功能，就扯着嗓子叫开了。

"潇湘馆没信号！""潇湘馆没信号！""潇湘馆没信号！"……

"我好无聊啊！""我好无聊啊！""我好无聊啊！"……

录好，听一遍，又嘎嘎大笑起来。随后，她一脸坏笑地回到屋里，却发现三个人这会儿全醒来了。正纳闷儿呢，却听黛玉懒懒问道："大白天，哪个促狭鬼在林子里鬼哭狼嚎？"湘云又忍不住大笑起来。

余佳蓉/文，五年级

我和嫦娥过一天

迷人的夜晚来临了，那又圆又亮的月亮羞答答地露出了笑脸。我坐在房间里托着下巴呆呆地想，到底月亮上有没有美丽的嫦娥姐姐和她洁白可爱的玉兔呢？"当然！"一阵清脆悦耳的声音在我脑海中响起，我还没回过神来的时候，突然又刮起一阵大风将我卷起，我害怕地闭上了眼睛……

"蒋可宜，蒋可宜……"一阵柔美的声音在耳旁响起，我迷迷糊糊地睁开了半只眼睛，只见周围是一片金黄的桂花林，一位身穿白色绫罗裙、腰系粉红纱带的女子置身其中，手里还轻轻地抚摸着一只洁白伶俐的兔子。还有……"等等，这不就是嫦娥姐姐嘛！""对呀！难道你把我忘了吗？外面冷，你快到我的广寒宫来坐坐吧！"嫦娥姐姐边说边对我施了点法术，让我拥有了一对能飞翔的翅膀，并可以在月球上自由呼吸。

不一会，这神奇的翅膀"嗖"的一下就带我来到了遥远的广寒宫，嫦娥姐姐热情地捧出了一杯香气四溢的桂花酒，我兴奋地尝了一口，这酒甘甜可口，没有一点酒味，好喝极了，我不由得飘飘然沉醉其中！说着我又和嫦娥姐姐坐在一起欣赏起我们的地球，地球的海是那么蓝，山是那么绿，和天堂一般美丽，可是地球的一端出现了一个黑色的大洞，正在不断地扩大，像恶魔一样吞噬着地球。嫦娥姐姐叹了口气，赶紧使用法术把黑洞给消灭了。"看来是你们人类的过度污染才导致了现在的情况；再不好好保护，这美丽的天堂也会消失不见的。""真的吗？我一定会保护地球的！"我刚回答完，突然又一阵大风将我卷起，风声和嫦娥姐姐"一言为定！"的声音交杂在一起。嫦娥姐姐说得是那么沉重，那么忧伤，那么惋惜。不知不觉中我仿佛又睡了过去……

　　醒来后，我发现自己还是坐在明亮的窗边，那月亮还是那么圆那么亮，仿佛能看到美丽的嫦娥姐姐和玉兔的身影……

蒋可宜/文，四年级　指导老师：刘玉君

毛绒的故事

第一章　毛绒和它的牙齿

从前有一户人家，这家的小主人有好多好多小动物，其中有一只小狗，它叫毛绒。毛绒的牙齿很锋利，每当小主人叫毛绒吃肉的时候，它就像一只饥饿的小狼一样奔过去。

有一次，动物王国要比赛谁的牙齿最先掉下来，小主人就让毛绒去，没让其他小动物去，因为只有毛绒掉牙齿了。小主人的妈妈让小主人也去，小主人只好说："好吧，不过我要带毛绒的牙盒去。"

一路上，小主人一直在给毛绒讲怎么说："首先，大家好……"到了地方，小主人把毛绒送到后台，就去观众席坐下了。第一个是小刺猬，第二个、第三个和第四个都是小兔子，第七个才是毛绒。比赛结束了，老虎说："明天揭晓评分。"

今天就要揭晓评分了，毛绒很紧张，还很担心。他们早早来到了会场，看见评分员正在评分，于是它问小主人："我会赢吗？"小主人说："应该会赢吧。"突然，一阵阵喇叭声响了起来，原来是老虎要揭晓评分了。老虎说："现在我要宣布冠军了！本次冠军是——毛绒！"

第二章　毛绒和它的小手

毛绒听到了冠军是它，可开心了，于是它马上鼓起掌来。咦，我们要来看看新故事了！一个星期过去了，毛绒开心地在地上滚来滚去，突然毛绒不小心撞到桌子了！小主人看到了连忙去扶，毛绒说："不用扶，我自己会起来的。"毛绒果然自己起来了，它是用小手撑起来的。

一天又一天，时间过得可真快啊！转眼间，一个月过去了，毛绒的小手做了好多事情，比如：拍球、拿水杯……呃，记不清了！

听说篮球比赛马上就要开始了，毛绒刚好报上了名，于是他们来到了比赛现场。"天啊！"毛绒喊了出来。

"不用比很长时间。"小主人说。

"那就好。"毛绒边说边叹气。

比赛开始了，过了一会，比赛就结束了。毛绒看了下比分，喊道："我们赢了！"

小主人听到后，立马庆祝，"真的太厉害了！"小主人高兴地喊道。

毛绒听后赶紧说："我助攻9，进球3，篮板1，失误0，比分是110比109！太棒了！！耶！呜呼！"

刘瀚辰/文，二年级

玫瑰花糕

　　王后最喜欢吃玫瑰花糕，过几天就是她的生日了，公主想亲手给王后做一盘玫瑰花糕。

　　星期日，公主带着仆人去森林里摘玫瑰花，可是找了半天也没有。她看见一只啄木鸟在给一棵大树捉虫治病，于是请教道："啄木鸟医生，您知道哪里有玫瑰花摘吗？"啄木鸟说："在森林深处有一棵千年老树，他什么都知道，什么都有，您去问问他吧。"

　　公主带着仆人来到森林深处，找到了啄木鸟医生说的那棵千年老树，虚心请教："树爷爷，您知道哪里有玫瑰花摘吗？"老树爷爷甩着长长的白胡须，声音沉重地说："可爱的小公主，你要玫瑰花做什么用啊？""今天是我母后的生日，她最喜欢吃玫瑰花糕，我想亲手做给她吃。"公主说。"哦哦，你真是一个孝顺的好孩子。闭上你的眼睛，过一会儿再睁开，你就能看见玫瑰花了。"老树爷爷说。公主和仆人都闭上了眼睛，老树爷爷甩动他粗壮的手臂，周围星光闪闪，不一会儿地上就长出了很多五颜六色的玫瑰花，有红的、黄的、粉的、紫的……公主睁开眼看到这么多美丽的玫瑰花，开心地和仆人摘了很多，然后和树爷爷说："谢谢您！"

　　公主路过小河边，看见一座森林超市，对仆人说："艾伦，我们再买点鸡蛋和面粉吧。"艾伦担心地说："公主，国王不会同意您下厨房的。""我们偷偷地，不让他知道就好。"公主调皮地说道。

　　冬天，太阳落山特别早，公主和仆人急急忙忙地赶回皇宫。她们偷偷地溜进厨房，艾伦教公主怎么揉面、发面、打发奶油，怎么把调制好的面粉酱倒入模具，撒上玫瑰花瓣，放入烤箱烘焙。

晚餐的时候，王后发现餐桌上多了一盘精致的糕点，于是尝了一块，忍不住赞叹道："真是太美味了！艾伦，是你做的吗？""不！王后，是公主做的呢。"艾伦解释道。王后惊讶地看着公主，然后紧紧地把她抱在怀里说："宝贝，你真是太能干了，出乎我的意料。"国王和王后开心地品尝着公主亲手做的玫瑰花糕，公主甜甜地笑了。

童昕王娜/文，三年级

最后一只羚羊

两天前，一个牧民在放牧时发现了阿斯加羚羊群，要不是哨羊前两天被老虎抓去了，羚羊群也就不会傻愣愣地等着牧羊人跑回去报信给猎户，让猎人和猎狗给它们一个大大的"拥抱"。

经历过多次突围，你终于发现了猎户们包围圈最薄弱的地方，那就是连接神仙峰南北面的山垭口，而且你是一个聪明的首领，专挑选夜间进行突围，这样阿斯加羚羊的损失会减少许多。

皎洁的月光洒在了神仙峰的山垭口上，三个猎人和两条猎狗中只有一个猎人和一条猎狗在放哨，其余都在睡觉。这无疑是一次好机会，你下令突围。放哨的狗发现了你，正要嗷叫报警，你眼疾手快，直接用你宝刀般的犄角把它捅了个透心凉。那个猎人也发现了你，正准备朝你射击，却被正在突围的阿斯加羚羊群撞倒在地，从猎枪里喷出来的火焰从你的脑袋上呼啸而过，在山垭口的断崖上打落了几块碎石。你的小命被捡回来了，羚羊群也已跑完一半的路程了，但激烈的枪响和羚羊蹄清脆的踩踏声还是惊醒了其他猎人和猎狗，你的身后传来了密集的枪声，但因距离太远，有些哑弹没打到羊身上就砸地上了，除了一只老公羊跑得慢，被猎枪打成了筛子，其余的羚羊都安全地跟你回到了阿斯加羚羊群的大本营——虎嘴大溶洞。

你的妻子黄玫瑰已临近分娩，就算只跑对羚羊毫无难度的一里路，也会累得气喘吁吁。

你知道嗅觉灵敏的猎狗很快就会带着猎人来虎嘴大溶洞，因此你决定稍作休整后迅速转移，但你没料到它们会来得那么快。

溶洞外传来了猎狗的吠叫声和猎人的吆喝声，你腾地跳了起来，你知道现在情况十分危急，只能背水一战了。你下令攻击。一只叫科加的公羊，把一只猎狗捅了个透心凉，但又被疯狂反击的其他猎狗扑倒在地。另一只叫阿曼的公羊想帮助科加，可才跨了两步，就被会喷火的猎枪炸飞了脑袋……你知道羚羊群的毁灭已成定局，于是你搀扶起妻子黄玫瑰，一脚踩死了一只在你面前蹿来蹿去好一会儿的猎狗，随后带着黄玫瑰跑出了虎嘴大溶洞，向神仙峰腹地跑去。你知道你这么做是逃兵，将来必然遗臭万年了，但为了妻子，只能这么做了。你闷着头，尽量不回头去看那血腥的屠杀，尽量不去听那绝望的咩叫声，一口气跑到了神仙峰腹地。

你暂时把妻子安顿在了一个喇叭状的石洞内。刚进入石洞半小时，黄玫瑰忽然痛苦地呻吟起来，你知道，妻子要分娩了。不一会儿，一只小羊崽就滚落在地上。你期待听到小羊崽"咩咩"的柔弱叫声，但什么声音都没有，空气陷进了死一般的寂静。你用脑袋顶了顶那只小羊崽，小羊崽毫不动弹，这时你才意识到，这是个死胎。黄玫瑰绝望地咩叫起来，你也默默地为小羊崽默哀。

更糟的是，自从分娩开始，黄玫瑰的腹部就不断在流血，已经奄奄一息了。

那天中午，整个喇叭状石洞充满了黄玫瑰痛苦的叫声，你也十分悲痛。黄玫瑰用最后的力气顶了顶你的脚踝，你明白，这是妻子临终前的嘱咐，她希望你能够好好活下去。你用羊舌舔吻着黄玫瑰的额头，直到她那颗羊心停止了跳动。

这时，喇叭状石洞外传来了猎狗的吠叫声。那群猎户占领了虎嘴大溶洞后，又找到你家门口来了。你的妻儿已经去世，带领了四年的羚羊群也不复存在，你活着又有什么意义呢?

　　你用羊角捅死了第一条冲进石洞的猎狗，又一个尥蹶子踹断了另一条猎狗的脊梁……猎人也到达了喇叭状石洞，一批又一批呈倒锥形的子弹朝你射来，你的身体已被射出了无数个血洞，但你迟迟没有倒下。你把杀死的猎狗的尸体踩在脚下，气壮山河地叫了一声……那些猎人和猎狗都不敢上前，怕你会疯狂地反击，其实你的血早已经流干，坚强的羊心也停止了跳动……

　　　　　　　　　　　　　　　　蒋屹健/文，七年级

会变形的运动衣

每次运动我都会出很多汗，还要多带件衣服，特别麻烦。为了解决这个问题，我设计了一款会变形、能清洁身体的运动衣。

这款运动衣可以帮助我们在运动中随时保持良好的身体状态，是个优秀的运动"小助理"。最内层采用纳米抗菌材料，能吸收汗珠直达中间层，让皮肤保持干爽。中间层是一个智能系统，可以分离出汗液中的垃圾，再从关节处排出。同时，还能在处理后的纯净水中加入维生素C和茶多酚，根据我的身体需求向皮肤喷出微米级的液体，从我的毛孔进入身体。这样既可以补充水分，也可以减少大量运动产生的自由基，缓解疲劳。

这款运动衣不但能清洁身体、补充水分和营养，而且还能防止运动伤害，堪称运动"保护神"。如果我摔倒，它会在我的头部和背部鼓出15厘米的气垫，瞬间加固关节部位，防止受伤。万一我真的受伤了，它会延伸出绷带，帮我包扎伤口，并迅速用中间层储存的云南白药止血化瘀。

这款运动衣还是个"设计师"。它能随着我的身体改变尺码，还能根据季节更换厚薄。更牛的是，当我拿起篮球时，它会变成宽松的篮球服；当我一踢到足球时，它就变成合身的足球服；当我的手一触到水，它就秒变连体的游泳衣……

这是一件多功能的变形运动衣啊！

余泽/文，四年级　指导老师：谢存

"大胆老鼠" 鼠小闹

我们都知道，老鼠是一种胆小的动物。但有一只名叫鼠小闹的老鼠却与众不同，它的胆子特别大。

一天，鼠小闹出门觅食。突然，一声刺耳的尖叫声打破了往日的平静："救命啊！快来救救我呀！"它定睛一看，一只凶恶的大野猫正把一只小老鼠叼在嘴里，求救声正是那可怜的小老鼠发出的。鼠小闹二话不说，上前就朝大野猫的肚子上狠狠地打了一拳，大野猫痛叫一声，用冰冷的目光看向鼠小闹，大野猫彻底被激怒了，于是丢下小老鼠挥动着爪子向鼠小闹扑去。鼠小闹灵活一闪，轻松躲过大野猫的袭击。鼠小闹把全身的力量都集中到右拳头上，它看准时机，朝大野猫的头部打去，大野猫被击中了，还没来得及痛叫一声就昏过去了。小老鼠深深地注视着鼠小闹，眼神里饱含着敬佩之意。

通过这一战，鼠小闹"一鸣惊鼠"，它的名字在鼠国各类报刊的头版头条上随处可见。很快，鼠小闹的故事被鼠国国王知道了。最近，有一只老鹰在老鼠王国里胡作非为，滥杀鼠民，国王的女儿就死在那只老鹰的魔爪下。国王对那只老鹰恨之入骨，正愁没法去对付老鹰呢。国王认为鼠小闹是一个合适人选，于是就急忙派人去寻找鼠小闹。

几天后，鼠小闹在士兵的簇拥下，走进了王宫。它向国王行了个礼，随后找了个凳子坐了下来，饶有兴致地听国王诉说女儿的事。鼠小闹听完后，一团赤热的火焰从它的心底油然而生。它义无反顾地踏上了灭敌之路。

鼠小闹历经千辛万苦，终于在一个黑暗的山洞中找到了那只老鹰。此时，老鹰正在睡觉，这是一个下手的好机会。鼠小闹拿出飞镖向老鹰投去，不料失手没扔中，却把老鹰吵醒了。老鹰大怒，扇动翅膀向鼠小闹冲去，鼠小闹一个侧翻滚，躲过了老鹰的攻击。老鹰大吼一声，拔下了身上最锋利的一根羽毛，奋力向鼠小闹刺去。鼠小闹被突如其来的一击刺中了，它的身体火辣辣地痛，但靠着自己顽强的生命力，忍痛拔出了羽毛。老鹰惊讶极了，它万万没有想到一只不起眼的小老鼠竟能爆发如此惊人的力量。老鹰顿时怔住了。鼠小闹想起老鹰会时不时地遮挡一下自己的脖子，明白了老鹰的要害就是脖子。鼠小闹捡起地上的飞镖，不偏不倚地向老鹰的脖子投去，还没反应过来的老鹰惨叫一声，顿时血流如注，随后便永远地闭上了眼睛。

　　鼠小闹射杀老鹰的喜讯传到国王的耳朵里，国王高兴极了。国王立马召见了鼠小闹，问它要什么奖励。鼠小闹要了一把锋利的宝剑，然后大摇大摆地走出了皇宫，开始闯荡江湖。从此，鼠国江湖上多了一名"侠客"，它就是艺高胆大的"鼠小闹"。

董行/文，三年级　指导老师：史米娜

我想活在唐朝

曾几何时，我幻想活在那个万国来朝且人才辈出的大唐帝国。

唐朝没有宋朝那时不时就被践踏的连续屈辱史，没有元朝那"只会打仗，不会治国"的大老粗特质，没有东汉末年群雄割据时那动荡不安的气氛。它堪称完美王朝，"励精图治""文武双全"这词对它来说再合适不过了。

身处唐朝，让人浮想联翩。我幻想着登上滕王阁，尽览那烟波浩渺的雄壮气势，感叹"滕王高阁临江渚"；我幻想在那夜深人静之时，登楼望那春江潮水上空的一轮明月，与那岸旁的芳花相映成趣；更幻想在空闲之时，远离市井喧哗，于乡下赏绿水青山，听悠悠鸟鸣，与农家人开怀畅饮，尽谈农事，重阳之日再次相聚菊花丛中。

如果在唐朝，我想做李白，乘一叶小舟，行旅蜀江，看那峨眉山上升起的明月，高吟"峨眉山月半轮秋，影入平羌江水流"，或是与朋友对坐于幽林之中，饮酒作诗，"一杯一杯复一杯"亦不够尽兴。有朝一日如再次相会，可要带琴而来，弹一首古曲，饮一杯美酒，这可是真正的悠闲！我想做杜甫，年少时登上泰山，望着眼前岱宗那气冲斗牛、大气磅礴的态势，以"会当凌绝顶，一览众山小"来抒发自己勇于攀登、傲视一切的雄心壮志，年轻人就是朝气蓬勃！到了花甲之年，国家动荡，就用"烽火连三月，家书抵万金"来吐露一个文人墨客心系祖国安危、渴望祖国统一的高尚情操。我想做岑参，亲身莅临北国边疆，不惧寒冷叹观那漫天飞雪，挥毫写下"忽如一夜春风来，千树万树梨花开"，以文字透露边地瑰丽的自然风光。我想做张巡，吸取前人之智慧，巧用草人借箭，打倒谋反者……

随意翻看一本史书，唐朝都有许多方面可赞可颂。穿梭于千年的沧桑历史中，笑看一场场官民之往事，唐朝也是经过一番实干才得来"万国来朝"。盛唐时期，鉴真多次东渡日本，使两国通好，日本也自发派遣众多"遣唐使"来朝虚心求学，两国之间筑起了友好的桥梁。多一个朋友，少一个敌人，这般外交政策是唐朝精明的体现。

想象唐朝，想象那三百多年的风花雪月，如一台精致的洪钟，敲一声，余音绕梁，述说着众多历史佳话，而那浑厚的钟声，也道尽了它兴盛的国力，而那声音完毕后的抖动，则是遭受践踏时那无力的呻吟……

也许，大唐盛世早已一去不复返，但我仍幻想有朝一日于梦境中重返那个大唐帝国，邂逅于那由诗、酒、繁华所萦绕的地境之中。

张博文/文，五年级　指导老师：钟慧萍

白云的欢乐

我是一朵云，一朵无拘无束的白云。

每天我都在天上悠闲地溜达，和其他白云一起玩耍、嬉戏。我和风一起跑步，和太阳玩捉迷藏。到了晚上，我就像消失了一样，可实际上我在和星星们跳舞，一起听月亮讲故事。日子就这么一天天过去了，每天我都过得很快乐很幸福。

直到有一天，我和我的云朵朋友们一起飘在一个小村庄上方。我无意中发现这个村子十分干旱，山上的岩石很醒目地裸露着，边上的树木都呈现奄奄一息、有气无力的样子；田野上光秃秃的，干旱的土地上横亘着一条条裂缝，枯黄的庄稼干瘪地躺在地上。人们的脸上看不到一点生机，显得死气沉沉，即便是小孩子也是无精打采抬不起头来，更不用说有气无力呻吟着的老人了，青年坐在地上唉声叹气，束手无策。

看着这民不聊生的小村庄，我默默地叹了一口气，心里想着：我应该为这残酷的世界做一些奉献，出一份力，去救救他们。只是我一个人的力量太小了，人多力量大，于是去征求其他云朵的意见。虽然很多云朵都拒绝了，但总算有一些云同意参加我的救援计划。就这样我东奔西跑，把各地认识的热心的云朵们都召集过来。就这样一片片雪白的云，都朝这个村庄上方飞过来，想利用集体的能量去拯救这个可怜的小村庄。

白云都到齐了，太阳还是那么炙热，我们手拉手开始行动！刺眼的阳光开始暗下来，所有的云一起去水源充足的地方吸水，准备下雨。我们在一条水流湍急的小河上方吸水。我猛吸了一口，这河水好凉也好沉啊，为了加快速度，我用最快的速度拼命汲水，身体一点一点重起来了，身体颜色也渐渐从白色变灰，越来越浓，最后变成了乌云，我差点都飘不起来了。看着我的朋友们也一样，都变成了乌云，也都飘得摇摇欲坠。尽管我们飞得十分艰难，可一想到去拯救那个小村庄和可怜的人们，我们还是咬牙坚持着，使出浑身力量飞过去；我们手拉手抱成团，齐心协力准备下雨。这个时候大地上空乌云密布，太阳在我们的笼罩下失去了威力。我一声号令，"轰隆隆……"一声声雷响滚滚而来，刹那间，大家一齐助力，下起了瓢泼大雨，满天都飘着水珠。我们身子都快散架了，村子里的人们一个个都从家里跑出来，欢呼着，脸上洋溢着久违的笑容。

我看着这美好的情景，心中美滋滋的，忽然我的身体开始剧烈地疼痛，这疼痛感令我头晕目眩，眼睛也快睁不开了，原来我刚才用力太猛了，可是我隐隐约约看到：农田的裂缝正慢慢愈合，大地正贪婪地吸收着久违的水分；山上的树摇摆着树枝恢复体力，枯黄的庄稼勇敢地抬起了头，就连路边的小草都精神抖擞起来。人们高兴地叫喊，激动的欢呼声，充满了整个村庄。

雨渐渐停了。我累得像生了场大病一样，浑身腰酸背痛的。可是看到村庄里这样的欢乐场景，我觉得自己做得太值了。

边疆怡然/文，六年级

很久很久以前

　　很久很久以前，有一座山，山的旁边有一条小溪。潺潺的溪流撞上了溪边的石子儿，泛起了七彩的小水花。溪边站着一位女子，小心翼翼地拎起裙摆，倚着身，细细打量着溪中的倒影。清秀的鹅蛋脸，如柳叶般的细眉下有着一双水汪汪的眼睛，高挺的鼻子，樱桃般的唇，五官美艳，显得超凡脱俗，她却悄悄地叹了口气。

　　一只小兔子，蹦蹦跳跳地来到她身后，两只耳朵，一前一后拍着她的裙子。女子转过身，弯腰抱起兔子，轻柔抚摸着，眼神里充满了浓浓的爱意。微风起，裙带随风轻扬，女子脚一点地，便像一朵被风卷起的花瓣，乘着风飘了起来，越飘越远。或许是天上太冷，她不由得抱紧了怀里毛茸茸的小兔，不一会儿，在她眼前出现了一座淡黄色的宫殿，上面写着三个金色大字：广寒宫。一落地，她转头望向了天空中那一轮蔚蓝色的星球。原来这个女子，便是嫦娥。

　　日月更替，时光飞逝。"噼里啪啦"到处都是电脑的按键声，这是一座国家军事基地，所有人的目光都聚焦在房间里的大屏幕上。屏幕里一支火箭矗立着，上面印着"嫦娥N号"四个大字。伴随着"五、四、三、二、一"的倒数声，一团巨大的火云托着火箭缓缓升空。整个基地静得落下一根针也能听得清清楚楚，所有人都瞪大眼睛紧张地望着屏幕，看着火箭加速，奔入茫茫星辰。

　　数日后。"妈妈，妈妈，你说嫦娥奔月是真的吗？月亮上真的住着嫦娥姐姐吗？"妈妈拍了拍刚安装好的天文望远镜，对她的孩子说：

"你自己看看，不就知道了嘛！"小男孩趴到窗边，冲着望远镜看了好久，"妈妈，嫦娥姐姐没找到，但是我看到月亮上画着一只兔子，兔子耳朵上还挂着我们的国旗！"妈妈笑了，她说："前几天我们国家的嫦娥N号载人火箭上了月球，你看到的那只兔子呀，是宇航员叔叔在月球上散步，用脚印画出来的。"小男孩转了转眼珠，说道："我知道了，原来宇航员叔叔就是嫦娥！"满屋大笑。餐桌前围坐着爸爸、爷爷奶奶、外公外婆，桌上还放着一盘月饼，桂花茶的香味四溢。

很久很久以后，有一片淡紫色的草地，草地上有一只小白兔，正低着脑袋嚼着草。"丁零零——"一阵铃声响起，小兔子受到了惊吓，轻轻一蹦，蹦上了二楼的窗台。窗户里是一间教室，学生们排排坐着，角落里坐着个小男孩，托着下巴，呆呆地望着天空中挂着的那一轮蔚蓝色的星球。

陈洧廷/文，四年级

第一次做早餐

这份早餐，虽少了些鲜果维C，
但最有营养，
因为它有爱的注入与包裹，
是儿子对妈妈的爱与陪伴。

第一次做早餐

我给妈妈做早餐，这是我第一次做早餐，真可谓是惊心动魄，但更是意味深长……

那是一个星期日的早晨，天气格外晴朗，心情也格外爽朗，于是我比平时起得早了很多，穿好衣服，洗好漱，便萌生了一个做早餐的念头。

我先从冰箱里取出两片原味土司和两个土鸡蛋，还有些新鲜的蔬菜，一棵鲜嫩的小生菜和一个不大不小的西红柿，然后就走进了大厨房。紧接着，我来到我的"迷你小厨房"的身旁，拿起电源插头精准地插好电源，然后打开两个开关，一个是多士炉的开关，一个是小煎锅处的开关。在等待煎锅发热的过程中，先把两片吐司放入了多士炉中，想着妈妈操作的身影，下拉了多士炉的拉杆，操作正确，两片吐司乖乖地隐藏起来，好似两只小猴子，就等着吓主人一跳呢。呀，煎锅热了，我有些慌张地把蛋壳打破，是敲在了厨房的台板上，大理石材质的，好像有些过于锋利了，只听"啪嗒"一声，口子太大，蛋黄连同蛋白都掉到地上了。不快的情绪瞬间冲上了大脑，想放弃，又有不甘。于是，我又打了第二个鸡蛋，这次我吸取了前面的教训，而是选择了一个大口的盆接着，成功打入煎锅。心跳加速的我刚刚平复下来，却不料，听到了啪的一声，完了，难道小煎锅掉了不成。我定睛一看，一个男子汉的眼泪水差点儿就这么轻易地掉下来，真是虚惊一场，是那两片好似小猴子的吐司跳脱了上来，像在哄我开心呢。

我回过神来，把吐司取出来，一看，竟然糊了，对自己真有点儿失望，自言自语："档位调得太高了。"不好，煎蛋要翻个个儿了，不然……还算及时，金黄金黄的，很快煎蛋就舒舒服服地躺在了吐司上。有点高兴还有点得意之时，我高声地喊起了妈妈："妈妈，吃早餐喽！"好像少了什么？原来热牛奶还没上，这个没问题，我已煮好了，就在厨房。再一次走进厨房，生菜和西红柿居然还静静地躺在厨房的台板上。这时我抬眼，刚好与妈妈的目光碰撞上，妈妈指向那两位小伙伴儿说道："还好它们彼此做个伴儿，还不算太孤单。"

　　我们彼此会心地笑了。

　　妈妈看着我为她准备的早餐，又笑了，不过那笑似乎有点"意味深长"，有些神秘诡异，又不乏欣慰如意。

　　妈妈吃得很香，我也是。我还清晰地记得妈妈说："这份早餐，虽少了些鲜果维C，但最有营养，因为它有爱的注入与包裹，是儿子对妈妈的爱与陪伴。"

徐悉硕/文，五年级

神奇的探险之旅

　　我梦寐以求、期待已久的探险之梦就要实现啦。今天就是我们出发的日子，向我们的探险之地——中国南部地区的一座环海荒岛进军。

　　我们两兄弟，为此准备多天了。我们带上了许多野外生存需要的装备，有指南针、地图、药品、帐篷、饮用水和食物等。我们还邀请了一位知识渊博的生物学家，他就是我们的大朋友——罗伯特先生。

　　我们缓缓进入丛林，时刻关注周围的情况，首要的目的是找到可饮用的水源及可食用的东西，虽然我们带了些饮用水和食物，但那毕竟是有限的。由于比较顺利，于是第二天我突发奇想，在这里钓鱼会是一种怎样的感受和体验呢？还好没有得到同伴们的拒绝。我拿出了事先准备好的鱼竿。这鱼还真多，瞬间就有鱼咬钩呢。"小陆快来帮忙。"我急促地喊起来，"不行不行，罗伯特先生，请您也快来帮忙，拉不动啊。"我们三人用力拉着，突然听到罗伯特先生大喊："快松手快松手……"但似乎他的话还没有说完，我们已被巨大的海水漩涡带到了另一个世界，感觉这个世界没有尽头，自己始终在滚动，根本不敢睁眼，一直都是晕乎乎的，还伴有身体被撞击的疼痛感。接下来，滚动的速度时而急时而缓，这样的状况持续了很长时间，人都有些意识模糊了。稍清醒点后，我感到害怕了，后悔了，我会不会就这样死去，我凭借着身体仅有的力气喊着："小陆，罗伯特先生……"一遍又一遍，始终没有得到回应。我用力睁着眼睛，在微弱的光线下看了看，又缓缓地闭上了眼睛，渐渐地我心中五彩的探险之梦变成了黑白。为什么？难道我的勇气就这样消耗殆尽了吗？我的眼眶湿润了……

这时一只大手和一只小手搭在了我的肩头，摇晃着我："徐小Q，没事的，我们不是在一起吗？相信任何困难都可以克服的。"我用力睁开眼睛，看到了我的朋友们。此时海水的波动也不再那样剧烈，待我稍许镇定，罗伯特先生告诉我们，我们现在正处在蓝鲸的肚子里。我的头嗡的一下，如同燃烧的火箭正要冲向太空。罗伯特先生说，蓝鲸喜欢在冰冷的海水和温暖的海水交界的地方栖息，而且主要吃一些浮游生物，如磷虾、小鱼、硅藻等。通常蓝鲸白天需要在超过 100 米深度的海域觅食，在夜晚才会到水面上来觅食，我们能出现在它的肚子里，还真是个天大的意外。当我和小陆听到这些信息，两人再次相视一看，脸上露出了诡秘的神情，或许是因为我们太幸运了吧！

我们的心还真够大。正在说话间，我们又来到了另一个世界，身体再次滚动起来，这次不是横向的，而是纵向的，越来越高，不舒服的感觉再次袭来，我的喊叫声嘶力竭，但早被这滔天巨浪给淹没了，瞬间感到了自己的渺小。突然耳塞响了起来，这是先生怕我们再次失联而准备的。"听我口令，请打开迷你升降伞，预备——升。"我们看到了彼此，也看到了另一番景象，多么广袤的天空呀！但根本无暇观赏，究竟是怎么回事？原来刚才蓝鲸换气，连续进行喷气，才使得我们从蓝鲸肚内脱险。我们又在先生的帮助下，安全升上天空。接下来不用担心，先生有办法让我们上去，自然有办法让我们安全着陆。

探险结束了。这次探险真是奇特无比、惊险至极。现在回想起来还是会心惊肉跳呢。

徐悉硕/文，五年级

夜寻昆虫记

十月的一天，秋高气爽。我带着兴奋和期待的心情，雀跃着来到杭州市少年儿童公园的太阳广场。空气中时时飘着一股淡淡的桂花香，我展开双手，深深吸了一口气，啊！真让人心旷神怡。抬头看着湛蓝的天空，洁白的云朵也在欢乐地飘来飘去，难道它们也想要和我们一起参加"寻找夜间小昆虫"的露营活动吗？

在嬉戏玩闹中，太阳终于快要下山了。趁着地平线尽头还余下的一束金光，我和爸爸赶紧在一棵桂花树下支起了我们晚上休息用的帐篷。慢慢地，天越来越暗了，月亮露出了脸。突然，远远地晃过来一束亮光，哦！那是带队老师的手电光。于是，我们的夜寻昆虫之旅正式开始了。

我们在手电的照射下安静地、缓缓地向前走着。四周静寂无声，我弯下腰仔细寻找着夜间的昆虫，耳边忽然听到"咕咕儿——咕咕儿"的声音。我凑过去一看，哇，一只蝈蝈停在灌木丛中的一张叶片上，被我们的手电筒光照着，似乎有些不适应。后面的小朋友们也一窝蜂地拥上来，左拍照右拍照的，手里的笔不停记录着，好像蝈蝈是个大明星似的。我担心这场面，会把蝈蝈吓跑。谁知蝈蝈竟然一点不怯场，穿着它的燕尾服，神神气气地在灌木丛中跳来跳去，好像在说："你们快拍快拍。"太有趣了！

告别了蝈蝈，我们继续踏上寻找的征程。在脚边发现了一条黏糊糊的虫子，是什么呀？我还没问出口呢，前面的小女孩就尖声叫道：

"呀呀，鼻涕虫啊，太恶心了！"我被尖叫声吓了一跳，老师却笑着介绍说："这只是双线蛞蝓，和蜗牛很像，只是没有蜗牛的壳。它有两对触角哦，身上有两条长长的黑线，会分泌出黏液，爬过的地方会留下一条白色黏质痕迹。"这小虫子也挺有意思的，在我们的注视下，依然稳稳当当地慢慢爬行着。

在一块大石头上，我的手电筒又找到了一只奇特的小昆虫，它的个头小小的，还有很多的腿。听老师说，它叫蚰蜒，形态结构和蜈蚣比较相似，而且有毒，蚰蜒的一部分腿被捉住的时候，这部分腿就会从身体上断落下来，使身体可以逃脱。这是蚰蜒逃避敌害的一种办法。

就这样，在一边寻找一边学习中，我们找到了很多夜晚活动频繁的昆虫，欢乐的心情一直延续到我们回到帐篷。在星星和月亮的守护下，在昆虫安静的鸣声里，我们甜甜地进入了梦乡。

郑雨晗/文，五年级

蚂蚁王国的趣事

今天，我发现我们家门口的楼梯缝里驻扎着一个蚂蚁王国。我探头观察，发现多数蚂蚁都是呈黑色的，嘴巴就像把尖刀；头的下半部有一对触角，眼睛也是全黑的，头比较小，有六条细小的腿；腹部跟尾部差不多大（反正是比头大）。据说，蚂蚁能抬起比自己体重还重五倍的东西呢！蚂蚁真可谓是动物界中的大力士呀！

我进屋取来一些甜甜的饼干碎末，碾碎了撒在蚂蚁们的领地，蚁国战士们迅速排着整齐的队伍、吹着号角前来搬运食物。"哇……有好多好多小蚂蚁啊！"我不禁感叹道，"咦，这里一群小蚂蚁为什么都不动呢？"这次我凑近了仔细观察，发现它们原来在相互碰触角。等等，这又是为何？我百思不得其解。终于我忍不住，回到家里去问妈妈。妈妈说咱们一起来查一查吧。原来这是它们在交流，它们就是靠自己的气味和微量波动让对方知道自己在说什么的。

我继续翻出家里各种"百科全书"中关于介绍蚂蚁的篇章，深入了解蚂蚁王国。其实蚂蚁也有很多"种族"，比如：子弹蚁、山蚂蚁、公牛蚁、白蚁、红蚁……世界上跑得最快的蚂蚁要数德国的无名蚁，它们每秒可以走47步，相当于每分钟能跑3米多！世界上最大的蚂蚁要数公牛蚁，最大的身长可达3.7厘米，宽1.3厘米呢……

劳知源/文，三年级

学车记

　　春姑娘来了，她带着那神奇的魔力来了，瞧，春姑娘用她的魔力让小树冒出新叶，让小花绽开了笑脸，让小河欢快地歌唱，让鸟儿自由地飞翔……而我也在春姑娘的魔力中学会了骑自行车。

　　一天早上，爸爸说带我学车，于是我兴奋地跟爸爸来到楼下。"首先，你要脚踩踏板，眼看前方。"爸爸一边扶我上车一边开始讲要领，"记住，踩踏板时要用点力，不要因为害怕而轻轻踩。"可是我双脚刚放上踏板，车子就开始不停摇晃。爸爸边扶着我慢慢往前骑，边说："你要放开胆自己骑，靠我一直扶着你可不行。"说着爸爸慢慢放手，我一下子就紧张起来，突然重心不稳，重重摔倒了。我就像泄了气的皮球，一屁股坐在地上，哇哇哭起来。爸爸走过来，笑着对我说："摔了一跤就大哭了啊，是不是想退缩了。呈呈，我们遇到困难可不能轻易低头啊。"听了爸爸的话，我揉了揉膝盖，咬咬牙，站起来继续练习……虽然后来我又摔了很多次，但是现在我已经能够一边享受着阳光的沐浴，一边自如地骑着自行车了。

　　"世上无难事，只怕有心人。"经过一次次的磨砺，我学会了骑车。而爸爸的那句"遇到困难不能轻易低头"也一直萦绕在我耳边，在今后也将时刻提醒我，遇到挫折不要放弃，彩虹就在前方！

　　　　　　　　　孙亦呈/文，三年级　　指导老师：王玉珍

出　海

　　几年来，我一直有一个愿望，就是希望能够像渔民一样出海捕鱼。我跟爸爸软磨硬泡了很久，今天，这个愿望终于要实现了。

　　一大早，迎着朝阳，我们就出发了。来到码头，一艘高大的白色轮船已经在静静地等候我们了。随着马达的轰鸣声，船慢慢调转船头，缓缓驶入了蔚蓝的大海。我们站在甲板上，极目远眺，只见天蓝得没有一点杂质，像一块透明的蓝宝石。风儿和海浪在海面嬉戏追逐，溅起千万朵白莲般的浪花。阵阵海风吹来，好不惬意！调皮的风儿吹起了妈妈的长裙，还刮走了哥哥的帽子，嗨，这个小调皮！

　　船行驶了将近三个小时，我们已经进入了大海深处。放眼望去，只有一望无际的大海和偶尔掠过的海鸥。这时，只听船老大一声吆喝："撒网喽！"我们大人小孩都忙不迭地往船尾跑。这是我长这么大第一次看见撒大网。那渔网本来是团成一堆的，船老大把渔网的末端先扔进海里，渔网的其他部分就像一条游蛇一样迅速滑入大海。在渔网全部到海里去之后，就有两根像棍子一样的长木条呼地一下把网口撑开了，再过了一会，就只看到两根粗麻绳漂浮在海面上了，上面还有一些浮标。连起来的浮标像个大口袋似的，不知情的鱼虾们进来之后就逃不出去了。

　　接下来又是漫长的等待，就在我们已经等得有些焦躁的时候，又听船老大一声大喝："收网喽！"我们赶紧冲到船尾，只见渔网已经被拖起来了。网里有许多活蹦乱跳的小黄鱼，有扁扁的鲳鱼，有长长的带鱼，有横行霸道拼命想逃走的螃蟹，甚至，还有几条美丽的像扇子一样的鳐鱼。这可是意外惊喜哦！我很小的时候，最爱读的一本故事书就是《小不点》，小不点是一条小海鱼，它的老师就是美丽的鳐鱼小姐。今天亲眼得见，好像老友重逢一般开心。有一条鳐鱼特别大。一个叔叔抱着这条鱼，把它举到面前，它比一个大脸盆还要大，把叔叔的上半身都遮住了。它还拖着一根细细长长的尾巴，很漂亮。接下来，船老大又撒了两网。最后一网收获最大了，几乎全是小黄鱼，装了满满三大盆。人们都兴奋不已。

今天出海真是过足瘾了，真想长留海边！

章康宁/文，四年级

垃圾分类在行动

大名鼎鼎的垃圾桶们：

你们好。

我是来自杭州的一名小学生，也是第一个给你们四兄弟写信的女孩。现在的你们可是鼎鼎有名的大人物了！你们还不知道吧？在杭州，不是，在全中国，你们的身影都随处可见。

关于你们的知识，我倒是知道不少。我知道，绿色的易腐垃圾桶放的是剩饭剩菜、面包、鸡肉、蔬菜等，都是指餐饮经营者、单位食堂等生产过程中产生的餐厨废弃物，还有我们的生活中所产生的有机垃圾。黄色的其他垃圾桶里面放的是餐巾纸、卫生间用纸、纸尿裤、笔、头发等。可回收垃圾桶里面放的是报纸、纸箱、信封、塑料瓶等，是指没污染的，可回收资源利用的生活垃圾，把它们运到工厂就能变废为宝了！至于红色的有害垃圾桶，里面放的是一些电池、节能灯、过期药品等，都是对人体健康、自然环境造成直接或者潜在危害的生活垃圾。

我知道现在有很多和我一样的小学生，成天被爸爸妈妈或是老师喊着："要开始垃圾分类了！"可是，我们虽然知道你们喜欢吃什么，还知道你们喜欢什么颜色，却不知道我们身边的这些垃圾要怎么喂到你们的肚子里面。不仅仅是倒垃圾，而是如何在垃圾一生产出来的时候就将它们分类呢？

罗欣悦小朋友：

　　你好。我们就是你在信中提到的那四个铁哥们。我们的关系可不是一般的好，一般你身边的人都是拎着几个大袋子，把食物挨个往我们的肚子里倒。要是倒错了，我们可能就会出现反胃、腹痛的情况，如果没倒错，我们就能吃得津津有味，而且我们的食量可不是一般的大呢！但要是真吃得太多了，也是会吃撑的。

　　你的问题，我们四个兄弟好好讨论了一下，不仅制定了方案，还打了草图，写了提纲，终于想出了一个绝妙的好办法，你想听听吗？

　　其实，就是要运用一个手工。先用可回收的大号的矿泉水瓶来制成垃圾桶，把上面的部分剪掉，下面就像是一个垃圾桶，也可以用其他可以做成桶的东西。做四个，把它们分别贴上我们的衣服，每当你想要扔垃圾的时候，就把垃圾放在相应的桶里面，还可以给这四个垃圾桶定时清洗。

　　我听说杭州对垃圾分类也是格外重视。希望你也可以做好垃圾分类，不要让我们出现腹痛呕吐的情况啊！可没人帮我们找医生呢。

罗欣悦/文，五年级　指导老师：葛格

第六辑

爱上中国诗词

打开书的那一天，
我仿佛脚踏七彩祥云，
身披五彩霞衣，
跨越历史长河来到了这些古人的身边。

做生活的强者

这个寒假，一场疫情如巫师般带走了城市的繁华。"新冠肺炎"这个恶魔把大家隔离在家里。宅家的日子是沉闷的，但正是这"无聊"的时光，却意外地重新激起了我对阅读的渴望。每天卧室、客厅、书房，能引起我注意的就是那一架子快落满灰尘的书了。我几乎翻遍了书架上所有的书，其中让我印象最深刻的是看了好几遍的《荒野的呼唤》。

故事讲的是一只本在南方享受生活的小狗巴克，有一天被人卖到雪地，成为一只雪橇犬。那里生存条件极其恶劣，然而聪明、体力又超群的巴克很快就适应了环境。因为，聪明的巴克明白如果要想在这个犹如人间地狱般的地方占有一席之地，必须与其他恶狗争斗，甚至互相残杀。这不，巴克打败了斯皮茨，马上成了那里的领队犬。即便如此，巴克的境况还是好不了多少。巴克不仅要适应与之前差别极大的恶劣环境，还要不断忍受恶毒主人的棍棒相向。与此同时，还要防备同伴不断攻击的犬牙。只是，巴克并没有因为种种遭遇而低头。相反，在经受了种种困难后，它学会了去适应规则，懂得了"只有自己不断地去克服各种难题，才是真正的适者生存"的道理。巴克让自己变得越来越强大。《荒野的呼唤》最终把巴克拉回了自然，成为狼群之首，像狼一样凶狠地吼叫着。

学习上，我们也总是会遇到许多困难。在三年级，我刚接触英语的时候，对英语特别抗拒，总觉得英文就像小蝌蚪，根本记不住。有一次，新课后回家要抄写并熟练拼读课后的所有单词，这对我来说简直就是天大的挑战！我连一个单词完整地拼读都不会，更何况还那么多呢。那天，在妈妈的监督下，我一次又一次跟读，可还是一脑袋的小蝌蚪。我多么想放弃啊。但是，当我看到书桌上《荒野的呼唤》时，我仿佛看到了百折不挠的巴克在雪地上奔跑。那一天，我反复地练读，反复地出错，反复地听录音，最终竟然全会拼了！这真是一个奇迹！那是我第一次对英语有了兴趣。趁着这股劲儿，我再次深吸一口气，接着开始我的艰难抄写。要知道，三年级时，我连汉字都写得像画符，这些英文字母在我笔下，那是真正的蝌蚪文。妈妈一直在旁瞪着大眼严肃地盯着我写。那次，我没有再耍脾气，而是安安静静地一次又一次地练。皇天不负有心人，我居然像模像样地写好了所有单词。成就感满满的我，在妈妈一句"你真棒，有进步哦"的称赞下，从此不再惧怕英语。自那以后，我的英语成绩直线上升，四年级时，每次考试都能名列班级前茅。现在的我已是班里的英语课代表了。

没有战胜不了的困难，只有放弃的人才会被淘汰。

傅子璇/文，五年级　指导老师：宋小玲

爱上中国诗词

一天，闲来无事，翻翻家里的书，发现有一本书的封面"颜值"爆表，清新素雅，特对我胃口。一看，乐了，《诗词故事》，那不是妈妈的"菜"吗，不过这本书是作者毛晓青写给青少年儿童看的，刚好适合我，那就看看妈妈的"兴趣爱好"呗。

毛晓青是《山海经》杂志社总编，也是浙江省民间文艺家协会故事专业委员会主任。她非常了解青少年的认知水平，通过一个个生动的故事，把古代诗人、词人和他们的诗词以及当时的创作背景鲜活地展示出来，通俗易懂，乐趣无穷。

打开书的那一天，我仿佛脚踏七彩祥云，身披五彩霞衣，跨越历史长河来到了这些古人的身边。我仿佛闻到了酒肆飘香，听到了车轮辘辘，看到了诗仙李白醉卧牡丹丛吟诗："云想衣裳花想容，春风拂槛露华浓。若非群玉山头见，会向瑶台月下逢。"我仿佛看到了陈子昂摔假琴炒作新诗，为自己考进士巧妙铺路，不由为他的年少聪颖偷笑，又为他后来一腔抱负难遇伯乐而悲伤，痛惜他"前不见古人，后不见来者，念天地之悠悠，独怆然而涕下"。我还仿佛看到了成都府尹严武与杜甫互不看顺眼到杜甫落魄，严武二盖杜甫草堂，两人结下的深厚情谊，终于深刻体会到严武病逝对杜甫的打击之大，以及杜甫悲天悯人、仁民爱物、忧国忧民的情怀。我喜欢李清照"和羞走，倚门回首，却把青梅嗅"的小女儿态，又敬佩她国难之时，"生当作人杰，死亦为鬼雄"的大丈夫胸襟。《诗词故事》告诉我文天祥的铮铮铁骨，欧阳修的宰相肚量，贾岛一心向学的"推敲"精神，淡泊名利，梅妻鹤子相伴一生的隐士林和靖，以及东坡何所爱，江海寄余生，那大唱大江东去的豪情。

诗词故事里既有描写"春城无处不飞花"的温婉，也有描写"大漠孤烟直，长河落日圆"的塞外风光；既有描写诗人间斗诗的趣味故事，也有如王安石、苏轼两大家之间朝堂上下相爱相杀的历史趣闻；既有李白、汪伦"桃花潭水深千尺，不及汪伦送我情"的友情，也有苏轼和秦观的师徒交情，还有李清照和赵明诚的儿女之情，而"莫愁前路无知己，天下谁人不识君"则是描写大将军的豪情。

我喜欢《诗词故事》，因为该书结合诗人、作品和生活故事，娓娓道来，引人入胜。不管是婉约派、豪放派、山水田园派还是边塞派，虽派系不同，但作品却一样精妙。

原来，诗词"高冷"的外衣下，有着这么多精彩的故事，让人着迷，让人沉醉。难怪，妈妈一直"情有独钟"。

金倪嘉/文，五年级　指导老师：余舍英

重温《西游记》

　　说起《西游记》，上到八十岁老爷爷老奶奶，下到牙牙学语的小孩童，大家都不陌生，用现在流行话叫：地球人都知道！

　　要说读这本书的感受，可以说回回都不一样。小时候不识字时通过电视连续剧、漫画了解《西游记》，对拥有无穷本领、天不怕地不怕、火眼金睛还会七十二变的孙大圣佩服得五体投地。对唠唠叨叨，而且还总是上当受骗的唐僧比较反感。上小学一年级时，我们的班主任把我们班一个调皮的男生取名为"大徒弟"，很凑巧，他的名字中也带个"孙"字，突然让我感觉对《西游记》中的师徒又有了另一种新的感悟，被我崇拜了好多年的孙大圣原来是个爱惹事的调皮猴，而且每次犯的还都不是小错误。比如大闹天宫，把天庭打成了废墟；管理蟠桃园，又把蟠桃园弄得天翻地覆；还把人参果树连根拔起……虽然他法力无边，却总是惹是生非，最后在师父唐僧苦口婆心的教导下，才慢慢感化，修成正果。所以被我反感的唐僧形象一下高大起来了。就好像现实中的老师和学生，每个学生刚上学时，就像一个个刚从石头缝里蹦出来的小猴子，更像一匹匹脱缰的野马，难以管束。而老师就像唐僧一样，不厌其烦地教育着我们，根据每个人的不同特点，配上一个个适合的"紧箍咒"，把我们从一个个"孙大圣"变成了"孙行者"。

　　一本好书可以让人受益匪浅，妈妈也看《西游记》，她说唐僧师徒是一个团队。虽然我还不是很理解，但我想这本书我会一直看下去的。

陈辛维/文，四年级　指导老师：刘利玲

观《孔子》电影有感

孔子乃老子之徒也。孔子以凡尘为天下，一心追求"老者安之，朋友信之，少者怀之"的理想境界。其五十岁时曾从政，推崇以礼、义、仁治天下，却遭世家、贵族当权者害之、驱之，无奈之下带着弟子周游列国数十载，一生经历坎坷曲折，颠沛流离，却始终坚持信仰，信守承诺，不改初心，乃真君子也！

电影中老子曾曰："孔丘，当今之世，王纲失序，天下纷乱，你还要一意孤行，推行你的礼乐仁义吗？"孔子对曰："丘惭愧，一无所成。"老子曰："无用，安知不是大用？弱则生，柔则存。天下莫弱于水，而攻坚者莫之能胜。上善若水也！"孔子对曰："先生微言大义，吾道一以贯之。先生之道大象无形，超然物外，不限于世间；而我的道则在人间。"孔子晚年顿悟以己之为，犹如螳臂当车，不自量力，遂决定不再从政，专心育人，编撰文献。

孔子门下有三千弟子，最有名者为七十二贤之颜回、子路、冉求。孔子育人讲求因材施教，有教无类，己所不欲，勿施于人。晚年其更是专注于传授儒家思想，使儒家思想传之、授之，流传后世。

孔子悟道之性可谓高，终年悟道，方成圣。在深山之处，天地之间，悟其师之道，流芳千古。虽有生之年未将"仁义礼治"推行成功，却为后人留下宝贵财富，被后人尊称为圣人之师也！

当今之世，世人思想混沌，信仰缺失。坑蒙拐骗者有之，盗窃抢劫者有之，烧杀者有之。如某小区一保姆为一己之贪欲，掩盗窃之行，杀人于无形，纵火烧死主人一大三小者，稚子何其无辜？试问天道何在？人道何在？

吾以为当今社会尤需推行孔子的仁、义、礼、智、信、孝思想。或有人认为孔子思想愚钝不适用于当今，吾认为其恰是不解儒家思想的精髓，乃无知也！弘扬传统文化，中国古圣先贤几千年经验、智慧的结晶，其核心就是弘扬道德，正所谓"无规矩，何以成方圆？"。世人信仰有之，社会将不再混乱，必将兴旺矣！此乃吾辈之责任，吾将以此为己任，矢志不渝，实现吾的强国梦！泽福天下也……

洪博/文，六年级

五彩的幸运
——《绿山墙的安妮》读后感

看到这个书名，我就有一种新鲜和清新的感觉。绿山墙让我遐想自己站在一片幽静的树林中；而 Anne 与我的英文名 Anna，有一种说不出的巧合，让人倍感亲切。

翻开书页，走进故事里。看到巴里先生家的池塘——"闪光的小湖"时，我的脑海里呈现的是一片瑶池美景，五彩斑斓的湖水、波光粼粼的湖面……

在看到安妮被蕾切尔夫人嘲笑时，安妮那面孔上的愤怒逐渐加深，直至她终于抑制不住满腔怒火，攥紧拳头，像母老虎一般冲过去时，我就在心里为安妮打抱不平。蕾切尔夫人怎么可以这么说呢！如果别人这么说我，我想我会比安妮更激动的吧。

安妮道歉时，我并不觉得她是装的。她低垂着头，那么焦急地希望得到原谅，让我看到了她勇敢地承认错误的可贵品质。在她淘气爱幻想的外表下，我还看到了另一个安妮——乖巧、善良的安妮。玛丽拉说她总是会听、会做，很懂事。

对于安妮的幻想，我真的是太佩服了，她居然能一想就四五个小时。即使是成天会幻想的我，也真的觉得有些离谱呢！

腼腆而安静的马修，严肃又善良真诚的玛丽拉，还有善良又爱管闲事的蕾切尔夫人，绿山墙的小溪、山泉、小山坡都成了安妮的朋友。她的笑声、她的亲吻总是让马修和玛丽拉被甜蜜的幸福感击中。就这样安妮这个孤儿，幸运地和马修、玛丽拉一起生活。安妮既感恩、乐观，又勤奋，这注定了她会有幸运相伴。

从这本书里，我学会了感恩。清晨拉开窗帘，阳台上的月季、凤仙花，金色的阳光，妈妈准备的爱心早餐，上学路上树的倒影，粉刷一新的教室和紫色的墙，我感受着，并笑着成长！

郑晓舟/文，四年级

读《朝花夕拾》有感

　　从《阿长与山海经》一篇中，我们知道鲁迅先生童年是有保姆的，看来他的家庭条件还是不错的。但《琐记》一篇中，先生家里却连钱和首饰都没了，就在短短几年内，实在想象不到。

　　我小时候总感觉名人出名一定有一些常人碰不到的事，如果没有某些转折点之类的事来刺激和冲击，又怎么会刺激和冲击别人呢？

　　再回到鲁迅的家庭，家室衰败注定有内部的原因，先生父亲的去世是最大的导火索，但这样的情况也少不了外界的因素。仅从阴险的衍太太身上即可以小见大，当时社会是多么黑暗，年仅十余岁的鲁迅都要承受那么大的压力，更何况大人呢？从小受尽封建折磨的鲁迅因此决定离开家乡。

　　鲁迅留学日本是众所周知的，重点还是想放到他的老师藤野先生这里。日本在明治维新之后国力大增，军国主义建立，种族歧视也在加剧。藤野先生面对来自弱国的鲁迅，却仍拿他当普通学生一样百般关怀，这对于鲁迅是多大的温暖。在后来的文章中，先生写道："每当夜间疲倦，正想偷懒时，仰面在灯光中瞥见他黑瘦的面孔……便使我忽又良心发现，而且增加了勇气，于是点上一支烟，再继续写些为'正人君子'之流所憎恶的文字。"可见藤野先生是鲁迅写作的动力。

　　再转到社会背景，当时正是中国处于封建社会变为民主社会的转折期，各类陋习仍在：有封建思想的父亲和讲师、口蜜腹剑的衍太太，鲁迅的笔下无不表现他对封建礼教的憎恶，对受此摧残的人们的同情，这让他成了战士，希望通过自己的文章改变社会。

现在，他理想中的社会出现了，"万里长城今犹在，不见当年秦始皇"，鲁迅是亿万建造者中的第一人。这位拿笔厮杀了几十年的战士，教会了我们很多。

蒋屹健/文，七年级

读书真让我着迷

我对书是真着迷：历史书、文学书、漫画书……甚至是说明书，无书不香。床头、沙发旁，书桌上……无地不放书。我为何对书如此痴迷呢？从中我不仅能吸取饱满的营养，还能获得一种别样的享受。

一个阴雨连绵的下午，听着窗外淅淅沥沥的雨声，我毫无顾忌地蜷缩在沙发上捧起了前几天刚买的《半小时漫画中国史》。没过多久，我就完全陷入了书海之中。

我赞叹春秋五霸称霸的壮举；尽览战国七雄间错综复杂的军事斗争；感叹秦始皇一统六国的盖世功名；惊叹刘邦"斩白蛇起义"的豪情壮志；刘、关、张三人的深厚友谊令我敬佩，而晋统一后没过多久就分裂的惨状令我震惊；我仿佛骑上了战马与李渊征战南北，建立唐王朝；又为"安史之乱"后迅速坠落的唐王朝而惋惜；宋岳飞忠贞爱国的精神令我敬佩，成吉思汗征服欧亚大陆的野心令我汗颜……看到动情处，我甚至一跃而起，呼叫呐喊着，把书抛向空中。看到紧张处，我牢牢扎在沙发上，紧紧盯着书上的每一个字，不敢松懈。当看到滑稽处，我倒在沙发上，捧腹大笑……

时间一分一秒地过去，我仍然在书海中无法自拔。饭点到了，爸爸进书房唤我吃饭，可我怎能听见那微弱的呼唤声呢？直到他走到我身边，使劲摇了摇我的肩膀，我才如梦初醒，依依不舍地放下书。

书令我着迷，因为书是人类进步的阶梯。

张博文/文，五年级　指导老师：钟慧萍

大和小

——观《八佰》有感

以前，日本很小
自认为很强大
以前，中国很大
看起来弱小
日本总和中国打架

其实，中国没有那么弱小
日本也没有那么强大
现在，中国变得强大
但从不欺负别人

郦米澜/文，一年级　指导老师：朱巧晴

童心的天堂——巴学园

"还会再见面的！""你真是个好孩子！"这是分别时小林校长对小豆豆说的话。虽然只是两句话，却时刻温暖着小豆豆。

这个暑假里，我读了好几遍《窗边的小豆豆》，里面的故事感动了我。这本书描写了小豆豆眼里一个与众不同的校园——巴学园。

小豆豆在常人的眼里是一个调皮捣蛋鬼：她在课上不断地开关书桌盖子，并发出很大的声响；她站在教室窗户边和外面路过的宣传艺人打招呼；她站在教室窗户边和做窝的燕子说话；她在画画的时候把桌面也当成了绘图纸的一部分。看到这些，我不禁从心里笑了出来，其实这些也是我曾经想做的，不过这样做对其他同学造成了影响，好像也不太合适，那有没有一个地方能够让小豆豆这样做又不会影响别人呢？有，巴学园就是这样的一个学校，它可以让你尽情地释放自己，尽情地展现自己，它有着地里长出来的树洞校门，不会动的电车教室。

当我读完"盒饭"这一篇时，我也非常想尝一尝山的味道、海的味道，读着读着，我开始喜欢上了巴学园的校长，她温柔善良，懂得孩子的心思，是一位好校长。我还想养一只像洛基一样的狗，既温顺又可爱，太棒了。还有这首校歌："巴学园，巴学园，巴——学——园。"虽然很短，但每个字都充满了校长对巴学园，对学生的爱。

看完了整本书，我发现，其实在我们的心中也有这样一个梦想：去巴学园上一天课，它就是那个可以放飞自己的天堂。

赖和均/文，五年级　指导老师：方惠红

第七辑

薄荷夏季

口袋里兜着田，胳膊里夹着秋，
脚下踏着山沟沟。

薄荷夏季

　　当凝聚在树叶上的雨珠滴落时，她的双眼被披上了一层纱。流尽了殷红，是该休憩了……

　　薄荷凉的雨丝净了心中的尘埃，清晨便用它点缀树林。但她看不见。她旋转着轮椅，发出滚珠的声响，在心灵的贝加尔湖畔缓行。雨丝穿过云层，穿过细密的树叶，发出了清脆的铃声，荡开了一圈涟漪。雨打落了树叶，像石头落入了水滴的声音。疏细的草茎沐浴着，倾诉一曲曲歌谣。"叮咚哗——"

　　薄荷凉的鸟鸣似乎擦净了眼角的污血，黎明把它制成难以描绘的美妙声音。那是窸窣的草丛声，是空山谷中的琴键，是幽净中一颗被禁锢的心。被束缚的自由被鸟鸣打开了镣铐，看不见的眼睛染上了薄荷的听觉色彩。"叽喳——"

　　薄荷凉的荷花绽放在树林的一角，抹去层层叠叠的伤痛。"噗！"她分明听见了池塘中那朵初放的花。想必那是粉色的童话，沉淀的梦语，孤独地绽开吧！身上的炽热又一次被荷花的开放净化了。"啪呼啊——"

　　那是什么声音？

　　带着夏天的呓语，雨丝的召唤，落叶的单曲，鸟儿的小调，荷花的轻哼，那心灵的故事开始演绎了。

　　树林中，一个八音盒，响着。

　　摇着梦幻的歌，让她有些措手不及。那是夏天的歌。的确，那便是夏日在歌唱。她把手深深放进了露水渗透的草丛，拿起那个八音盒。炎热退去了，留下了心的呼唤。夏日的芳唇，贴近她脸颊，仿佛在诠释：这只属于你。

薄荷凉的夏季，有太多纠葛。有没有静下心，享受自己，享受换季呢？

八音盒的发条没了。夏天，过去了。

陈诺/文，六年级

寒假观察

　　我家的楼左转是一条贯通小区的路，此刻这条路上人来人往，好不热闹。

　　路旁的水杉为行人、为这马路、为猫猫狗狗增添了别样的风景呢。不信，你瞧！

　　回想春天，春意盎然，水杉的每个枝头都会爆出许多小绿芽。我想，用什么来形容这让人心生惊喜的绿呢？用绿色纸片折成的小鸟来形容它，不恰当；用害羞的小姑娘来形容它，也不妥；用春的发丝来形容它，也显勉强。它是那样娇柔，那样可爱，突然闯入你的眼里，引得人们驻足观看，引得小鸟流连其间。

　　回想夏天，火热的太阳炙烤大地，柏油路面也在痛苦地呻吟时，路两旁的水杉挺直它的身躯，那野猫和邻居偷偷养着的贼眉鼠眼的母鸡也凑来乘凉！

　　回想秋天，每逢万木叶落，水杉就会冲在前头——最早"不爱绿妆爱红妆"，再急急地最早把一身的"累赘"红妆卸下来。某一个早晨，下楼上学时，一夜间这条路便被云杉叶铺了一地，我直惊叹——仅一个晚上，大自然就造就了这样的"红地毯"，脚踩"红地毯"上学，多了几分诗意和期待。

　　回想前些日子，北风吹来了雪花。清晨起来，在有雾的玻璃窗上抹出一个透亮的小洞，透过那个洞，可以看到外面的水杉枝头，盖着一层薄薄的雪。那水杉，犹如一棵银树，在晨风里玩弄着枝头的雪花。

咦，那些平日里欢蹦乱跳唱着曲儿的小鸟呢？那树下偷偷觅食的母鸡呢？都去哪儿了？或许跟我家的狗狗一样，钻进窝里睡美觉去啦，它们慵懒地垂着爪子，埋着脑袋闭着眼睛。

而我，此刻正带着我的狗狗，拉着它的狗绳在这条路上撒欢！

郑晓冉/文，五年级

四季的脚步

　　轻轻地，悄悄地，春来了。她是个娇气的、爱哭的小姑娘。高兴她哭，害羞她也哭，她一哭，天就下雨了。"下春雨了！"人们欢呼着，春一听，霎时成了害羞的小泪人儿，雨就下得绵软了。

　　春雨过后，春笋探出头来，春好奇地盯着它看。迎春花开了，春就在花丛中穿梭，快乐地蹦蹦跳跳。春玩累了，就悄悄地回了家。

　　夏是跺着脚来的，他是个暴脾气。他喜欢热气腾腾地在澡盆里跳来跳去，水花溅得到处都是，梅雨季节就来了。

　　夏的爸爸是太阳——夏总是惹怒他。太阳一生气就释放出所有的火焰，这时夏就不得不跳进小河中躲避，他爸爸就只能不停地往大地上吐气，火辣辣的。夏受够了，闷闷不乐地回家了。

　　这时，秋就吹着号角来了。他吹着丰收的号角。水果、粮食一听见美妙的乐曲，高兴地红了脸，弯了腰，他赶跑了炎热，带来了凉爽。

　　一阵冷风吹过，秋一阵哆嗦，连忙跑了。

　　冬来了！她穿着雪白的衣裳，有着神奇的魔法。小手一挥，大地白茫茫一片。小扇一扇，北风就鼓起了腮帮子，呼——呼——地吹起来。

　　冬最怕温暖，温暖一来，她就会变成一片白云。爱哭的春总是喜欢对着她吹暖风。春眨着大眼睛，轻轻一吹，暖风来了，冰雪消融，冬就悄悄地走了……

郑晓冉/文，四年级

西海春景

立春后的一天清晨，阳光万缕，暖风吹拂，我们一家人趁着灿烂的春色，乘车赶往我们的旅游目的地——庐山西海。

刚到西海，我就迫不及待奔向前去，刹那间一片碧波万顷的水面呈现在我的眼前，无边无际，犹如辽阔无垠的大海一般。湖面中间矗立着许多大小不同的岛屿，仿佛满天的星斗散落在浩瀚的银河之上，"西海"的称谓果然如此贴切。举目望去，几只轻快的小艇风驰电掣般地穿行在湖浪之中，船尾溅起的浪花紧紧跟随其后，短暂掀开之后又立刻被吹散得无影无踪。看到这，我浮想联翩，"君看一叶舟，出没风波里"不正是这里的写照吗？

一艘洁白的游船慢悠悠地停靠在了岸边，我们买了船票，兴奋地登上船去，期待尽快地拥抱这如诗如画的美景。一声清脆的汽笛声响彻天空，游船笨重的身体"扑哧扑哧"地排开清澈的湖水，径直驶向中央。早已按捺不住的游客争先恐后地跳上船头，欣赏这山水交融的风光，不时地举起相机拍摄起来。飞翔的小鸟也赶来围观，扑扇着翅膀轻盈地歇在船舷上，警惕的双眼却来回注视着人们。远处的山岛在阳光照耀下，郁郁葱葱，早已习惯了喧嚣的游客。

我太挚爱这美丽的自然风景了，却禁不住要问，它真的永远会这样容颜不改吗？当然不会，这得力于我们强大祖国的环保政策，依靠大家的自觉自律。

裴若霖/文，五年级　指导老师：朱秀莉

日落黄昏

  为了看日落，我常常快速写完作业，扒着书房的窗户往外眺望。那时天还是湛蓝湛蓝的，周围非常明亮，楼下只有马路上汽车飞驰而过的声响。

  天空一开始还是晴空万里，转眼间太阳滑到了它的下半边，接着一点儿一点儿往下走，减弱自己的亮光。此刻，树梢和远处的高楼大厦都被慢慢涂上了淡淡的金色，我知道太阳快降下去了，黄昏快来了，便目不转睛地望着那里。

  我一直凝望着，此时的日落黄昏像一首诗，如一幅画，是那么恬静，那么美丽，那么迷人。

  这时的太阳像极了一只拥有神奇魔法力量的大灯笼，把天空从一片金红色，变成了桃红色，慢慢地又变成了淡粉色……然后它开始渐渐地、渐渐地往下沉，好像依依不舍不肯离开。可是，它不得不向远方的青山走去。青山遮住了它的一大半。太阳带着它的微笑缓缓离去，天边只剩下一片红霞，正在渐渐缩小。天渐渐黑了下来，太阳和我们这个城市说了"再见"。

  我沉浸在这日落黄昏的美景中，如痴如醉。

柯钛戈/文，四年级 指导老师：郭书生

雨中即景

夏天的午后，艳阳高照，知了在树上叫个不停，渴得吮吸着树汁。但是有一些蜻蜓却飞得很低很低，它们在告诉我：快要下雨了！

果然，一转眼，太阳便逃之夭夭了，北边的天空乌云密布，排山倒海似的扑了过来。于是，一丝丝细雨慢慢飘落，渐渐地，雨点像断了线的珠子一样从天而降。

豆大的雨点噼里啪啦地打在屋檐上，如万条银丝从天上飘落下来，屋檐上落下来一排排水滴，好似美丽的珠帘。

我不禁向远处望去，只见在大雨中的小花小草，一边如饥似渴地喝着甘甜的雨水，一边让雨水冲洗去身上的泥巴和污渍。

渐渐地，雨变小了，马路上飘起一阵阵被水淋过的薄雾。我撑着伞在雨中漫步，有一种腾云驾雾、飘飘欲仙的感觉。有的雨点打落在雨伞上，有的雨点掉落在地上，有的雨点飘落在我的脸上，我被雨包围着，我在雨中漫步，我在雨中跳舞！

终于，雨停了，太阳钻出云朵对我微笑。远处竹子上，那一片片羽毛般的小叶子，都沾上了一颗颗晶莹剔透的小水珠，在微风中向我点头。

雨，有一种说不出来的美丽，让人陶醉其中……

胡宇晨/文，三年级　指导老师：王菊

初 秋

秋天是一个凉爽的季节，是一个丰收的季节，同时也是一个非常美丽的季节。

如果说春雨是滋润大地的，那么秋雨就是浇灌大地的。傍晚，走在小路上，撑着雨伞在秋雨中，秋风伴着秋雨，一切都是那么寂静，那么和谐。当你仰望天空，灰蒙蒙的，秋雨仿佛给了你一种色彩，它是那么轻盈，那么细腻，那么凉爽。

秋天的脚步近了，丰收的脚步也近了。金黄的树木，正在为大地做一件金黄的衣裳。早晨，我走在小路上，我向前望去，柿子树仿佛喝醉了酒一般变得通红，旁边的菊花在风中摇摆着，时不时还对我微笑。我不敢打扰这样的环境，就坐在路边的凳子上，桂花也在风中舒展着自己，我的心也被这秋天感染，如同桂花一般飘落了下来。

夕阳西下，连太阳也舍不得回去，还露出半张笑脸。初秋来了，欢乐也来了。

刘万疆/文，七年级　指导老师：夏智列

我的乐园

我最爱自己农家小屋后面的一片竹林。

春天，金灿灿的阳光射进茂密的竹林中，竹笋就像饿了的小鸟张着嘴要吃的一样，贪婪地吮吸着阳光和雨露，茁壮成长。如果你到那里走走，肯定会瞧见许多调皮的小竹笋正使劲儿地往外窜。那时，我常常拿着我的小锄头，小心翼翼地走着，看见一根笋就用锄头把旁边的土都刨掉，把笋赤裸裸地露在外面，然后再用锄头把笋砍断……

夏姑娘刚来，就让太阳公公发了高烧。春天没有挖掉的笋，已经长成一棵棵小小的竹子了。因为农家的夏天热得不得了，所以我们全村人都到那片竹林里去乘凉，顺便在那儿聊聊天，打打牌。我们小孩子就更不亦乐乎了！你追我打，玩得满头大汗。

秋姑娘迈着轻盈的步伐到来了，我刚走进那浓浓绿荫下的竹林，雾立刻把竹林围了起来，说要和我玩捉迷藏呢！我走到了那棵新竹旁，看见它已经长成了一棵昂首天穹的大竹子了。风把它吹得东倒西歪，但就是断不掉，好像在说："来吧，我不怕你！"

冬姑娘来结束这一年的日子了，这些竹子棵棵长得高大粗壮，孩子们最喜欢在这里玩捉迷藏，也没有一个人喊"冷"或"累"，因为大家都沉浸在这竹林里了。

这一片竹林，正是我心中念念不忘的乐园，因为那里的绿竹浓荫、清凉透彻，更因为那里飘荡着孩子们欢乐的笑声。

温硕妍/文，四年级　指导老师：朱秋红

美丽的呼伦贝尔大草原

　　去年暑假，我和爸爸来到了呼伦贝尔大草原。这里广阔无垠，一眼望不到头，也看不见尾。

　　呼伦贝尔大草原是绿的。放眼望去，无边无际的绿色像一个孩子一样被揽在大地母亲的怀里，而那绿色又似宝石一样点缀了大地。绿色、绿色、绿色……各种的绿色蜂拥而至，组成了一幅返璞归真、令人舒心的画卷。

　　呼伦贝尔大草原是动的。一群羊在山坡上悠闲地漫步；两三匹骏马俏皮地拉着风姑娘，风姑娘又拉着大地的绿衣服跑了起来；而我们的小摩托也在动，它是万丛绿叶中红花探出的小脑袋。

　　呼伦贝尔大草原是静的。边境线旁空无一人，只有花草播放着无声的歌曲。一切是那么寂静，隔绝了喧闹，也就没了烦躁。

　　呼伦贝尔大草原是美的。深入亚洲最大湿地，你可以看到许多美景。泉水叮咚，几条小鱼在嬉戏。竹林苍翠欲滴，时不时传来一阵鸟鸣。那瀑布虽说不大，但也有自己独特的美。桃花开得正艳，装扮了草原。说也奇怪，几头奶牛在林间散步，披着花格子衫。几棵红豆杉长得粗壮，像守卫湿地的战士。傍晚六点钟了，夕阳还不肯退去，仍探出了半个身子。中国——俄罗斯的边境河上，我和爸爸正坐船参观，水面波光粼粼，一层层涟漪泛起波纹。这一切都是这么宁静。

　　我爱呼伦贝尔大草原，爱它的绿，爱它的动，爱它的静。

刘震/文，四年级　指导老师：包国英

有细雨的一日

窗外，淅淅沥沥，雨如断了线的珠子，"嘀嗒嘀嗒"直往下落，落在地上，"啪"，溅起一朵小水花。细雨的一天，就这样拉开了帷幕。

走出门外，撑开雨伞，一股湿气扑鼻而来，其中夹杂着泥土的清香，别有一番滋味。近处的树经过雨水的冲刷，明朗了许多，尤其是树干，似抛上光，映着这梦境般的世界。远处的建筑物则如漂浮在雨雾之中，时隐时现，颇有进入仙境之感。时有几个人带着伞来去匆匆，仿佛琼楼玉宇中的仙人一般。

进入汽车，去上学。雨水打在车玻璃上，就被粘住了。窗外，雨蒙蒙，好似一幕无边无际的珠帘。珠帘中，一辆辆车缓慢地驶过，辅以几声"嘀嘀嗒嗒"。路中央，一位交警身着雨衣指挥交通，时不时鸣哨示意。哨声、喇叭声、雨声夹杂在一起，演绎着生动的"雨天进行曲"。

一路赏雨景，不知不觉便来到了学校。走进教室，与同学共诵课文。同学们好似进行着一场游戏，绝不开小差。女孩子面色温和，以内心之感悦声朗读课文，男孩子则紧攥着书，皱着眉，不断控制自己的语调，思索着如何将感情更好地融于课文之中。黑板前的教师来回踱着步，面露悦色，时不时地"嗯嗯"几声，或纠正孩子们的发音。

一天的学习终于结束。同学们解散后，三个一群，五个一伙，蹦蹦跳跳地向着家的方向走去，还不时地辅以"嗬——哈——"的一嗓子，肆意挥霍着心中的快乐。

张博文/文，五年级　指导老师：钟慧萍

冬天的雨

又是雾蒙蒙的一天，外面空气潮湿，几只鸟滑过天空，层层乌云笼罩大地，好像一块黑灰色的大幕布。

没过一会儿，一滴雨点打在我的手上，我感到一阵清凉。渐渐地，雨下起来了，豆大的雨点打在地上，"啪啪"作响。雨越下越大，从毛毛细雨变成了倾盆大雨，一串串雨滴落了下来，一滴接着一滴，好像在举行一场隆重的运动会。雨打在玻璃窗上，发出"噼里啪啦"的声音，好像在放鞭炮。雨落在马路上，立刻汇成小溪，流向下水沟。下水沟的积水越来越多，慢慢地变成了一个迷你池塘。路上的行人有的急匆匆地跑到屋檐下避雨，有的撑开了伞，像一个个小蘑菇，给这个阴沉的世界添加了一些色彩。路上全是大大小小的水坑，车子驶过溅起片片水花，冲刷着地面。雨落到小河里，泛起层层涟漪，小鱼吓得躲到水底下，怎么也不肯出来。

雨停了，路上的水坑还没有消失。霓虹灯的灯光照在水坑上，水坑映出红色、黄色、蓝色、绿色等不同的光，五光十色。我和妈妈骑着电瓶车，水坑里的倒影不断往后退着，仿佛一部正在播放的电影。房顶的雨水滴在地上，发出闹钟秒针般清脆的声音。三三两两的行人也出来散步了，他们呼吸着雨后清新的空气，脸上洋溢着欢乐的笑容。

李奕龙/文，三年级

相信春天

庚子岁岁慢，
西湖水胶住木桨，
柳树的枯发，
不再摆动。

广告牌炫丽喧闹，
口罩和口罩远远交错，
沉默。

山雀啾啾，
体温计嘀嘀，
新冠病毒在时间交响曲里嘶吼。
呼吸，
难受。

留一捧猫粮在草丛，
我们都要好好的，
相信春天。

余泽/文，四年级　指导老师：谢存

口袋里的田野

初秋，搬张小凳，坐在田边。一人，一茶，一书，足矣。

山上的竹叶沙拉拉地响，昨夜的雨露抖落在金黄色的土路上。口袋里兜着田，胳膊里夹着秋，脚下踏着山沟沟。

头上顶着蓝色的天，晒得黝黑的孩子追逐着远方的云。汗津津的发梢有青春的味道，水灵灵的眼睛有太阳的身影。五六双脚丫在土埂上晃荡，五六双小手沾着泥。先是一双小脚跃入田间，接着所有光脚丫子扑哧扑哧滑下土埂，泥花四溅。

脖子上搭着白毛巾，一顶草帽移动在壮实的作物间，身后跟着蹦蹦跳跳的冲天辫，红扑扑的小嘴一本正经，念着古诗，教没上过学的爷爷。

山脚下有一处小院，青丝白发纠缠在一起，结实的肩膀旁靠着松垮的脸，硕大的旅行包搁在脚边。屋檐下有一窝小燕，一口青石砌的井立在面前。一老一少坐在梁下，白发絮絮叨叨念着田野上的琐事，青丝默默聆听，无言。

正在生长的田，几根长长的电线悬在村头的杆子上。几只麻雀蹦着跳着，聚在一棵高大的树上。

风声，林声，鸟叫声。

金色的光照着田野，风吹过田野。恍若虚幻，阳光飘忽不定，天边燃起了火烧云。竹林燃烧了，田野燃烧了，人的影子也燃烧了。

小脚丫子散开来，溜进了家。一只粗糙的大手握住了一只细嫩的小手，白色的毛巾在脖子上一晃一晃。一张苍老的面孔，把那张年轻的面孔迎进了憔悴的门。

慢一点，时光。小心弄皱了口袋里的田野。

耳边放着《青石巷》，手里捧着《匆匆》，口袋里装着田野。

初秋，一人，一茶，一书，足矣。

何雯昕/文，六年级

遗落人间的珍珠——泸沽湖

在中国云南，有一汪被高山环抱的碧水，犹如一颗泛着柔美光泽的珍珠被群山宠溺地捧在手心，她就是泸沽湖。独特的地理位置和"神秘女儿国"的传说，吸引了无数的背包客不远万里到访，揭开她的面纱，为她倾心……我，便是其中的一个。

泸沽湖是美丽的。选一个天气晴朗的日子，泛舟湖中。湖水清清的，低头可见水下自在起舞的水草；小岛绿绿的，好似一块块碧绿的海绵轻轻擦拭着这方明镜；群山起伏绵延，在云雾的遮挡下"犹抱琵琶半遮面"。如果你的运气足够好，还能看见几朵白云缠绕在山腰间不舍得离去呢，那样子真像是给山配上了一条洁白的玉带！

泸沽湖是静谧的。湖面波光粼粼，湖水缓缓流动，偶尔划过来几条猪槽船，也不过是在这明镜上添了几道细细的水纹，不一会儿就消失了，只留下小岛和远山的倒影……游客们到了这里，好像受到了她的感染，会自然地放低音量、放慢脚步，在徐徐的凉风和满眼的美景中洗去尘世的喧嚣、荡涤疲惫的灵魂。然而，泸沽湖的静不是那种寂静——漫步湖边，隐隐能听到普米族船老大的歌声；推开窗户，风中会传来摩梭人围着篝火唱歌跳舞的欢笑声……一切都刚刚好，既不会让你感到寂寥，也不会令你觉得喧闹。

泸沽湖，你是一颗遗落人间的珍珠，大山把你捧在手心，游人把你留在梦里，而我，将你印在心上……

倪溯飞/文，六年级

寻访自然的秘密

北风歌唱着，掠过山原，越过池塘，欢笑着，传播着冬天的信息，邮寄来了冬天的明信片——雪花。

雪花和着优美的小步舞曲，慢悠悠地旋转着，舞进我的手掌心，瞬间化为一汪冰水，微微倾斜手掌，水珠儿便扑进大地母亲的怀抱。我趁着天色未晚，拿来小铲子，堆起雪人来。在太阳只剩一缕余晖时，一个神气的小雪人总算站在了我的眼前。他头戴小蓝帽，翘着一个可爱的萝卜鼻，一双树杈手，捧着一束花，活像一个雪士兵！

我满心欢喜地进入梦乡。

第二天，却惊异地发现雪士兵消失了，我赶紧四处寻找起来！就这样，我开始了漫长的寻觅雪士兵的旅程。

走进公园，我隐约看见梅树上有零星的白光闪烁，那是雪士兵的影子么？那堆雪真像温暖的襁褓，轻轻拥住了娇艳的梅花；那堆雪又像一只雪白的小鸟，在枝头歌唱。它是怎么来到梅树枝头上的呢？哦，一定是北风先生原创的狂欢曲唤来的它。

我继续往前寻找。咦，小溪上那层冰冰凉凉的是什么？那是雪士兵的影子么？那晶亮的冰真像一块透明的玻璃，闪烁着亮光；那晶亮的冰又像一片晶莹的水晶，让小溪变得安静了！是什么让雪变成了冰？哦，一定是神秘的空气魔术师手中那根了不起的魔杖改变了它。

我仰望天空，一大片一大片雪花翩然飘落。那就是雪士兵的影子！是什么让雪士兵变成了水，又化为水蒸汽升上蓝天？又是什么让水蒸汽变为大片大片的雪花从天而降？哦，那功劳一定属于爱运动的太阳公公和胖乎乎的白云奶奶。它们总爱一块儿工作。太阳公公的早操总会吸引不少的雪娃娃，雪娃娃们挤在白云奶奶的怀里看太阳公公做早操，白云奶奶可抱不住这么多的雪娃娃，手一松，一不小心雪娃娃便嬉笑着溜走了……

我停下了脚步，我终于知道是谁带走了我的雪士兵！

郑雨晗/文，五年级

雨

　　我是大自然用来装点千山万水的银色丝线，我一直生活在天上。

　　春天来了，花儿开了，云妈妈让我滋润它们。于是我偷偷探出了脑袋，从母亲的怀抱中，扑通一下跳了下去，落在了花儿身上，坐着滑梯滑入花儿们的世界。我陪伴着它们茁壮成长，看着大地变成一个五彩的世界。

　　夏天悄然而至。太阳公公照耀着大地，全世界好像都很热。大地被渴得干裂了，花儿被渴得低下了头，小动物们被渴得不知所措了。农民伯伯们看着干裂的田地，眼巴巴地望着天空，渴望着我能下去帮忙。我看着他们，忍不住哭了出来，我滋润了大地。花儿重新昂起了头，小动物在雨中蹦跳。农民伯伯看着喝饱水的庄稼，满意地笑了。

　　秋天也跟着夏天离去的脚步走来了。我望着果树上那一颗颗黄澄澄的大果子，又看了看弯了腰的稻子，它们好像在呼唤我。于是，我化作千万条银色的丝线洒向大地，希望它们能为农民伯伯带来好丰年。同时，我也洒在了枯叶上，好让它们早点成为来年的优质肥料。

　　冬天来了，我变成了另一个样子。我早早地从空中飞了下来，慢慢地积成了又白又厚的大地毯。在我完全到达大地时，那些可爱又俏皮的孩童便戴着手套，不顾寒冷把我放在手中滚成球，然后快乐地玩耍。他们很高兴，玩得不亦乐乎，我也很高兴。虽然我碎了，但是我为他们带来了很多乐趣。

　　　　　　　　　　　　　　　　　　　　王祎睿/文，六年级

小欢喜

喜欢一个不太忙的周末：不用上学，可以赖一会儿床。听着外婆在厨房忙乎，锅碗发出轻轻的碰撞声，心里生出浅浅的欢喜。

慢悠悠地从被子里钻出来，便出去吃早饭。趴在窗子上一望，真好！阳光在树梢上跳跃，在小径里摇曳，像小鱼一样。我喝一口牛奶，一边品味淡淡的奶香，一边感受阳光的温暖。

去楼下散个步，这里有一块地种满了桂花，那香味似乎永远不会散，还是饱满地香着，令人心旷神怡。某日晚上路过，我透过那馥郁的桂花香，看到了亮透了的月亮，像被洗了一样，挂在漆黑的夜空中，这样美好的画面，真是太令人难忘了。

桂花树边上是小区的中庭，一座小小的凉亭，古朴典雅；两棵高高的柚子树，挂着几个硕大的柚子。一块不大的空地，那是周围老人们的天下。老人们清晨在这里做操、打太极，傍晚在这里高谈阔论。风一吹，桂花香更加浓郁，那些锻炼的老人在桂花树的掩映下，鹤发童颜。他们谈论着家长里短，我并不喜欢听，但我喜欢看他们呼朋唤友、兴高采烈的样子，那种悠闲和满足令我羡慕。

住在前排的王奶奶是小区里有名的"大善人"，她又出来喂野猫了。她捧着满满一碗猫粮，不用呼唤，就围上来几只猫，有花的、黑的，也有黄的、白的，虽然是流浪猫，却看不到流浪猫该有的狼狈。它们安静地吃着猫粮，吃完了会大大方方地躺在地上，任王奶奶摸它们。趁着猫妈妈高兴，我也顺便摸了一把小猫崽，毛茸茸的，暖暖的，心中生出大大的欢喜。

　　给物业打扫卫生的是一个五大三粗的中年叔叔，种得一手好花。因为我喜欢花草，所以经常去他住的屋子前看。他的花草大多都是业主养残不要了，扔在楼道里，又被他捡来养的。非洲菊、太阳花、蝴蝶兰、杜鹃花、百合……很难想象，那些快要死的花，到了他的手里，都起死回生了，长得欢欢喜喜的。有时候，他会送我一小盆香水百合，捧花在手，闻到的是花香，盈满怀的却是欢喜。

　　这些小小的欢喜装饰着人生，点缀着岁月，是生活中必不可少的东西。

　　　　　　　　　　胡楠/文，六年级　指导老师：程碧静

一条小青鱼的哭诉

　　这是一条清澈见底的小河，碧绿的水草在风中优雅地舞动着，无数条鱼儿在水里无忧无虑地生活，所有水生动物都住在这里，比如，调皮的螃蟹、可爱的金鱼、友善的鲫鱼……其中金鱼、鲫鱼和小青鱼是最要好的朋友，它们天天一起上学、玩耍，就连睡觉也舍不得分开。

　　秋末到了，小青鱼要到中下游去越冬了，它恋恋不舍地说："亲爱的伙伴们，因为生活，我要去中下游越冬了，请你们在这儿等着我，我一定会回来看你们的。"金鱼和鲫鱼含着泪水，说："再见了，我们会等你的，希望你能顺利地回来。"小青鱼听了，便游走了，可在去的过程中它不止一次地回头看它们，直到金鱼和鲫鱼的样子从它的眼前消失，它才停止张望。

　　又是一个冰雪消融的春天，小青鱼从中下游回来了，它一边游一边想：我离开家乡已经这么久了，家乡是不是变美了，小河里的水是不是更清了，水草是不是更长了，我的朋友是不是生活得更幸福了……想到这儿，它游得更快了。天哪，眼前的景色把它吓傻了，河边直入云霄的大树变成了一个个圆圆的树墩，水草不见了，原来清澈的小河变得臭烘烘的，像个垃圾场，河面上漂浮着餐巾纸、塑料袋……金鱼和鲫鱼也消失得无影无踪，这难道是我的故乡吗？它悲伤地叫了一声："亲爱的金鱼、亲爱的鲫鱼、亲爱的伙伴们，你们在哪啊？我是你们最要好的朋友——小青鱼呀！"小青鱼想：它们会不会被渔夫或者游客……小青鱼越想越担忧，它痛苦地去寻找自己的新生活了。

　　有一天，小青鱼游到一片凄凉的地方，原来那里到处都是伙伴们的尸体。忽然，它觉得自己的呼吸十分困难，原来动物们是被那毒气味熏死的，奄奄一息的小青鱼说："残忍的人类啊！快停止你们所有疯狂的行为吧！不然，你们将走向死亡，而人类最后一滴水将是你们的眼泪！"

王恬萱/文，四年级

桂　雨

蓝云笼晓，玉树悬秋，交加金钏霞枝。人起昭阳，禁寒粉栗生肌。浓香最无著处，渐冷香、风露成霏。绣茵展，怕空阶惊坠，化作萤飞。

又到了满城桂香的时节。

在杭州，秋日并不凄凉，只要用鼻子一吸，阵阵清香进入鼻子，撩着人们的心，沁人心脾。

桂花不像夜来香，只在傍晚开放，而且要非常靠近才能闻到香味。桂花一整天都在开放，即使隔得老远也能闻到阵阵清香。她不像兰花那样羞涩，非要细细地寻，才能找到兰花细细小小的身影。

桂花不仅香，还非常淡雅。

牡丹花妖艳豪放，红得似火烧。牡丹花也香，但牡丹花却没有桂花那种素雅之美。桂花藏在浓浓的绿叶间，从远处看只有一点点淡黄的斑，开得自然；从近处看才能看见她小小的身姿。荷花也淡雅，却又过于婀娜。桂花不妖艳也不婀娜，就这么开着，开着，用最平凡简洁的方式展示自己。

菊花可吃亦可泡茶，一口下去尽是苦味，好像古今所有悲酸事都填满在里面。相对而言，桂花就是乐观、开心的代表。桂花可以做成桂花糕、桂花蜜、桂花酒酿，清甜爽口，风味独特！玫瑰花自然也是甜甜的，但作为食材却少了工序，过于简单。只需用花瓣煮熟捣烂填进饼里即可。而桂花则需在清晨日出前，花瓣上凝着露珠时采摘那些正含苞待放的花骨朵作为食材。采早了，天太冷花香尚不浓郁，采晚了则失去露水的滋润不够新鲜。所有器皿都要一尘不染、滴水不留，如此所做的桂花食材才能香甜可口，美味无比！

正是那：弹压西风擅众芳，十分秋色为伊忙。一支淡贮书窗下，人与花心各自香。

王星熙/文，三年级

雪 花

雪来了，

雪来了，

它开始飘起来了。

飘到小树上，

树被画成了白色。

飘到草地上，

草地一下子披上了棉袄。

飘进房子里，

人们喊"冷啊，冷啊"，

便关上了门窗。

而孩子们不这么觉得，

他们跑到雪地上，

踩下一个个脚印。

张钰佳/文，四年级

在蓬莱仙岛

海风习习，灯火摇曳。
在星空映照下的渔网中，
还有我和爸妈幸福的影子！

在蓬莱仙岛

　　司马光小时候有个"驴友"父亲。我也很幸运，有个爱四处游历的老爸。用脚步丈量世界，在假期经常随老爸来一场说走就走的旅行。

　　"驴友"老爸的基本功，总会在出走前两天，做足旅行攻略。

　　这个初夏的周末，说走就走的坐标是北纬30度，位于我们浙江省东北部的一座仙岛——岱山蓬莱。

　　蓝天层云，碧波荡漾。系好安全带，踩动油门，全家总动员，老爸带着我们开始了欢乐的旅程。

　　车从三江码头摆渡过海需40分钟，老爸在车里滔滔不绝地开始跟我讲岱山蓬莱的传说。

　　话说很久以前，在东海之上有蓬莱、方丈、瀛洲三座仙山，山上住着仙人，他们都拥有不老之术。秦始皇嬴政统一六国后，找了一个叫徐福的人带了三千童男童女，东渡来到三座仙山取长生不老药。后来徐福没有完成秦始皇布置的任务，索性留在其中一座仙岛定居了，再后来他定居的那个地方有了名字，叫日本。

　　老爸沿着蜿蜒宽宽的柏油路，先将车开进了东沙古镇。

　　车窗外复古的街道，绮丽的景色应接不暇。车缓缓地开着，我摇下车窗，看到镇内寺院宫庙众多，还有民宿风情的大街小巷，留着旧商号印迹的店铺，渔厂、盐坨、货栈触目皆是，古朴典雅，令人流连忘返！

　　第二天天明，和爸妈按原计划去了磨心山。登高望远，磨心山原来地理位置那么高，三面环山，一面临海。在进山门的石匾上，涂着金粉的"蓬莱仙岛"牌匾显得格外引人注目！朝着进山门的方向望去，整个市中心的图景揽入眼底，美如画！

傍晚时分，回酒店的路上，爸爸又带我们去了鹿栏晴沙徐福亭。双层的四角亭，亭柱上刻着一对楹联："停挠欲访徐方士，隔水相招梅子真。"记录了徐福求仙与岱山蓬莱的关系。我还认真读了一遍刻在石墙上清代文人题的诗词。用平时小古文打卡的积累，在爸妈面前诠释了一番。妈妈背对着我的肩膀在抖，爸爸对着我一直在欣慰地笑。

夕阳欲落，酒店就在附近，爸妈牵着我沿着海堤散步返回。

海水呼啦啦地冲上来，潜游在东海中的鱼儿竞相跳出水面。连绵起伏的山峰，挨挨挤挤，色彩斑斓的岩石，五色交辉。雾凇沆砀的海面，天与云与山与水，浑然一体。波光粼粼的浪花拍打在沙滩上，瞬息万变，熠熠发光，胜似夜空中扑闪的星星，鱼儿在浪花中一闪一闪，特别璀璨！

坐在矮木凳上的阿嬷们，手中的梭子，纵横飞快地交错，织出的渔网如列锦铺绣般无限延伸，倚靠着在路边的海堤。

海风习习，灯火摇曳。在星空映照下的渔网中，还有我和爸妈幸福的影子！

魏瑾汕/文，四年级　指导老师：沂维

不一样的假期旅行

八月初，我和弟弟去了横店拍摄网剧，本以为这次可以好好玩了，但每天的安排都非常紧凑，拍摄也是在很偏僻的基地里，根本就没时间到处去玩。结束后，暑假已经过去一大半，眼看着就要开学了，我的心里特别不是滋味。

这天，我和弟弟正在家看书，爸爸回到了家，他拿出个小盒子，神秘兮兮地对我们说："是不是这个暑假没有出门好好玩，感觉有些失望？"我们点点头，爸爸说："我有一个神器，可以让你们玩转世界乐翻天！"说完他打开盒子，拿出一个VR眼镜戴在了我脑门上，一通调试后，神奇的一幕出现了！

眼前出现的是一座高耸入云的铁塔，"巴黎铁塔！"我大声喊道。我转头看了看四周，巴黎的街头人来人往，好真实！一阵风吹来，我整个人飘了起来，越飘越高，慢慢飘向塔尖，我伸手想去摸一摸，可是风忽然加速，把我带入了一块厚厚的云层之中。拨开云层，景象完全变了，强烈的太阳光线照得我睁不开眼，看下去，整片整片的沙漠望不到尽头，远处有两座三角形的建筑物，难道这就是埃及金字塔？

穿过金字塔，越过狮身人面像，骆驼的蹄子扬起了一片沙尘。我又出现在了一艘小艇的甲板上，海浪一阵阵袭来，小艇晃晃悠悠，不远处的自由女神依然高举着"冰激凌甜筒"在向我微笑。一只海鸥飞过，侧面卷起了风浪，乘着浪花我飞越到了万里长城，台阶上人头攒动，有的在摆着各种姿势自拍，有的在"咕咚咕咚"喝着饮料，那个骑在他爸爸脖子上的小朋友好像发现了我，瞪着眼、张大嘴，伸手指向了正在空中翱翔的我，我冲他摆了摆手一扭头，到了日本富士山。

穿梭了富士山，横跨了南极冰川，攀越了热带丛林。弟弟迫不及待地摘下我的眼镜大喊着："到我了，到我了。"我还沉浸在这一片片的美景中傻乎乎地乐呵着。

陈洧廷/文，四年级

忆过往　游敦煌

　　记得幼儿园快毕业的时候，爸爸带我去了敦煌。它位于甘肃省，是一座美丽而又壮观的沙漠城市。

　　我们去了鸣沙山月牙泉景区，这里有许多好玩有趣的项目。你感受过把自己全身包裹得严严实实，骑在骆驼背上晃晃悠悠，仿佛自己穿越到了阿里巴巴和四十大盗故事中的那种感觉吗？你试过坐在像过山车似的越野车上迎着沙坡腾空而起，时而又左右漂移的那种刺激吗？

　　俯瞰景区的日落，湖水湛蓝湛蓝的，在落日的映射下，泛起一圈金边，显得晶莹剔透，就像一块月牙形状的蓝宝石。湖边的塔楼古老而又雄伟，在风沙的吹蚀下，它的斑驳显得那么神秘。水是温柔的，如果把这道月牙泉比作一位美丽的古代仕女，那这座塔楼则像是一直守护着她的将军，静静地伫立着，遥望着无际的沙漠。

　　沙漠滑翔机带我飞上了天空，大风卷着沙子呼呼地迎面刮来，我感觉自己变成了一只小鸟，是神话故事精卫填海里的精卫，原本的汪洋大海被我填成了沙漠。

　　随着夜幕的降临，四周燃起了一堆堆篝火，大人小孩们都围成了圈圈，天南海北地扯着，肆无忌惮地笑着，有放声高歌的，有翩翩起舞的。而我，喜欢静静地躺在沙堆上，看着广袤无垠的星空。

　　敦煌让我改变了对沙漠又热又累又无聊的看法。对于我们小朋友来说，游敦煌，既是一种挑战，更是一种平日里体会不到的快乐。

陈洧廷/文，四年级

快乐的秋游

秋天，是迷人的。秋姑娘穿着金黄色的大衣，风尘仆仆地来了，在田野山川间，在果园花丛中，秋像一阵风似的，穿梭其间，金枫似火，硕果累累。秋天，虽然比不上百花盛开的春天那么生机勃勃，但是秋天的美，实实在在，别具一格。

在这个秋风送爽、天高云淡的季节里，我们学校要去里羊岩秋游。听到这个消息，我的心情犹如冬日的阳光，暖意融融。早上八点左右，学校门口站满了同学，他们三五成群聚在一起聊天，脸上洋溢着灿烂的笑容。终于要出发了。

到了目的地——里羊岩，这里风景如画，让人流连忘返。极目远眺，巍峨的青山连绵不断，绿树青翠，层层叠叠。在浓重的绿色中，一丛丛红叶点缀，像大山的心脏强烈地跳动着。一片片枫叶就像一只只五彩缤纷的蝴蝶在风中摇曳着，我不禁想起诗人杜牧的名句："停车坐爱枫林晚，霜叶红于二月花。"原本绿油油的草地已经变成了金黄色，草地上盛开着一些不知名的野花，有红的、白的、黄的，还有蓝色的……把草地装扮得五彩斑斓。路边的橘子树挂起了"黄灯笼"，把秋天装扮得更美了。黄澄澄的柿子晃着小脑袋向我们打招呼，仿佛在告诉我们秋天来了，秋天来了。

同学们欣赏了美景后，选择了一块空旷的草地，铺上了垫子放好书包。陈老师一声令下，叫大家排好队，和其他班级进行拔河比赛。第一局我们和三班比赛，当主持人宣布开始时，大家齐心协力地拽着绳子拼命往后拉，有的同学把脸憋得通红，有的龇牙咧嘴，还有的满头大汗。啦啦队也扯着嗓子喊得撕心裂肺。经过我们的共同努力，我们班终于赢了。拔河比赛让我明白了一个道理：人心齐，泰山移。

快乐的时光总是短暂的，我们在里羊岩度过了半天难忘的时光。

张芷绮/文，三年级　指导老师：陈燕萍

河桥古镇

    河桥是一个景色优美、古老的小镇，那里有很多好玩的。

    那蔚蓝的天空里飘着朵朵洁白的云，鸟儿的歌声都挂在每一棵树的枝头，清澈见底的小溪里总能见到小鱼的踪影，水流的声音哗哗作响，一阵风吹来把树叶吹得沙沙响，太阳在天空高照，把人们晒得怪暖和的。

    别看白天的河桥很安静，但晚上就非同寻常。有敲锣打鼓的，有耍龙灯的，有放鞭炮的，有跑步的，等等。白天你可以把香喷喷的面包丢到水塘里去，鱼儿们都会游过来抢着吃。在小溪里，你可以打水漂，可以游泳，还可以抓鱼。如果玩累了，你也可以把自己的脚浸泡在水中，那些黄黑相间的小鱼就会上来"咬"你的脚，这就是所谓的免费鱼疗！

    绿道上鸟语花香，飘着青草的香味，旁边还立着一间古老的凉亭。往凉亭的东边一看，时常会有一条或者几条鱼跳出水面，泼刺声里银光一闪，钻进水面又会留下层层波纹。远处有一座石拱门立在那儿，可真美！

    傍晚的江面上夕阳西下，倦鸟归巢。我好爱我美丽的故乡——河桥！非常欢迎大家去我的故乡河桥游玩！

郭子瑜/文，四年级　指导老师：张日品

青山绿水，隐逸石舍

　　妈妈身体不好，因此有经常外出"隐居"一段时间的习惯。一个偶然的机会，我们来到了杭州桐庐县的石舍村，它位于桐庐县城南25公里处，一面靠山，三面环水，是中国知名的长寿之乡。

　　石舍的山依村而立，挺拔俊秀而不失灵气，在郁郁葱葱的树木映衬下，潺潺泉水蜿蜒而下。一条不知道名字的河流，载着清澈见底的泉水，交织成石舍的玉带。散落在秀山灵水之间的是一幢幢古朴的民居，马头墙、小青瓦，依山就势，构思精巧，以徽派建筑的韵律美绘就人文与山水的浑然一体。闲庭信步的村民，慢慢游动的鹅鸭，袅袅炊烟升起，犬吠鸡鸣交融，安详隐逸的气氛四处弥漫。

　　置身石舍，可以仰望青山，可以嬉戏绿水，白天沐浴晴空阳光，夜晚细数满天繁星，一副"采菊东篱下，悠然见南山"的感觉油然而生，浸透心扉。

　　我们这次隐逸石舍，愉悦了心情，净化了心灵，收获满满的同时，更加深刻地参悟到了"绿水青山就是金山银山"这句话的深刻内涵：好的生活不能仅仅是物质的丰盛，更需要精神的充实。只有善待自然，才能真正做到善待自己。

郭浩铨/文，五年级　　指导老师：徐巧

印象库村

库村，一座唐宋古村，我听过无数次，却从未去过。耳听为虚，眼见为实，我们年级的游学活动要走进库村，这让我心潮澎湃。

艳阳高照，一路欢声笑语，大巴车不知不觉就到了库村的大门前。我们步行前往，村子里十分安静，连根针掉到地上的声音都能听得一清二楚。唯见一条石头铺成的小路，曲曲折折，像一条皮带盘旋在村中。两旁有几座古老的房子，围墙几乎都是由石头砌成。石头有灰白色的、焦茶色的、钛白色的……有大有小，形状各异。屋顶上铺着整齐的瓦片，房门下方是一条溪沟，潺潺流水，静静地流淌着，悄悄地诉说古村的故事。真是篱落疏疏一径深，古老安静属库村！

走完一段石子路，就来到了有名的吴畦陵园。一眼望去，长廊、大门、栏杆都栽满了奇花异草，可走近仔细一看，原来是几幅栩栩如生的画！画着飞禽走兽、繁花盛草……几十幅画中没有哪两幅是相同的，这些作品的创作者是多么有智慧啊！

我们继续往前，穿过一道石头拱门，来到一个院子，大家在亭子里坐下休息，吃起了点心。院子的地面和墙面都是由大小不一的石头铺成，石头墙外的溪沟里还有一个木质水车，又圆又大，顺着上方水流倾斜而下，在水面旋转，木质水车抬水又倒水，周而复始。溪沟两旁长满了杂草和青苔，看着古色古香，大自然和人类文明在一起真是充满了魅力。

山重水复疑无路，柳暗花明是包祠，曲折的石头路像个迷宫，走出库村，我们来到了边上包氏宗祠。我看过许多宗祠，大体相同，但这里最吸引我的是通往宗祠的石子路，大概是因为走的人多了，石头变得很光滑。

离开库村，我们还去了南浦溪景区，老师组织我们玩游戏，大家玩得不亦乐乎、汗流浃背……那个古老安静、令人心旷神怡的古村深深地印在我心里。

张卓悦/文，四年级

美丽的长滩岛

假如你问我：你最喜欢哪个地方？我会毫不犹豫地说：长滩岛！那里有明朗的天空，有湛蓝的大海，有洁白的沙滩，有橙色的夕阳，更有那五彩缤纷的美食！

长滩岛是一个风景优美的地方，傍晚的沙滩更是迷人。"哗——哗——"浪涛一会儿拍打着礁石，溅起几尺高的洁白晶莹的水花；一会儿海浪轻轻地涌到岸边，抚摸着细软的沙滩，但又恋恋不舍地退回去。一次又一次永不停息地抚摸，在沙滩上划出一条条的银边，像是给浩浩荡荡的大海镶上了闪闪发光的银框。日落过后的海，浪花送来那些大大小小形态各异的小石头。哦，原来是贝壳呀！

长滩岛不仅风景优美，而且物产丰富。那里的皮皮虾是养在瓶子里的，一个瓶子一只，比我的手掌还要大，而且吃起来肉质鲜美。那边的螃蟹是用保鲜膜包起来，然后用大棒子敲碎吃的，真是太新鲜了！

我最喜欢的是那里的浮潜了！我戴上浮潜面罩下到海底的那一刻，我简直惊呆了！低下头看，好多美丽的小鱼啊！我拿着妈妈给我的面包喂给它们，起先它们不敢靠近，有几条胆子大的先上来"打探"一下情况，接着一窝蜂地涌上来抢夺着我手里的面包，这下让我抓住机会好好欣赏它们了。它们有黑白条纹的，有蓝黄条纹的，还有艳红色的，真漂亮！海底的世界真奇妙，我太喜欢浮潜了！

我爱长滩岛那迷人的沙滩、那诱人的美食和那神秘的海底世界！

郑麒萱/文，三年级　指导老师：张华钰

游双龙洞和冰壶洞

　　每次只要班主任上了《游×××》这种题目的课文，我总得和我妈撒撒娇："好妈妈，你不是老和我说，儿子呀，百闻不如一见！读万卷书，行万里路啊！金华离杭州可近了，什么时候带我去双龙洞看看呗？"我妈估计是习惯并且适应了我这种"耍无赖"，毫不犹豫地答应了。这不，正好趁着劳动节放假，我如愿以偿，来到了叶圣陶爷爷写过的"金华双龙洞"。

　　一下车，映入我眼帘的就是景区入口处的一组雕塑，叶爷爷手拿课本，坐在石头上，笑眯眯地给孩子们上课。旁边的崖石上刻着的正是语文书第十七课《记金华的双龙洞》。

　　我低头看了看表，已经十二点多了。天空飘起了蒙蒙细雨，耳边吹来了微凉的清风。"太舒服啦！双龙洞我来啦！"隐约听到我妈和我爸小声地嘀咕："看你这傻儿子，就像一只半个月没出门遛弯的哈士奇，精神头真够好的！"果真是我亲妈，这形容太准确，太到位了。我哼着小曲儿沿着上坡往上走，不，不是走，应该是跃，很快，我就到了双龙洞洞口。这里十分宽广，左上角的岩石上刻着三个黄色大字"雙龍洞"，非常醒目。

　　我们继续往前走，不一会儿就到了卧船点。我躺在船上，一动也不敢动，生怕被岩石撞伤，但是并没有！反而我觉得这像是一次星际穿梭，有点儿意思！旁边的点点亮光就像一颗颗小行星与我擦肩而过，大约一分钟，眼前豁然开朗，我们到了内洞。

内洞装满了led灯，它们忽明忽暗，颜色交替变换，把这里装扮成了一座"七彩龙宫"，大大小小的"龙"活灵活现。到处都有石钟乳和石笋，它们变化多端，大都依据形状被想象成神仙、动物等，让我印象最深刻的是"海龟探海"。那巨大的脑袋，一条深而长的裂痕像嘴巴似的，背上的巨石有好几道纹路，像极了龟壳，十分逼真。

再往里走，来到了冰壶洞。我忽然听到了轰隆隆的响声，我好奇地问我妈："这是什么声响?"我妈却吟诵起诗来："银河倒泻入冰壶，长有惊雷阵阵呼。你听这像不像雷声?""像!真像!"伴着这阵阵巨响，我循声而去，只见瀑布从20多米高的洞顶岩石间隙倾泻下来，犹如一匹银色的绸缎，那气势又如一万匹白色的骏马在奔腾。这就是"母子瀑"中的"子瀑"。

洞内的台阶蜿蜒曲折，时而高，时而低;时而宽，时而窄;时而陡，时而平。有些台阶不但湿滑，而且布满青苔，我沿着路牌指引踏上了从"子瀑"去往"母瀑"的楼梯，这里更加陡峭，每走一步都得小心翼翼。

终于，我走到了楼梯的最高处，此刻整个"母子瀑"尽收眼底，真是太壮观了!

双龙洞进洞卧船如同星际穿梭，内洞岩石鬼斧神工，石钟乳千姿百态。冰壶洞洞中有山奇妙无比，山有瀑布令我惊叹。大自然果真是最最厉害的艺术家，这里的奇景奇观名不虚传，不枉此行!

柯钛戈/文，四年级　指导老师:郭书生

黄山石头的传说

俗话说："五岳归来不看山，黄山归来不看岳！"那次黄山游还是让我历历在目。在那阳光明媚的上午，我们一家哼着小曲迈着小步来到了黄山山脚，抬头一看，一望无际！

在导游的带领下，我们通过那崎岖的山路来到了山内。首先映入眼帘的便是奇形怪状的"黄山奇石"，不愧是黄山奇石，连正常点的都没有，有的呈狗状，有的呈鸟状，还有的呈人状。以前来过这里的同学说没啥好玩的，我还信了，但耳听为虚，眼见为实啊！

黄山奇石星罗棋布，果然名不虚传。导游突然说："游客们请止步，现在大家往我身后看，那座石像便是仙人指路。"

我仔细打量这块石头，那庞大的身躯显得他高高在上，穿着一身戎装耸立在那，严肃的瞳孔，一头长发，手抬起来指着那湛蓝的天空。这时导游又说："这块石头是由那些巧石变过来的，那些巧石又叫怪石，大的就是一座山峰，如仙桃峰、笔峰、老人峰等，这些亦峰亦石的景观，之所以能成为称奇于世的奇峰，盖因这些峰上形象生动的怪石而得名：小的如同盆景古玩'猴子观海'上的猴石，'鳌鱼吃螺蛳'中的螺蛳石等，块石大小均在3米以内，妙趣横生。有的怪石因观赏角度改变，景致随之变化，具有移布换景的奇趣，如天都峰侧的'金鸡叫天门'，由天门坎再回首东望，石景变成了'五老上天都'；石门溪旁的'喜鹊登梅'，若从皮篷的入口处观之，最后又变成了'仙人指路'。仙人指路就是这么来的。"

原来是这样啊！接下来会看到什么呢？是"猴子观海"，"狗急跳墙"，还是……

　　说曹操曹操到，果不其然，我们来到了"猴子观海"。导游说道："我这有个关于猴子观海的小故事，你们想不想听呢？"

　　"想！想！想！当然想！"和我们同路的几个孩子兴奋地说道。

　　"好，好，这就讲给你们听。"导游清了一下嗓子继续说道，"'猴子观海'本身只是一块形状比较奇特的石头，位于狮子峰前，形如一只蹲坐的猴子，眺望着远方的云海。而山下那个方向正好有一个叫太平县的地方，当天气晴朗，云海消散，又有了一个'猴子望太平'的吉祥名字。传说太平县原名仙源村，村中住着一户人家。父亲叫赵德隆，是个读书人，女儿唤作掌珠，可能取的是掌上明珠之意，小姑娘生得很是俊俏。在村子附近的北海深处有一只修炼了几千年的猴子，一天，他巧合之下发现了掌珠，被对方的美貌打动。于是，他变成一个俊俏的孙姓书生，找借口借宿在赵家。趁着这个机会，猴子讨得老人家欢心提出要娶掌珠。老人家也很是开心，欣然同意。接着，猴子便把整个猴子洞用法力变幻成一个大户人家，小猴子变成家人，领着大队人马迎娶新娘。夫妻二人开开心心拜了天地入了洞房，等到第二天掌珠醒来，才发现自己身边的帅气老公变成了一只浑身长毛的猴子。识破了真相的掌珠赶紧逃走了，猴子寻遍满山遍野也没有找到她，知道自己找不回掌珠了，于是天天在峰顶向仙源村方向眺望，希望有一天他的爱人能够回来。可是时间一天一天过去了，掌珠再也没回来，猴子也变成了石头。"

　　这不就跟《西游记》里的高老庄篇差不多吗？

　　黄山石头的传说真是又多又有趣。

唐书宇/文，八年级

黄果树瀑布

6月27日，我和妈妈一起去欣赏了黄果树瀑布。

"哗，哗，哗。"进入景区，我就听见了瀑布的轰鸣声。渐渐走近，声音越来越响，好似有千军万马在奔腾，又像远处闷雷在滚动。循着声音望去，只见云雾缭绕，简直就是人间仙境！

终于来到瀑布面前，眼前就是高达77.8米，宽达101米的黄果树瀑布，大量的水快速从上往下垂落并冲击到谷底的石头上，溅起的水雾给人带来了淋雨的感觉。此时，我不由得想起了"飞流直下三千尺，疑是银河落九天"的诗句，如果"诗仙"来到这里，怕是会留下更加美妙的诗篇吧！

拾级而上，我们进入了"水帘洞"。听到"水帘洞"这个名字，大家一定会想起"孙悟空"，我就像孙悟空一样在"水帘洞"中行走。

"水帘洞"掩藏在瀑布的后面，是一条潮湿的蜿蜒小道，里面水花四溅，非常奇妙！从水帘洞往外看，瀑布就从头顶飞落，"惊险"极了。透过瀑布远眺，能看到远处《西游记》中最经典的取景处——唐僧师徒行走的水坝，再远处，就是贵州的青山绿水！

你说这次瀑布与水帘洞之旅是不是很有意思？

栾邦圻/文，二年级　指导老师：郑秋霞

181

南河头半日行

金秋的午后，天空显得分外晴朗，白云绽出一抹甜甜的微笑，它似乎在召唤我快快出门哦！我和爸爸妈妈来了一场说走就走的旅行。

走进南河头古街，恰似穿越回了清代，我就是那个偷偷溜出门的小少爷。南河头，古称"名珂里"，是平湖有名的历史文化街区，这里的一宅一院，一桥一巷，散发着江南水乡的味道，特别适合周末闲逛。我喜欢极了！

街区的两边是一排排错落有致的民间古建筑物，青瓦白墙，飞檐拱壁，犹如穿过岁月，款款而来。两侧房屋的中间，是一条蜿蜒细长的小河流，从街区的一头流向东湖。小河娴静得像个沉默不语的小姑娘，悄悄地滋润着街边的行人。

再往深巷里走去，那就更有味道了。我们兴致勃勃地来到了"使徒子"。这是一个可以枕着故事而眠的书店，也是网红打卡地。我喜欢这里一尘不染的玻璃地板，喜欢这里高低有序的原木书架，更喜欢这里琳琅满目怎么也读不完的书籍。

逛完书店，我的肚子也已咕咕直叫了起来。我们快速来到"老平湖酒家"。这家店的点菜方式很特别，样品菜整整齐齐地陈列在桌面，边上有个小木桶，桶里插满了贴着菜名的小竹签，想吃什么菜就把对应的竹签递给服务员。这时的小竹签，像极了主人遗失的宝贝，伸长着脖子等候自己的主人来认领。

沈朱宥成/文，四年级

沉浮之中

在台上我体会到了当明星的感觉，
那是种众星捧月般的快感。

沉浮之中

　　我有一个表哥，人老实而勤奋，对人温和，讨人喜欢。他从小便是一个好学生，学习努力，事事争先。但是同样，命运不会给他一生的好运气。他的人生是坎坷的，在命运的深渊中沉沉浮浮，雨水滴滴醒目。

　　在那个雨季沉沉未过的夏天，他迎来了人生的一次挑战——高考。然而又是在这个夏天，他的家庭破裂。

　　还记得在那时，他总是放学了来我家复习功课。在家人避开他的谈话中，我总是隐隐约约听到"离异""考试失利"。我的父母很喜欢他，总是在深夜为他备好夜宵，还总是细心问他问题。而他总是笑着问好，接着便在我家书房里拿出书，就着雨水浸湿的空气，将他早已熟知的行行字咀嚼着，再咽下肚里去。等凌晨到来，他便关了灯，默默到客房休息，若得知我的父母为了等他，守在客厅，便会抱歉地低头。我也挺喜欢他，天天盼望着他来。

　　印象深刻的是，唯一一次看见他哭。"二模"发挥失常，排名一落千丈，也许是大人口中的"学考"成绩更让他崩溃。那天我推门依照妈妈的嘱咐给他送去夜宵。刚听到盘子在他的书桌上发出"咔嚓"的声响，他抬起头，眼泪也啪嗒一声滴在课本上。"小妹，一定要好好读书啊……"我呆呆地看着他，抱着玩偶在他旁边坐下。"'三位一体'去不了没什么，我单枪匹马，也可以征战高考沙场……"

　　那天的雨下得那么大。

紧接着，便是他没日没夜地读书，之后暴瘦三十斤。每个人都担心他会累得倒下，但他总是硬着嘴："木心老人说过：'所谓万丈深渊，下去，也是前程万里。'哪怕我这样向前没有意义，哪怕将来还是迷茫，我也要借着惯性向前跑。我知道，命运也会知道。我会在自己的脚印里面找到方向的，哪怕只是竭尽全力逃出黑暗。"

　　命运以丰厚的回报给予。他高考时超常发挥，那年的试卷很难，他却笑着出了考场，来接放学的我回家。他果然考上了他心心念念的大学。而现在的他依然优秀，他的导师都非常欣赏他。

　　是的，艰难会烙在心上，在心中塑造深渊，但被命运束缚的沉浮之中，痛苦和幸福都如此爬高罢了。

林诗语/文，九年级

一句话

家风就是一个家庭的风气、风格与风尚，是一种综合的教育力量。当我第一次听妈妈给我解释什么是"家风"的时候，我就想起了从小妈妈和我说的一句话：什么年龄做什么事情。这听起来好像很简单，其中却有大道理。

有一次，妈妈带着我和妹妹去一家金碧辉煌的饭店吃饭。这饭店的大堂很宽敞，我想我来回跑个一圈就会气喘吁吁。我好奇的眼睛四处游荡，突然，发现大堂的一角有一处游乐设施！还是用我喜欢的kitty猫装饰的呢！我的脚步哪里还听使唤，赶紧化作一只小豹子，往心目中的"桃花源"奔去。我的妹妹却像一只蹒跚的小熊猫，尽力想跟上我的脚步。可当我刚要跨进"桃花源"的时候，我停止了悬在半空的脚步，因为我看到游乐场门口的一块牌子上醒目地写着：三岁以上、七岁以下儿童方能入内玩耍。我一下子崩溃了！我今年八岁！刚上小学二年级，我居然已经和这些游乐场无缘了！这是怎么一回事？我无法相信！

我一回头，妹妹已经摇摇摆摆地到达"战场"！我眼巴巴地望着妹妹在工作人员的迎接下，走进了我梦想中的kitty猫乐园。我把手搭在游乐场外围的气墙上，默默地看着妹妹在五彩缤纷的梦幻世界里蹦蹦跳跳，兴高采烈！我想：唉！要是我能回到妹妹那个年龄就好了……越想越难受，越想越生气，我的心情就好比窗外的阴天一样，没有一丝让人怜爱的色彩。

这时，妈妈似乎看出了我的想法，就对我说："上次我们去的香港迪士尼公园好玩吗?""那当然，有好多更刺激的游乐设施呢!"我瞬间提起了劲，仿佛回到了那疯狂的一天。"可妹妹呢?"妈妈问。对呀，因为我长大了，也满足了游玩的身高要求，可妹妹只能在妈妈怀里东看看西瞅瞅，根本没有她能玩的设施，我心里想着。妈妈看着我若有所思，便又语重心长地对我说："什么年龄就该做什么事情，就像你慢慢长大了，正是进学校学习的年龄，而妹妹正是学说话的年龄，这都是每个人在成长过程中必须要经历的。"我似乎有些明白了。

我再去看看妹妹那无忧无虑玩耍的样子，觉得她可爱得就像我最喜欢的kitty猫一样。看着她从高高的地方纵身往底下的海洋球跳，我竟为她鼓起了掌。

每一个阶段，我都会有不一样的任务，就像爸爸妈妈正处于为我们家拼搏的年龄，爷爷奶奶却是休养生息的年龄，而我此时最重要的正是好好学习，让自己不断成长。

"什么年龄做什么事"成了我生活中最坚实的座右铭。

费杨/文，三年级　指导老师：曾铭

赏　菊

　　我喜欢的绿色植物有很多，有顽强不息生命力超强的绿萝，有华丽富贵、雍容大方的牡丹，还有出淤泥而不染的荷花，但是我最喜欢的是菊花，因为它傲霜斗雪坚贞不屈。经过春天的酝酿，夏天的成长，菊花最终在百花凋零的秋天热热闹闹地盛开了，似乎是为了填补秋天的萧条和寂寞。

　　记得去年秋天，妈妈带我去公园看菊花展，一到公园我便惊呆了。远远望去，就像来到了花的海洋，数以万计的菊花五彩斑斓，千姿百态，既让人大开眼界，又让人叹为观止。不信你看，有的菊花红得似火，就像一团团熊熊燃烧的火焰，又像清晨初升的朝阳。有的菊花白得如雪，看上去真像天边洁白的云朵。有的粉粉嫩嫩，犹如刚刚呱呱坠地的婴儿的小脸，让人忍不住想狠狠亲一口。

　　菊花一团团一簇簇，挨挨挤挤、热热闹闹地盛开着，形状也千奇百怪：有的还是花骨朵蓄势待发，有的含苞欲放，像羞答答的小姑娘，有的半开半合，像睡眼蒙眬的小娃娃，还有的全部开放了，像一张张热情的笑脸，准备迎接来自四面八方的游客。菊花的花瓣一层叠着一层，一瓣挨着一瓣，层层叠叠，错落有致。有的内卷像章鱼腿，有的外卷像姑娘的波浪头……

　　往前走几步，菊花的清香扑面而来，令人心旷神怡。我俯下身闻闻这一朵很香，闻闻那一朵也很香，我长长地吸了一口气。

张芷绮/文，三年级

我是太极小明星

　　我是杭州林行云太极馆少儿精英班的一名学员，非常喜欢上台表演行云太极。在舞台上，我不仅能展现自信，而且还能演绎中国传统文化太极的风采与魅力，成为一名太极小明星。

　　3月6日下午，天气晴朗，师父带领我们去天元大厦表演太极。演出前师父安排我们进行彩排，先排练走台，按顺序依次出场登台。因为我们是团体表演，年龄大的学员十二岁，小的只有六岁，所以需要大家相互配合。这次有首次登台表演的小学员，我作为老学员就要做好带头作用。当音乐响起，我们踩着音乐的节奏，配合开打十八式。老学员除了表演十八式外，另外还会表演更具难度的三十二式，这也是我们的压轴节目。

　　演出正式开始，当主持人报完节目，我们个个精神抖擞，按照事先排练的顺序整齐迈步登台，迅速站好队形。音乐响起，师父唱起刘德华的《中国人》，我们听着音乐打起了十八式。师父独特低沉的嗓音唱出了中国人不可侵犯的尊严和铮铮铁骨，团结一致、万众一心的民族精神，让人感到了震撼的力量。而我们配合师父打的行云太极十八式，也打出了振奋人心的气势。台上灯光闪烁，台下全场气氛非常热烈，我们第一个节目就一炮打响，大受观众欢迎。

　　接下来第二个节目大屏幕开始播放《行云太极》MV，这首原创音乐歌曲由浙江卫视音乐总监海峰作曲，田辰明作词。师父专程赶赴安吉竹海拍摄而成。这首歌曲调优美，诗歌般的恢宏和美妙绝伦的画面，加上师父特有的嗓音与我们配合音乐表演的三十二式交相辉映，就像歌曲里唱的静如处子、动如脱兔，太极的以静制动被我们发挥得淋漓尽致，真是气势磅礴！令人陶醉！

最后一个节目是师父表演舞剑绝技，我们配合音乐打十八式，师父舞剑的招式可以随着音乐自由组合，那剑就像有了生命力一般，挥洒自如，真正达到了行云流水、人剑合一的境界！而我们的动作刚柔并济，连绵不断，充分体现了太极的大气磅礴。

在台上我体会到了当明星的感觉，那是种众星捧月般的快感。台下观众不时传来喝彩声，录像和拍照的闪光灯更是闪个不停。师父常说一分耕耘、一分收获，台上一分钟、台下十年功，成功需要多少汗水堆积而成。此刻我觉得平时的努力和付出都值了。

这次表演是成功的，我们的知名度越来越高，师父的要求也越来越严。只有练好基本功，才能登上更大的舞台，成为一名当之无愧的太极小明星。

洪博/文，五年级

夕　阳

夕阳是一段凄美的尾声，亦是一幕华丽的开场。万云朝阳，晚霞溢满了整片天空，四处荡漾着光的幻想。在夕阳璀璨的那一瞬间，我想起了那节课，那位恩师。

那天下了一场雨，我迈进课堂的时候，铃声已经响过了。黑板上挂着一轮小太阳，不，那是一幅画。与其相衬的，是我气质不凡的美术课外班老师，她正平和地望着我。我下意识地摸了摸发烫的脸，在老师的指示下就座，地板上留下一串污黑的脚印。这是我与她的第一节课，而我却迟到了。好在老师并没有责备我。

中途休息时，我拼命赶画，这才画了四分之一。忽然，耳边传来一阵尖锐的笑声："你画得好丑啊！我的比你好看多了！"一个同学叉着腰，神气地看着我。我顿时不知所措。童言无忌，这句话像一根针戳中了我的自尊，手中一道错笔画过——画毁了。一阵哭声破喉而出，一串泪珠划过脸颊。我心疼画，更心疼自己。

老师闻声而至，急忙问我怎么了，周围的同学告诉她事情的经过，我又一阵号啕大哭。老师温柔地拍拍我的肩，安慰我："没事的。"她叫来那个同学，"你画得很好看，我让她和你道歉。"那个同学急忙说"对不起"，我没看她，默默转过头去。即使视线模糊了，也能清楚地看到画上本不该有的一笔。

上课了，我呆呆地坐在座位上，画面一片狼藉，而我已经没力气哭了。不知不觉中，老师已然坐在了我身旁，她拿起我的笔："没关系

192

的，你看。"像变戏法似的，原本灰暗的画面顿时流光溢彩！我惊讶地望着，接着老师把笔交给了我。我按老师的指导来画，鬼使神差就画完了一整幅画。转眼，下课铃响了，老师轻轻地对我说："这不是很好看吗，我相信你会越画越好的。"我点点头，走出门口和老师告别时，在"再见"后添了"谢谢"，随即在转角处跑开。为了不辜负她的祝福，我下决心努力学绘画。

望向天空，雨早已停了，光芒万丈，那只硕大的独眼正在凝视着我……

亲爱的老师，自那节课以后，夕阳便成了我心中不可替代的美。您就好比夕阳，永远在心中温暖着我。谢谢您，我的老师。

徐芮雪/文，六年级　指导老师：陆春红

最敬佩的老师

自从上小学以来，我认识了许许多多的老师，要问我最喜欢的老师是谁，那还真不好说，但最让我敬佩而且感情最深厚的，我一定会毫不犹豫地告诉您，那就是我的班主任蒋老师。

蒋老师，从一年级到现在一直陪伴着我们，不光教我们知识，还教我们做人的道理，关心着我们在学校的点点滴滴，呵护着我们的成长。

蒋老师，她一直都留着一头短发，个子不高也不矮，多数时候都是严肃的，大概是我们班的学生太调皮了吧，不过事实也的确如此。无论是学校的任课老师，还是偶尔给我们班代课的老师，提到我们五（3）班，都会一个头两个大的。久而久之，蒋老师变成了这样一位"严肃"的人吧，但这并未影响我对她的尊敬。她原本中等的身材，这几年似乎又瘦弱了许多……

一年级时，我们这群小屁孩并不知道小学生活是怎样的。感觉比上幼儿园还要好，这是我妈妈给我的反馈。我不得不说，其实我们一直都在老师的视野里，她就像"黑猫警长"一样，蒋老师的眼睛不大，但却总是炯炯有神的，射出闪电般的机灵，耳朵也竖得像两根天线，听着一切"可疑"的声音。

"快，来抓我呀！"我和我的好朋友正在走廊里欢快地、忘乎所以地奔跑、嬉戏，突然，一个声音打破了这快乐的屏障。

"徐悉硕，请你去我的办公室把我们班的积累本抱到教室里去，陆林灏一起去，谢谢你们。"

　　说实话，我真心不情愿、不想去，尤其在我们如此"开怀"的情况下。蒋老师就像能洞察我内心的一切似的。她了解我不太会主动为班级服务，但也希望得到表扬；她了解我即便我知道在走廊里奔跑、嬉戏不对，但自控力比较差；她知道我与小陆最要好，小陆自控力也不好，就叫我们一起。从起初的不情愿，到时不时就迎来蒋老师的赞美及同学们的掌声。没有批评，没有指责，就在一次次的"偶然"中，蒋老师纠正了我们的行为，似乎总有一双无形的温柔的手拉着我们向上走，去见证更优秀的自己。

　　我知道，那是蒋老师的爱、责任与担当！但这份爱、责任与担当并未给我们带来禁锢，反而给我们提供了广袤的、珍贵的自由空间。

　　我虽然不是您最优秀的学生，但您无疑是我最尊敬的老师。

徐悉硕/文，五年级

形影不离的伙伴

在我四岁那年，疼爱我的小姨出国留学，寄给我一个可爱的兔子娃娃——绵绵。

绵绵两只黑珍珠般的眼睛下，嵌着一个粉扑扑的小鼻子，长长的耳朵耷拉在两边，可爱极了。我是过敏体质，对毛绒玩具一直都是敬而远之的，所以，不会掉毛的绵绵是我第一个可以抱着睡觉的玩具。每天晚上，我抱着它睡觉，软绵绵的，很快便进入梦乡。

我和绵绵形影不离，无论去哪儿，有多远，我都会带着它。

二年级的暑假，我去桐庐参加"蓝山夏令营"，那是人生中第一次离开家人，同营的伙伴都不认识。出发前一天晚上，我都很茫然，不知道去了那里会怎么样，一边整理行李，一边犹豫着去还是不去。坐在床上的绵绵似乎知道我的心思，两眼直直地盯着我，好像在对我说："糖糖，要大胆些，有我陪着你呢！"受到了绵绵的鼓励，我一鼓作气收拾好行李，把绵绵也放进了行李箱，有它在，就像家人在身边。

在营地里，白天参加各项训练，还算充实。可到了晚上，我很想家，很想妈妈，整个人像是被孤独包裹着，眼泪不自觉地在眼眶里打转。我把绵绵紧紧地抱在怀里，低头闻闻它的味道，有家的味道，有妈妈的味道。刚想哭出声来，隐隐约约似乎听到绵绵在对我说："糖糖，要坚强哦！这是成长的第一步！快睡吧，我一直陪着你呢！明天还要早起训练呢。"听着这些话，我闭上眼睛，很快就睡着了。在绵绵的陪伴下，我顺利地完成了夏令营的所有任务。从那以后，我就更离不开绵绵了。

　　一眨眼，六年过去了，我长大了，变成了一个自信、独立、懂事的女孩。绵绵好像也变了，有一点点脏，有一点点旧，但我依旧喜欢它。

马可菲/文，五年级　　指导老师：赵红霞

诗·梦想·远方

一首诗，就是一种意境。

这种意境，不是表面上的文章，而是诗人内心忽然喷涌而出的情感。这些情感，往往隐藏在一些字词中，只读一遍是很难感受到的。

读诗，也不是随便一读，就能读出感情来的。比如：

山/行

［唐］杜牧

远/上/寒/山/石/径/斜，

白/云/深/处/有/人/家。

停/车/坐/爱/枫/林/晚，

霜/叶/红/于/二/月/花。

山 行

［唐］杜牧

远上/寒山/石径斜，

白云/深处/有人家。

停车/坐爱/枫林晚，

霜叶/红于/二月花。

显然，后者读出来更富有感情。但是，光读出感情是不够的，你如果要真正地理解它，你必须研读五遍、十遍、二十遍甚至更多次。

一首诗，是诗人智慧的结晶，更是一个故事。

一个梦想，是一个光辉的形象。人都是有梦想的，有大有小，有多有少。有的是当科学家、医学家这样远大的理想，有些是考100分、获得礼物这样小的愿望。但是，这些都需要我们脚踏实地、一步一步去实现。

远方，有两种意思：一是真实的远方；二是书里的远方。

真实的远方，可以让我们开阔眼界，呼吸不一样的空气，感受不一样的民族风情！

书里的远方，是一种精神上的享受，仿佛身临其境，和书中的人物交谈，让我们在家里旅行。

远行的时候，可以带上几本书，坐在宾馆里、树荫下、桥头旁，翻开一页，静静地穿梭于两个不同的、但同样很有趣的时空中。

远方，让我们心旷神怡。

用如诗若水的笔触，记录生活中一些真实而又哀伤的瞬间；这些就是我心中的远方……

倪梓瀚/文，五年级

不关我的事

一个天气晴朗的星期天，猪小弟吃完早饭，猪妈妈在洗衣服，她让猪小弟去把地上的香蕉皮捡起来丢到垃圾桶里，猪小弟说："又不是我扔的，不关我的事！"说完，他就去和小伙伴们玩捉迷藏了。猪妈妈叹了口气，继续洗衣服。

在玩捉迷藏时，小花狗的头撞在了树干上，还出了好多血。小花狗痛苦地说："猪小弟，请你送我回家吧！"猪小弟撇了撇嘴说："又不是我撞的，不关我的事！"说完，他又跑去小河边了。

猪小弟跑得太急，急匆匆地上了桥。这时，乌龟爷爷游过来了，他大喊道："猪小弟，桥上有块木板掉了，请你帮忙修一下吧！"猪小弟没好气地说："又不是我弄坏的，不关我的事！"说完，他轻轻一跨，就过河了。乌龟爷爷皱着眉吃力地把木头拖到了岸上，岸边的玫瑰花也被猪小弟气红了脸。

猪小弟在树林里美美地睡了一觉。醒来后，他又来到了小河边，想要过河。可是，他这次就没那么幸运了，只见他"扑通"一声掉到了河里，他慌张地大叫"救命啊"，可是没人理他。乌龟爷爷正好浮出了水面，他也学着猪小弟的口气说："又不是我推你下水的，不关我的事！"猪小弟羞愧地赶紧说："乌龟爷爷，我马上会修桥的。救我，救我！"乌龟爷爷这时才扶着他上了岸。

上岸后的猪小弟马上跑回家，去工具箱里找工具修桥；同时，他捡起了地上的香蕉皮，扔进了垃圾桶。猪妈妈说："我们家儿子真是长大了。"猪小弟"嘿嘿"笑着，便跑去小河边修桥了。这时，小花狗也跑来了，一对好朋友在小桥上见面，猪小弟低下了头，愧疚地说："上次是我不好，对不起，我应该送你回家的。"小花狗笑着说没关系，然后他们就一起动手把桥修好了。这下，岸边的玫瑰花也开心地抬起头笑了。

今天，猪小弟特别开心。因为他懂得了：碰到任何事情不能"事不关己，高高挂起"，要积极主动地帮助朋友，做一个有责任、有担当的好小猪。

李依辰/文，三年级　指导老师：郑秋霞

上学路上的四季

从我家到学校要经过一个美丽的公园，一个经常给我惊喜的公园，它的名字就叫"西溪城市文化公园"。

春天，一路走，一路欣赏。公园假山的石缝里长出了一棵棵嫩绿的小树苗，你想想，它们的生命力该是多么顽强啊！旁边还有许多花花草草，有喇叭花、迎春花、樱花、海棠花、杜鹃花……各种各样，争奇斗艳，美丽极了！还有几种说不出名字的。瞧，里面有一群老奶奶正挥舞着扇子在跳舞呢！还有打太极拳和锻炼身体的人们。

夏天，一路走，一路吹风。热风拂过脸颊，大家都躲在树底下乘凉，而慈祥的大树伯伯大热天还在努力地伸展着枝叶，想为大家多带来一份荫凉。傍晚放学回家，热情的太阳公公也打了个哈欠回家了。

秋姑娘用轻盈的衣袖拂去了夏天的炎热，送来秋天的凉爽。只见公园里的好多树叶都黄了，微风吹过，一只只"小蝴蝶"从树上飞舞下来，慢慢地投进大地妈妈的怀抱。而此时的菊花、桂花却开得正欢，阵阵扑鼻的香气，真是要把人们醉倒了。每当这个时候，我总故意放慢脚步，让身心在这香气里放松沉醉。

冬爷爷匆匆地接了秋姑娘的班。清晨的公园里，乳白色的薄雾笼罩着公园，就像给公园披上了一层白纱。每当白色的雪花漫天飞舞时，公园就成了一个白色的世界，也是我们孩子们玩乐的天堂。

美丽的公园，连接着家与学校，伴着我一路成长！

李依辰/文，三年级　指导老师：郑秋霞

在旅行中读书，在读书中旅行

　　我，是一个爱读书的人；我，是一个爱旅行的人，我的旅行多因读书而起。

　　去年暑假，我一头钻进了一本叫《彩虹鸽》的书里。里面讲述的是一个美丽的国度——印度的加尔各答城。作者穆克奇优美的文笔所流露出的异域色彩和自然灵性，让我深深沉迷。为了让我看一下那美丽的彩虹鸽，不久后，我的父母便带我踏上了印度这片土地。

　　一路的车马劳顿，好不容易到了加尔各答城。街头上缭绕的佛烟，呢喃的祷告，让我一下子被这异国风情陶醉了。坐在街头上小憩片刻，我拿出了《彩虹鸽》，细细地品读。霎时间，街上的风铃声将我带回到现实中。此时，我发现，街上的一切和书中描写的一切竟是如此相像。

　　广场上起起落落的鸽子，起飞时交织成一片壮观的网，带着梦幻般的色彩向我袭来，随后消失在寺庙的塔尖。人群在盘旋着杂乱电线的街道上行走，黝黑的皮肤，额头上用红色点着称为"Tika"的吉祥痣的女人和孩子。这一切如此神秘，让我不由自主地重新拿起书读下去。我一直在书中的世界与现实的世界中流连，书中的一切逐渐生动了起来。

　　我们一家人游走在印度的土地上，来到了一个面朝喜马拉雅山的山顶小旅馆。八月的喜马拉雅山，笼罩在雨雾的怀抱中。在这里，我认识了一位会讲中文的印度朋友，就在一个野花怒放的小园子，我和他聊了起来。我随即掏出了《彩虹鸽》，并把我在印度的所见所闻告诉了他，他起先显得很感兴趣，对我笑一笑，问我借这本书看。

但他一翻开书，里面复杂的中文叫他有些为难。

于是，我便一字一字指读给他听："这里描写的是广场上漫天飞舞的鸽子。"此时，我眼前仿佛浮现出了初到这里时街上的场景。"这里讲的是彩虹鸽穿越喜马拉雅山。""写得太真实了！太好了！"他不由得感叹。此时，一只彩虹鸽正从屋顶盘旋而过，它能独自一人克服对天际的恐惧，穿越谜一样的喜马拉雅山吗？《彩虹鸽》中的画面瞬间出现在我脑海。

朋友告诉我，战斗是彩虹鸽与生俱来的天性。在加尔各答城，彩虹鸽代表勇气和爱。勇者也有害怕的时候，但爱和勇气永远都是飞翔的翅膀，彩虹鸽永远不会丧失飞翔的信念。我们便因一本叫《彩虹鸽》的书结下了友谊。

我们马上就要离开印度了，我向加尔各答这座城市投向最后一望：鸽子飞翔，钟声厚重，烟雾缭绕。

在旅行中读书，在读书中旅行。读书与旅行，让我经历了多种别样的生活，在读书与旅行中保持内心的平静与勇气。

杜修远/文，七年级　　指导老师：范芸蓉

假如我是一朵荷花

假如我是一朵荷花，我一定要生长在西湖里，脚下小鱼在玩耍，头顶白云在飘扬，这该多幸福啊！

水，是我一生中最重要的东西。每天，我一边听着鸟儿歌唱，一边喝着凉丝丝的湖水，别提有多快活了！当渔船划来时，水面显出淡淡的波纹，美丽极了！当泥土弄脏我漂亮的面容时，我便躺在水中泡温泉，水立刻变得暖和起来，好让我更加舒适。

小鱼，是我一生中唯一的朋友。每天，小鱼在水底陪我玩耍或者看书，真令人开心啊！有时，一些老鱼会给我们讲它们年轻时的故事，我常常听得津津有味。晚上有时还会睡不着，但我总安慰自己：明天小鱼要来我家玩，顶个黑眼圈可不好看，快睡吧！想着想着，我慢慢地睡着了。我在夜里总梦见和小鱼一起游戏、听故事的场景。

荷叶，是我一生中唯一的父母，它们视我为掌上明珠。早上，我刚睁开眼睛，荷叶就喊："我可爱的小荷花，该出来了，外面客人都等着你开放呢！"我急忙打开粉色的帐篷，外面突然射进一道道银光，"孩子，不用怕，客人们是觉得你好看，都要和你合影留念呢！"荷叶说。忙碌了一天，呀，客人终于都回去了，我可以回家和小鱼儿愉快地玩耍了！我兴奋地哼着小调，蹦着。

假如我是一朵荷花，我会尽情地开放，让所有人欣赏到我的美，同时我也会珍惜身边每一个朋友。

姜恩霖/文，三年级

激动人心的一分钟

在我的脑海中，有一件事情让我一想起来，心就怦怦直跳！

那是去年3月份，我在厦门冠军冰场参加国家花样滑冰比赛，我参加的项目是自由滑一分钟。上场前，教练像以往训练时一样，轻轻地拍了拍我的肩膀，给我加油；妈妈在不远处的看台朝我挥手，给我鼓劲。在寒冷的冰场，我的手心却微微出汗了，我强迫自己深呼吸，可那颗怦怦直跳的心，却怎么也不配合，脑海中浮现出上一次自己没日没夜地备战，却依旧惜败的场景。

"请下一位选手进场。"广播中响起了熟悉而坚定的声音。我猛吸一口气，快速地滑行到了比赛指定区域。"四个前压步、四个外刃交叉步……"我在心里默默地数着，手臂随着节奏自如地舒展。

快要转圈了，我的心头一沉，上一次就是在转圈时偏离了圆心而被判为严重失误。为了练习在冰上每次能准确地旋转10圈以上，我不知道摔了多少回，转的圈连起来都可以绕西湖好几圈了。

"相信自己的身体，放空，体验旋转的美感！"想起教练的叮嘱，我毫不犹豫，干净利落地起转！转圈的时候漫长得可怕，仿佛时间都变慢了，让我有度秒如年的感觉。原地12圈！难以置信，我激动地望向教练，她向我比出了胜利的手势！

我的心一下子踏实了，轻盈地完成了剩下的动作。下场时像快活的小鸟一样，扑进妈妈的怀抱。

周子琪/文，四年级

八音盒

"叮叮当，叮叮当，铃儿响叮当……"每当我听起这首曲子，不用说，家里人都知道——我想弟弟了。

这是从一个八音盒里飘出来的曲子。那天，天灰蒙蒙的，我心情实在低落——考试考砸了。妈妈虽然没有责怪我，并且还鼓励了我，但我依旧沮丧，我可从未考过这么低的分数啊。

妈妈不经意间把这事儿告诉了姨妈，姨妈也说了很多鼓励的话，什么"失败是成功之母""从哪里跌倒就从哪里爬起来"等，给我强行灌了一大锅的心灵鸡汤，可是，毫无作用。我好像变成了个木头人，对什么事都麻木了。

过了两天，元旦来临了，可我却浑然不知，依然沉浸在失望的情绪中，打不起精神。可在节日当天，我收到了一份神秘的礼物——小鹿八音盒。瞧，多么别致。

红鼻头、红鹿角、红披肩，这抹红，红得非常正，红得像鸽子的脚，红得超过海洋洞穴中飘动的珊瑚大扇，红得让一片火海中仅剩的红玫瑰羞愧难当。它的身子则是原木的，上面一条条树轮清晰可见。

我很喜欢这份礼物，再去收拾盒子的时候，却意外发现里面还有一封信，信纸上歪歪扭扭地写着：加油，姐姐！皮小弟。

我很激动，更多的是感动。要知道，我家小皮才上大班，他却为我精心准备了这样一份暖心的礼物。

我好开心，失望的情绪一扫而光，乐呵呵地盯着八音盒看。看着它，我仿佛看见了暖男傻小弟，他的眼睛眯成一条缝，奶声奶气地对我说："加油哦，姐姐！"

我拧开发条，八音盒就唱起来：叮叮当，叮叮当，铃儿响叮当……传出的歌声一直荡漾在我耳边。我又想弟弟了。

叶子涵/文，三年级　指导老师：邵海燕

团圆窗

一扇窗，使我的视野不再狭窄，给了我许多想象的空间。一扇团圆窗更是给了我情感的寄托。

这扇圆形的窗是城乡老房子特有的风采，窗内有小伙伴们在桌椅旁玩耍的身影，窗外有小花猫在竹林间叫唤的声音。窗户上雕刻了龙、凤、花鸟图等，每一扇窗都有它独有的风范。

儿时，爸爸常爱带着家人在窗户上摆放自己种的花，阳光照射下的植物格外耀眼且闪闪发光，家人们都爱上了这处家中的"小自然"，也时不时地到窗前赏花。因此，这儿就成了家人聚会的地点。

记得有一次，妈妈把我抱在手上看爸爸种花，爸爸埋下的种子，像在我心里扎下了根。小时候娇气，总是让妈妈抱我去看那小小的种子有什么变化，当看到种子那一刻，又会莫名地产生兴奋感，也会猴子似的跳下地，要求妈妈跟我同爸爸一起种花，即使满手泥巴，但我的内心依然十分喜悦。

随着这粒种子渐渐成长为美丽的灯笼花，我也成了一名积极发言、敢于面对生活的小学生。每每在窗前见到这长相喜人的灯笼花，我便有了前进的动力。

闲暇之余，我也常常喊家人来看我亲手种下的花，看清晨的小鸟停在积有露珠的叶子上鸣叫。这一扇小小的窗给我的心灵注入了源源不断的力量，让我的人生有了前进的方向。

章艺格/文，六年级　指导老师：李铁林

多彩的教室

　　一走进我们多彩的教室，第一眼看到的就是我们班的班级公约，挂的那个位置非常清楚、醒目，大概是用来提醒班上那群调皮捣蛋鬼的吧！

　　再往里走就是我们班上的书吧了，放在那里的有科学书、百科书、地理书、文学书……那些书就像一位位知识渊博的老师，将知识一点一滴地传授给我们。下课后，那里就成了同学们的天堂，大家全都挤到那里去，挑选自己最喜欢看的书。看到有趣的地方，还和同学们一起交流、讨论。这时候书香溢满了整个教室，那种感觉真好。

　　再往后面走，就能看到许许多多的植物，里面的月季花开了，非常好看，它们都大胆展示自己红色娇嫩的脸蛋。有的还是花骨朵儿，就像一个个躺在妈妈怀中的婴儿，美丽极了。

　　哟！是谁又捐献了可爱的小金鱼？只见，水里的小金鱼有的眼睛大大的，像一个大泡泡；有的小金鱼头上长着大大的冠，像一座凸起的小山峰；有的小金鱼身上和头上没有什么特别的，可是尾巴却长长的，游泳的时候，那条尾巴就像一条彩带一样在水中飘荡……小金鱼们在水中还会干许多有意思的事情，看！它们又在水中玩起来了，只见有的小金鱼在水里吐泡泡，有的小金鱼在水中嬉戏打闹，有的小金鱼像绅士一样在水中慢慢游着，好玩得很。

　　这就是我们多彩的教室，我们快乐地生活在这充满生机的大家庭里。

潘雨涵/文，五年级　指导老师：郑秀军

第十辑

爷爷的算盘

七十年披荆斩棘，
七十年风雨兼程，
我们向美好和谐的新中国深情祝愿，
我们为强盛繁荣的新中国欢呼。

爷爷的算盘

"一上一，二上二，三下五除二……"

一副木算盘，被我端在手中"咯嗒咯嗒"地摆弄着，嘴里轻轻地吟唱着算盘口诀。

外框手握的地方，木头已被侵蚀了许多；算盘中间的梁，摇摇欲坠，还破了几个大洞；串珠的档上有些发霉；只有乌黑的木珠子，还残留着些许昔日的光泽……算盘上，到处都有着岁月洗礼的痕迹，就像爷爷那饱经风霜的双手——正搭在我肩上。慈爱的微笑洋溢在爷爷的脸上，使得爷爷年轻了许多。他边笑边看着我捣鼓算盘。

"一上一，二上二，三下五除二……"我嘴中念叨着爷爷刚教我的算盘口诀，用手指上下移动着木珠子，"咦？爷爷，这是怎么说来着？""嘿！怎么又忘了？不是刚说过吗？"爷爷开玩笑似的说我，揉了揉我的头发，又搓了搓双手，"我最后再演示一遍，要看清楚了噢！""嗯嗯。"我点点头，期待地看着爷爷。"一上一，二上二，三下五除二……"爷爷边说边飞快地拨弄起了珠子。我目不转睛地注视着，只见爷爷布满皱纹的双手与老旧的老算盘交织在一起，仿佛跳起了舞蹈，让我看得眼花缭乱。"哇！好厉害啊！"我情不自禁地再次发出惊叹。

"是啊……"爷爷缓缓吐出两字，脸上的笑容逐渐消失了，皱纹又爬上了爷爷的面孔，"只可惜，现在都不用算盘了。"爷爷往后靠了靠，斜躺着，闭上了双目，却打开了话匣子——

"这算盘啊，还是我像你这么大岁数的时候。那年，正值夏季，我家没钱供我上学，我在农田和大人一起种地。中午时分，我偷偷溜到旁边屋檐底下乘凉，偶然听到屋里有人在教孩子学算盘，我便也偷听着。就这样，每天这时都听几刻钟，记住了口诀，也就自然学得差不多了。

"但是，我缺个算盘啊。光会口诀，没有算盘，怎么办呢？后来，我父亲不知从哪里帮我弄来一把旧算盘。于是，每天晚上有空，我就一个人偷偷摆弄着。很快就熟练了，后来我还帮村里算工分呢。"

爷爷结束了自己的讲述，沉寂了许久，接着又说："你大伯上学后，我教他用算盘。以前，账房先生都是用算盘计算的；你大伯后来也成了会计师，只不过，早就不用算盘了——计算机更快更好用啊。听说咱中国的'天河一号'计算机一秒可以计算庞大的天文数字呢！咱中国的科技真是发达啊！不仅有了原子弹、氢弹，而且都有神州宇宙飞船了。

"但是，你们已经体会不到算盘的趣味了。可惜啊，算盘已经成为老古董了，算盘口诀就要失传了……"

我歪了歪头，咧开嘴笑着问："爷爷，您可以教我用算盘吗？"爷爷直起身，惊诧却欣喜地说："你愿意学吗？"我充满信心地点点头。

"好！这就教你！"

我们祖孙俩凑在一起，开始拨弄着算盘。

"一上一，二上二，三下五除二……"

甘恬/文，七年级

家风"在路上"

家风是传统美德,是传承。

倾盆大雨过后,当你被路过的小车激起的脏水溅一身时,你一定会雷霆大怒;走在乡间山路上一不小心被荆棘刺破手指,瞬间血红时,你一定会心里嘀咕"今天真扫兴";秋天一阵风吹过,路边树上的叶子被吹落在地,落叶满地时,清洁工人"唰唰"的扫地声音,我会感觉特别亲切……

此时此刻,我就会想起我那一直"在路上"的爷爷!因为爷爷那瘦弱的背影,在路上的这些场景时常在我眼前浮现。

爷爷"助人为乐"的家风一直在我们浙江丽水的那个村里流传。记得小时候,爸爸跟我讲爷爷的故事。

生在农村的爷爷,天刚蒙蒙亮,他就背起锄头,挎着畚斗,下地除草、松土、施肥,每经过我们村头的公路时,看见路上坑坑洼洼的泥坑,他就不由自主地到路边的小溪边,用锄头和畚斗把沙子一小筐一小筐地往公路上搬,往坑里填土并用锄头背跺平;路过小溪,经过用数块石头当石墩的步行小桥,当有石块被水淹了,爷爷就会搬大一些的石头重新架起"人工小桥",有着"小桥流水人家"的感觉,特别温馨;踏过田间和山间小路,那杂草和荆棘就没这么"幸运"了,爷爷会动用他田间劳作的工具——柴刀或镰刀,将"碍着路、伤着人"的那部分一除为快。

日复一日,这些"常人都可以做"的事就变得不寻常了;乡里人

215

和路人都为之称赞，我也默默地为爷爷的这股助人为乐的"家风"感染并为之点赞。

时过境迁，如今生活变好了，我们家的农村在多年的改革浪潮中变成了一个美丽乡村，以前的坑洼公路也变成了水泥路。清晨，依然可见我的爷爷在用扫把清扫垃圾和落叶。受爷爷的影响，我们家人只要看见垃圾就会自主弯腰捡起，也没有乱扔垃圾的习惯。

我曾问爷爷为什么这样做，爷爷说："帮别人，也就是帮自己，就好比路越好走，摔跤流血的人就会越少，就好比你把坑填了，哪天下雨了，脏水溅不了别人，自然也溅不了自己。"爷爷的这番话一直激励着我，从此爷爷那"助人为乐"的家风一直在我心中深埋着。

瞧，在那路上的老人，就是我的爷爷，我们向这位老人学习敬礼！

"助人为乐"，我们的家风一直"在路上"！

胡译天/文，七年级　指导老师：余昊青

216

摘掉红领巾的那一天

那是六月的一天，班主任言简意赅地告诉我们，今天下午在四楼报告厅要举行一个重大仪式，陪伴我们共同学习成长生活八年之久的红领巾将要被摘去。这标志着我们从少年蜕变为青年。我心中五味杂陈，犹记得第一次戴上红领巾时的兴奋，感觉仿佛就在昨日。现在，就要和它说再见了吗？有成长的喜悦，也有对红领巾的不舍。是啊，不知不觉间，已经八年了呢。

我们排好队，走向报告厅。一路上，调皮爱闹的同学们都有点严肃，意外的沉默。进入会场时，年级组长给我们一人发了一个红色的小袋子，并让我们写一句话在袋子上。然后他要我们将红领巾摘下折好，放进去封存。

写什么呢，是写给现在的自己，还是当年那个稚嫩的自己？我看着这小小的，有着和红领巾一样颜色的袋子。难道要让这鲜艳的红领巾，从此沉寂在家中么？我一笔一画地写下"撒下一粒种子，大地会给你一朵花。——纪伯伦"。我摘下自己脖子上红领巾的那一刻，仿佛与一件极重要的东西告别，心中空了一块似的，有点不舍，有点惆怅。

这个重大的仪式很快就结束了。回到教室，我觉得剩下的时间格外漫长。好不容易熬到放学，我没骑车，推着车慢慢走回家。

单元门楼下，幼儿园大班的弟弟正被妈妈督促着练跳绳。他一见着我，就丢下跳绳高兴地向我奔来。见我不太高兴，妈妈很惊讶地问："怎么啦？"我说："今天我们摘掉了红领巾，以后我就不用戴红领巾上学了。"弟弟一听，兴奋地说："我要！姐姐把红领巾给我。我可以戴红领巾。"对啊，可以给弟弟！我的心情霎时轻松了不少。

晚上，我写着作业突然想到，我还没有教弟弟系红领巾。我急忙走出房间，看到弟弟已经像模像样地系上了红领巾。但他只是打了个死结挂在脖子上！我哭笑不得。我告诉他，我可以教他如何系红领巾。而他自豪地把脖子一扬："我已经系好了！"我想了想，没有打击他："那我教你唱中国少先队队歌。"

"爱祖国，爱人民，鲜艳的红领巾飘扬在胸前。"

我带着弟弟一起唱起这首我熟悉的歌，情绪渐渐平静了。这就是一种传承，每年都会有新的少年加入少先队，每年也有长大的青年退出少先队，我们都有相同的信念：我们是共产主义接班人。

那天晚上，我告诉弟弟，红领巾是国旗的一角。弟弟似懂非懂地点着头。我知道，在这个晚上，我和弟弟心中都长出了一颗小芽，会在祖国的土地上长大！

张雨西/文，九年级

幸福来敲门

仰望星空，地球是宇宙给人类的礼物；低头凝望，一花一叶，是大自然给世界的礼物；惠民政策，是祖国给人民的礼物。

2007年，失地农民养老保险实行，外婆终于可以享福了。

以前每次回外婆家，总能听到外婆在那儿抱怨："最近总是腰酸背痛，每天起早贪黑去干农活，可收入还不高，这日子啊……"直到有一天，外婆申请"失地农民养老保险"后，收入稳定了，心情也好了，再也不用下地去干农活了，还能跟邻居聊聊天，喝喝茶，小日子可悠闲了。邻居们都说："现在的生活真的好啊！在家都有钱领，以前连想都不敢想，共产党真是好！"

2015年，二胎政策实行，我有了一个小妹妹。

小时候，每次看到那些哥哥姐姐有小妹妹，我都羡慕得很。因为我觉得有了一个小妹妹，就像有了一个真人"芭比娃娃"，想把她打扮成小公主，想跟她一起做游戏，想带着她一起去旅行……于是，我就问妈妈："妈妈，为什么你不生个小妹妹呢？"妈妈抚摸着我的头，面带难色地说："妈妈也想要一个小妹妹啊！可是爸爸妈妈都是非农户口，又都不是独生子女，政策不允许！"政策是什么，其实我并不理解。我似懂非懂地"哦"了一声，就回房间画画了，画着我和妹妹各种嬉闹的情景！

转眼到了2015年10月，妈妈指着手机上的新闻，对我说："洋洋！你可以有一个妹妹了！""真的吗？我要有个妹妹啦？我要有个妹妹啦！"

　　"姐姐！姐姐！"听，那个小跟屁虫又来了，她就是2018年出生的小家伙，我的妹妹。每次看到我回家，她总会嗲嗲地说："抱抱！抱抱！"谁也抵挡不住她的可爱，只能把她抱起来，她就给你一个甜甜的微笑，真是受用。妹妹还是个戏精，每次不小心摔倒，她就顺势趴在地上，奶声奶气又带点委屈的腔调说："奶奶，阿呦——"奶奶说："宝宝摔倒啦？没事，站起来！"然后妹妹嘴里念叨一声"一，二！"站起来，小手拍拍，还不忘竖起大拇指表扬自己"棒"！

　　2016年，家庭医生签约服务政策实施，我们看病更方便了。

　　家庭医生团队可上门服务、错时服务、预约服务等。这对腿脚不方便的老太太来说，可是帮了大忙。此外，每年每人所承担的费用，只要250元左右，也为那些困难家庭减轻了负担。

　　各种惠民政策，让我们的"家庭树"更加翠绿茂盛，还散发着阵阵幸福的气息！

　　　　　　　　　　　　　　　　杨书迪/文，五年级　指导老师：张燕

外公的粮票

"外公，您收集这些票子干吗？"与新中国同龄的外公的那个小盒子引起了我的兴趣。

瞧，盒子里面装满了紫色、红色、绿色的小票子，上面还标着一两、二两的数字。外公摸着我的头："这可不是普通的票子，这叫粮票。""粮票是什么呀？"我用手挠了挠头，不解地问道。外公缓缓地抬起了头，目光深邃，若有所思地想了一会儿，娓娓道来："粮票曾是我们的命根子。我们国家在20世纪60年代初，遭受了三年困难时期，发生了全国性的粮食短缺和饥荒，什么胡豆叶、芭蕉头、野菜都用来充饥。由于粮食紧张，后来国家一直实行定额定点供应粮食。记得，当时一般城镇居民每月每人24斤，学生30斤，参加工作的，根据劳动强度不同，再适当增加几斤。当时我下乡到农场工作，农场给我的定额是每月42斤。"说到这里外公的眼睛里微微泛起了亮光。

"那粮票是不是就相当于现在的钱？"我好奇地问。外公点了点头，继续说："那时的中国是计划经济，物资供应相当奇缺，粮票、布票、肥皂票、火柴票、糖票、油票……几乎所有的东西都要凭票定量供应。全国粮票，当时最俏，不受月份和粮站的限制，可根据自己的需要使用。尽管大家不够吃，但还是尽量把粮票省下来。当年我在乡下农场劳动的时候，就到集市或农民家里，用粮票去换花生、菜油。记得有一次我劳动表现好，那个月拿到了50斤粮票，我就用粮票换来了一张藤椅，别的同事都羡慕得很。你说粮票是不是非常宝贵呢？"外公的叙述，让我仿佛走进了那个时代……

"开饭了！"外婆的喊声拉回了我的思绪。桌上的菜很丰盛，有甲鱼、红烧肉、基围虾、香椿炒蛋……都是我喜欢的。外公往我碗里夹了一块红烧肉，笑呵呵地说："多吃点啊，现在不像以前，我们不但不愁吃穿，吃个东西你外婆还要挑个好的、新鲜的，再搭配个营养什么的。""是啊，是啊。"外婆也感慨道，"现在生活好了，我和你外公还有几个老邻居，每天还去爬爬山，喝喝茶。下个月我们还要组团一起去俄罗斯旅游呢！"说完，外婆和外公相视一笑，他们满是皱纹的脸上洋溢着幸福。

外公的老粮票让我知道：原来那时候，人们连基本的吃穿都不能满足。但经历了70年的风雨历程，我们的国家发生了翻天覆地的变化，从最初的贫穷落后到现在的富足强大。如今外公的新生活变得更加充实，不仅吃得好穿得好，业余生活也非常丰富，除了爬山、旅游、摄影，外公还学会了炒股和上网。去年，外公将他的老粮票故事用手机制成了电子相册，放在了腾讯美篇上，已经收获了8万多的粉丝阅读量。

我为外公点赞，更为我的祖国点赞！

蒋欣桐/文，五年级　指导老师：李东红

以梦为马，不负初心

以梦为马，不负机遇奋力拼搏

当舅舅获得全额奖学金，进入美国普渡大学电子工程系攻读博士研究生学位时，他觉得这是上天赐予他的最美时光。四年，一千多个日日夜夜，他几乎废寝忘食，几乎没有休假日，也没有一次回国探望。他曾来信告诉外公：虽然在国外每逢佳节倍思亲，刻在心头的思乡之情有增无减，但为了成就更好的自己，不断提升自己，将来敢于突破自己，并能作为一个中国人向世界大胆发问，探索未知，所以在机遇面前要学会舍得。舅舅在国外高强度疯狂学习和工作，使得他并不强壮的身体累垮了。两次手术后，他依然坚强孤独地撑下去，永不放弃最初的梦想。不管未来有多少阻碍，哪怕耗尽所有热情也要燃烧，他终于在奋力拼搏中踏踏实实地完成学业，四年后被苹果公司录取。

以梦为马，不负平台执着前行

"美国给予我一个更广阔的平台，我要为心中的世界和梦想而奋斗。"舅舅说到做到，他一直执着前行，在世界最顶尖的科学面前，在当今世界高科技的最中心硅谷，他如一头勇猛的战狼，坚持探索，不惧风雨，勇于创新。八年后，他成为CT成像领域的世界级专家，在国际顶级刊物上发表了论文30多篇，已拥有6项美国专利，成为苹果公司年轻的资深科学家。2017年进入世界新能源汽车生产佼佼者特斯拉汽车公司，从事无人驾驶智能化研究。

以梦为马，不负时代韶华守望初心

今年元旦，妈妈突然告诉我舅舅回国工作了。我惊讶极了，"舅舅在美国最厉害的新能源汽车公司工作，事业不是蒸蒸日上吗，干吗还回国呢?"我不解地问。"孩子，中国才是他的家，外面再好也没有家的温暖，回家才踏实。"妈妈语重心长地说。这个春节是舅舅十几年来第一次与家人一起过大年。他笑得那么开心，那么骄傲。他抑制不住心中的渴望和惊喜："奇迹正在中华大地上不断涌现，我遇上中华民族最好的时代，怎能忘记自己肩负的重责呢?"是呀，祖国的崛起是我们华夏儿女心中一个永远的梦。祖国的召唤最终让他怀揣最初梦想回家了，他带着一颗赤子之心，秉承家国情怀，于中华人民共和国成立七十周年之际回来了，他回来了，回到了祖国的怀抱，成了一名广州小鹏汽车有限公司的高级工程师。

我情不自禁地赞叹道："舅舅，您就是我身边的伟大中国梦的追梦者、圆梦人，我长大后一定追逐您的脚步!"

张砚然/文，六年级　指导老师：郑小微

匠人的追梦路

七十年风雨征程，新中国创造了举世瞩目的奇迹。诸暨——我的家乡，她养育了祖祖辈辈勤劳的故乡人，她历经了由弱到强的历史岁月。我热爱着这片土地！

改革开放，诸暨民营经济犹如潮涌，短短几年间像是拥有魔力，奇迹般地将浣东街道——这个诸暨小镇打造成全国闻名的刺绣机产业基地，引领刺绣机产业走向全球。

古语云，时势造英雄，和所有中国的其他乡镇企业一样，随着诸暨民营企业的崛起，一批批时代改革英雄涌现，他们志向远大，胆识过人，品格坚韧。于是，商海中的弄潮儿有了个闪亮的名字——"浙商"。他们是变革中的一代人，他们参与改革开放，见证社会变迁，感受时代进步。

我爸爸就是浙商之一。"70后"的爸爸努力拼搏，为我们创设了宽松美好的生活环境。他常常对我们说：思考是一条奔流不息的河流，同时，对自己的定位要清楚，就不会为一时的成败、荣辱所动，才能坚持自己的信仰。爸爸言行一致，践行着工匠精神中的"精"和"益"两个字。

爸爸生在农村、长在农村。小时候，爸爸和他的两个姐姐，还有爷爷奶奶，一家五口人挤在低矮的老木屋里，学习环境十分艰苦。要写作业，可家里连一张像样的桌子都没有，只能趴在石头上写作业，连书包都是用废布料做的。一年到头，大部分时间连鞋都穿不上，小小年纪还要帮家里喂猪、割草、砍柴、种田……但他从不叫一声苦，喊一声累。爸爸童年的生活非常贫困，但这也激发了他要努力学习，改变现状的决心。

爸爸就是从几台绣花机代加工开始自主创业的。创业初期，爸爸有着同大多数创业者共同的难题，钱不够，招工难，成本高。面对资金困难，爸爸一方面争取政府政策支持，另一方面壮大自己，他对厂里的机械设备有着非常严格的要求。他亲自带领团队研发，不断在技术创新上深耕，力争以产品质量取胜，巩固已有市场，拓展新的区域。绣品质量需求提升，进一步倒逼超多头刺绣机技术升级，机械化生产升级为智能化生产，绣品质量和经济效益有了大飞跃。爸爸的博闻强识和超强谋略在党的政策支持下，有了用武之地，从而给企业注入了源源不断的活力。从爸爸身上我仿佛看到了祖祖辈辈勤劳苦干、敢于创新的影子。我们怎能不向这些敢想敢干、业精于勤的匠人致敬呢！

七十年披荆斩棘，七十年风雨兼程，我们向美好和谐的新中国深情祝愿，我们为强盛繁荣的新中国欢呼。我们是国之栋梁，我们都是追梦人。我们将学习英雄榜样，砥砺奋进，为建设更富强繁荣的祖国添砖加瓦。

章艺格/文，六年级　指导老师：李铁林

奶奶的幸福生活

　　舟山，东海之滨，我的家乡。

　　我奶奶的家在马岙。马岙具有近六千年的海洋文化史，享有"中国海岛第一村"之美誉，但我很小的时候，记忆中奶奶家周边的村道很破旧、很落后，边上的房屋也是很老式的黑瓦片房，从远处看，灰蒙蒙的如同乌云一般。近几年，在"青山绿水就是金山银山"理念指引下，马岙的规划者围绕生态美、生活美的建设理念，建设出了一个花园式的马岙村落，彰显"海岛第一村"韵味。

　　这几年去奶奶家，很强烈地感受到马岙的山青了，水秀了，果树飘香了，周边村道变得明亮干净了。街道边的垃圾箱也进行了垃圾分类管理的布置，有效减少有害垃圾污染，一幢幢乡村别墅群连成一片，村道街边打造了独具风格的仿古式建筑，古朴大方，很有特色。

　　我的奶奶快七十岁了，小小的个子但很精神，平时在家诵经念佛。她说，现在的生活是芝麻开花节节高！乡镇生活发生了翻天覆地的变化。每天，爷爷和奶奶一起去散步，在空气清新、环境优美的天然氧吧中走上一小时，舒展舒展筋骨，抖擞抖擞精神，微微出汗很是惬意。平时奶奶家也常有快递包裹上门，东北的松子、金华的酥饼、澳洲的奶粉、李宁的运动鞋、天猫超市的大米，还有新潮的脚部按摩器等。奶奶乐呵呵地说："现在手机除了打电话还能买东西，实在是太方便了，想要什么物品，儿子、媳妇都会帮忙从网上买来。而且快递员送货上门，省得自己又扛又拎。这在以前，这样的生活想都不敢想哟。

再过几年，甬舟铁路一通，马岙还有一个站点呢。到时候物流一定会更加便捷。"

奶奶的血糖有点高，以前爷爷每个月都会乘公交车，去市里的三甲医院给奶奶配药。近两年，奶奶去镇医院就能配到药，并且能做血糖检查。爷爷说，这几年国家医保政策好，在镇医院配药看病比三甲医院报销比例高了好多，不仅省钱还省下了很多精力。

奶奶辛劳了一辈子，她种过田、养过猪、开过小杂货铺。她没什么文化，但培养了两个儿子，在20世纪90年代初，一个考上大学一个考上中专。爸爸告诉我，这在那个时代很了不得。奶奶也一直引以为豪。每次回我奶奶家，奶奶总拉着我的手，鼓励我要好好学习，认真学习，这样能去外面看更大的世界。奶奶说，她现在很知足。党的政策好，我们都过上了小康生活，现在就盼两个孙女学业有成。

从奶奶笑脸中能看到她的幸福和满足。去年，有份《中国城市全面建成小康社会监测报告2019》，其中公布了"2019中国地级市全面小康指数前100名"名单……在全面建成小康社会20个优秀城市中，舟山市名列第一位。奶奶的幸福生活只是舟山众多小康之家的一个小小缩影，众多的小康之家才能形成小康社会。

杨黎笑/文，九年级

我家门前的那条河

　　太公担起菜箩，从田间顺着河阶下去，用他那粗糙的满是老茧的手清洗着翠色欲滴的青菜。正是春天，我家那条河像娇媚的小姑娘，水灵灵的。在浮萍打的绿伞下，掩着捉迷藏的鱼儿。时而有白如雪的鹤鸟从碧蓝的空中缓缓地落在水面上，挑着它尖尖的红嘴，直勾勾地盯着大小的鱼群。清澈的河水中能见到太公那佝偻的身影，春风得意，河面上漾起阵阵涟漪，映出太公的笑容。只听见他说着："今年的春天，水不一样了，变清了……"

　　回想去年，河流还是浑浊得很。"哎，这水真是越来越浊了。"太公望着我家门前的那条河，掩着面叹息，"什么时候才能变清啊？"我蹲在门口捣鼓着蚂蚁。忽然听见了太公的话，很是好奇，便笑嘻嘻冲着太公问道："太公，门前的那条河为什么说是越来越浊了呢？"太公指着门前的那条河，说："你还没出生的时候，这条河清澈见底，有不少鱼嬉戏其中。每到夏天涨了水，大家还会拿鱼笼网捕些小鱼小虾。有时还会投点剩菜剩饭喂鱼吃。可是后来，大家就将什么垃圾啊都扔进了河里。长年累月，这条河便变得浑浊了，成了臭水河。你再看看这条河，水是不是越来越浑浊了呢？"太公说完，接着又是连连地叹息，眼里满是忧愁和失望。

　　一天，我放学回家，见到河里的水都排干了，一队人在泥泞的沙石上清理着什么垃圾。老远，我便见到太公笑呵呵的，爽朗的笑声传得很远很远。"真好啊！真好啊！河有救了！有救了！"我立刻凑上去问："太公，怎么了呀?"太公乐得像一个孩子，嘴里絮絮叨叨的，不住地嚷嚷："哦！哦！对了！告诉你！看见河里的那些人了吗？他们是来治水的呀！等一阵子后，河就更清了，什么小鱼小虾的都会回来了！多好啊！"太公咧着大嘴，露出了牙，快笑疯了！

不久，河治好了，家家户户的门前都有了两个垃圾桶——一个是绿的，一个是红的。大家都乐呵呵的，脸上挂满了甜甜的笑容。时不时，便有人在外喊："号外号外！保护环境！治理河水！禁止向河中投放垃圾！垃圾分类，家家健康！"村子里总会喊上一阵子，太公还是跟着笑，眼睛眯成一条缝，不亦乐乎！来村子里钓鱼的人多了，大家也拿着鱼笼网去抓些小鱼小虾来。不仅是河变清了，就是村子也变得焕然一新，生机盎然。

多好啊！五水共治，使我家门前的那条河变得更加的清澈，使我们的家乡变得更加美丽。

胡锦添/文，七年级

长城上的"蜘蛛侠"

"不到长城非好汉"。当我站在长城顶上，看着前方青山连绵起伏，鸟啼虫鸣此起彼伏，像是在开演唱会。突然一个问题从我脑中蹦出：只要我们到了长城，就全部都变成好汉了吗？

记得我六七岁的时候，去爬过长城。脚下踩着中华五千年历史的象征，头顶着蔚蓝明净的苍穹，一切美如画境。就在我们沉浸于此时，一个饭盒却打破了所有的美好：它从空中掉落，卡在树枝上，我一看，哼！是一个年轻的游客，他还有脸擦擦嘴神气地走开。我既生气又备感无奈，因为我没有办法捡回那个饭盒。旁边的环卫工看到此情此景，并没有多说什么，只是叹了一口气便将一根绳子系在腰间并将另一端固定好，之后带上随身的工具——伸缩钩，就下到长城之外捡垃圾了。我惊讶至极，连忙上前几步趴在城墙边沿往下望去，只见环卫工慢慢地向饭盒的方向摸索过去，有些哆嗦，头上不时冒出豆大的汗珠。我的心也随着他的移动不由提到了嗓子眼。如果一脚踩空，没有绳子的保护，他会摔得粉身碎骨！

我相信，这些环卫工人就是长城上行侠仗义的"蜘蛛侠"。不管是骄阳似火，汗如雨下，还是风雨交加，电闪雷鸣，他们都未停止过工作。他们上山时背着许多空袋子，下山时却带走了近五十斤的垃圾，还怕自己带着垃圾的臭味会影响游客，而选择绕道走。

我想通了，长城上的好汉就是这些"行侠仗义"的"蜘蛛侠"！

李晓雯/文，四年级　指导老师：李彩琴

青　春

大地说
青春是群山环绕，满目青翠
不论四季如何更迭
它都傲然挺立

天空说
青春是碧空万里，海天一色
是与云儿为伴，与鸟儿为友

小河说
青春是一首歌
时而清新舒畅
时而激情飞扬
时而温柔淡雅
时而刚健铿锵

有人说
青春是一颗划破天空的流星
绚丽，却很短暂
也有人说

青春是一棵常青树

永不凋零

孩子们说

青春是手中的棒棒糖

各色心仪的衣裙

和脑海里不断冒出的美好幻想

祖国妈妈说

青春是

我富强

我独立

我自由

要我说

青春是一个梦

一个认定了

就永不回头的

中国梦

舒宇露/文，六年级　指导老师：陈和平

妈妈的瓜子情

记得有一次，我和妈妈一同走过傻子瓜子店门口，好吃的我一把把妈妈拉进店里，指着橱窗里琳琅满目的美食不停地说："妈妈，我可以买可乐糖吗？""妈妈，我要这个……"一旁的妈妈在一边微笑地看着我，轻声地回答道："咱们今天选三样可以吗？下次再选其他的。""好！"我爽快地答应了。店员麻利地帮忙拿美食、上称、报价。

"露露，我们再来点瓜子吧？"突然妈妈把头偏向我，对我说道。那眼神里充满了期待，又似乎在乞求什么。我知道，妈妈前面已经说过，今天只能买三样，自己说过的话肯定不好反悔。我灵机一动，答道："妈妈，为了奖励您今天陪我买美食，我决定，今天的瓜子我请了，回家我从储蓄罐里拿钱给您。""真的呀，太好了！"此刻的妈妈像个孩子一样雀跃着。

回到家，妈妈像馋猫一样嗑着瓜子，我也好奇地从袋子里抓起一撮开始磕起来："很普通嘛，还没我上次的南非瓜子好吃呢！""露露，错了，你的南非瓜子里少了这瓜子的味道。""为什么？"

"记得我那时还和你一般大的时候，生活水平并不高，平时除能吃饱饭外，其他的零食想都不敢想；衣服一般也都是旧的、打满了补丁；脚板就是鞋底，百磨不破。只有到过年的时候，外公才会买上几斤瓜子，这个瓜子是要在过年时候招待客人用的。我们大部分时间都不能碰，只能狐狸望葡萄，直流口水。等到年三十晚上，我们不仅可以穿新衣，还可以自由地玩耍，父母都不会责备。最最重要的是，我们还可以动那颗'葡萄'，可开心了。每当那个时候，我们都会把新衣的两个口袋塞得鼓鼓的，溜到邻居家看'春晚'。那瓜子也是嗑得满嘴留香。"

听着妈妈的话，我不自觉地将手伸进袋子，拿了颗瓜子尝了尝，那股清香竟神奇般地从瓜子里散发出来！

我现在总算明白，妈妈说我的美食中总是少了味道的原因了，也明白为什么妈妈对瓜子情有独钟了。

舒宇露/文，六年级　指导老师：陈和平

"老台州"与新时代

爷爷总是自诩为"老台州",每次讲到台州,他总是如数家珍:"想当年……"

而如今,"老台州"爷爷也迷路了——

前年,爷爷故地重游,想去浙东十八潭寻找旧日记忆。爸爸使出他那三寸不烂之舌也拦不住爷爷,还搞得爷爷一脸不高兴,说爸爸忘了老马识途的道理。

那天一早,爷爷就开始打理行装了。他左肩挎绿皮单肩包,右肩挎绿水壶,上着解放红T恤,下穿帆布迷彩裤,脚踩解放鞋,头戴野战帽,拉着睡意未消的我出门了。

虽然一直生活在城中,但几日不上街,就感觉处处有新物。一路上,总有无数的工人在那建房、搭桥、铺路,离城越远,工地似乎也越多。每次我抬头看爷爷时,他总是左顾右盼,和我那没见过世面的弟弟一个样。

爷爷就这样带我走了一个上午,少有停歇的时候,却始终听不见爷爷的一句"我们就快到了"。当我坐在路口的石块上休息时,我看见爷爷布满皱纹的脸上渗出了大大小小的汗珠,时不时拉住一个行人来问路。在这车辆川流不息的地方,爷爷显得有些茫然。那张充满褶皱的地图不知道被爷爷打开又翻折了多少次,可是,总弄不清我们在哪,该怎么走。

"我们这是迷路了吗?"我有点疑惑地看着爷爷。他显然有些不知所措。最后，只好叫了辆出租车送回家……

从那以后，爷爷似乎有了一点微妙的变化。爷爷从爸爸那要回了原本被自己嫌弃的智能机，开始接触原本被自己认为是"玩物丧志"的手机软件了。

两年后的一个早晨，我们突然发现爷爷失踪了！正当我们寻得焦头烂额之际，爸爸的微信响了起来，是爷爷！

"这两天我和朋友到西湖玩，不用担心我。"

接下来的几天，爷爷似乎在朋友圈里"直播"起了他的旅行，文字、照片、小视频，绘声绘色，谁能想象这是一个两年前还在用纸质地图的老头子！

一个星期后，爷爷回家了，碎碎叨叨，抓着空向我们述说旅途的际遇。

"这个旅游团竟然不管饭，我就用美团找人气高的餐厅，你们别说，没有哪一家是不让人满意的。"爷爷的神色似乎带了些自豪，"要是没有我，他们还不知道去哪里吃呢。"

"话说那高德地图也真是奇怪，景区、交通路线那么七拐八弯，竟然都帮我们找好路了，省了好多时间。"

"还有那支付宝，确实好用，滴一下就行了，真不明白他们为什么要带零钱，忒麻烦。"

"爷爷，前两年你还不愿意用支付宝，说这是骗子呢。"爷爷听了，却不生气，反而大笑了起来："谁叫现在是新时代了呢！"

吴炜毅/文，七年级　指导老师：罗黎爽

我的嘉兴红色之旅

2016年的元旦，我第一次去嘉兴参加国际象棋比赛。在比赛的空隙，妈妈说要带我去一个地方，并说这个地方非去不可。"什么地方？这么神秘？"我心里纳闷着。"你去了就知道了。"妈妈笑眯眯地告诉我。

匆匆搭上出租车，二十多分钟后就来到了这个地方，只见景区大门口赫然挂着"南湖风景区"的字样。买了门票后，我们先坐船去了南湖革命纪念馆。进入纪念馆的第一章，我就看到了"苦难的中国"，当时中国被美国、日本、英国、法国、俄国等列强瓜分，民不聊生，国家腐败，风雨飘摇。第二章介绍的则是中国共产党的酝酿和筹建，让我感受到了那个年代人民生活的苦难。这些介绍，字字敲击着我的心。

"走，再带你去看一样东西！"妈妈又神秘地拉上了我。我们乘船来到了湖心岛。这是一个很小的岛，它就在南湖的中央。刚上岛，我远远地就看见了一艘船。我从小就非常喜欢船，迫不及待地跑了过去。咦，它怎么跟我平常见到过的船不一样啊？这艘船大概十六米左右长，三米宽。妈妈告诉我，这艘船是中国共产党召开第一次大会的地点。"这么小的船怎么能召开大会呢？为什么要在船上召开大会呢？……"原来，当时中国共产党代表因为在上海召开大会时，受到了监视，所以会议无法在上海继续举行，只能转移到嘉兴南湖这个秘密的地方。就在这艘船上，正式确定了党的名称为"中国共产党"，还选举产生了

238

党的中央临时机构。会议结束后，代表们还喊了："共产党万岁！第三国际万岁！共产主义——人类的解放者万岁！"多么嘹亮的口号啊！就在这样一艘不起眼的小船上，诞生了一个伟大的党。从此，中国的历史书写出了全新的篇章。

当年的小船早已被日本侵略者破坏，失去了原来的模样。为了纪念这意义非凡的时刻，后来人们仿制了一艘原型实物般的红船。"叫它红船，是因为它是革命的象征。"我终于知道嘉兴除了粽子，还有如此独特的魅力。我要求妈妈拍照留念，我要把这艘红船以及它独特的含义一起牢牢地刻在心里。

所谓"无心插柳柳成荫"，比赛之余的嘉兴红色之旅实实在在地给我上了一堂生动的革命教育课，激发了我对中国近代历史的兴趣。我为自己是中国人而倍感骄傲，也为我们中国是由共产党领导的而充满自豪！

蒋京达/文，五年级　指导老师：王静芳

"复兴号"在飞驰

今年是中华人民共和国成立七十周年。在过去的七十年中，新中国的科技、交通、农业等各方面都在不断地发展。从以前的大哥大到现在的5G手机，从以前的黑白小电视到现在的彩色大屏幕，从以前的绿皮火车到现在的动车高铁……我们老百姓的生活真是越来越好了！

说起高铁，让我想起了妈妈曾经和我讲过，她小时候要去一趟她的外婆家，清晨五点钟就要起床去赶火车了。妈妈乘坐的就是现在我们在电视剧里看到的绿皮火车，火车在轨道上行驶发出"咔嚓咔嚓"的声音，那时候的火车不光速度慢，而且声音响，环境也差。妈妈说，火车还要到杭州去中转一下，然后才开到外婆家，到了那里天都黑了，路上整整要花一天的时间。

时光荏苒，斗转星移，我们伟大的祖国已经发生了翻天覆地的变化。不知几时我国的高铁以恢宏的气势开建了，到了今天我们拥有像"复兴号"这样的高速列车1300多列，是世界上最多的，而且我国的高铁技术一流。现在妈妈再去她的外婆家，坐高铁不用一个小时就能到达。

我第一次坐高铁是在二年级暑假的时候，我们从青岛到北京去。我上了车，发现车上的座位整齐干净，环境宽敞明亮。车子不光跑得飞快，而且非常平稳，几乎感觉不到是在加速还是在减速。我觉得很新奇，就拿出手机想拍张照片留个纪念，突然发现手机电量报警了。我正在为此着急时，爸爸告诉我往座位底下看看。我俯身一看，发现底下居然有一个充电插座。它让我留下了美好的瞬间。欣赏着窗外飞速掠过的风景，不到四个小时我们就到北京了。科技的飞速进步给我们的生活带来了无限的便利。

在今天这个繁荣的时代，高铁的轨道就像是一条时光纽带，一头连接着百废待兴的中国，一头连接着繁荣富强的中国。

任栀墨/文，五年级　指导老师：张莺

大国小家

　　我爷爷和共和国同龄，还是退伍军人、共产党员。爷爷是个非常节俭的人，每次见他，上身好像总穿着那件军装，脚上穿着解放鞋，衣服洗得已经发白。爷爷是新中国和改革开放的亲历者，"吃饱、穿暖、有房子住"是他曾经为之奋斗的梦想。爷爷总不忘叮嘱我们，只有我们的国家强大了，不受欺负，社会和平安定，我们才能安居乐业。

　　爷爷的童年刚好碰上了"三年困难时期"，那时候只能找野菜充饥，每个人都饿得面黄肌瘦。小时候家里条件不好，没有读多少书，爷爷便光荣地参军去了。由于小时候的经历，爷爷能吃苦，在部队表现优异，多次立功。

　　爷爷家的老房子老早推掉了，房子的前半部分是土灶、饭桌，后半部分设了养猪栏和简易厕所，中间用一个橱柜隔起来；另半间作为卧室和储物室，铺了一张木床，爸爸、叔叔童年的大部分时间是和爷爷、奶奶挤在那张床上睡的。收好的粮食放柜子里，这个柜子有时也作为爸爸和叔叔的床。

　　每次爷爷讲完，我都用怀疑的眼神看着爷爷，这是真的吗，太不可思议了，根本不是我能想象的，我们现在过得那可是神仙的日子，吃不完的美食，柜子里穿不完的衣服，住舒适的房子，而我也很想知道爸爸这些年的经历。

　　爸爸是改革开放的同龄人，由于国家政策好，土地实行承包制，爷爷奶奶非常勤劳，爸爸和叔叔也从没有挨饿，过年还能穿新衣服，吃丰盛的年夜饭，新房子也造起来了。爷爷小时候的梦想慢慢成了现实，但爷爷奶奶每年都要给爸爸和叔叔上政治教育课，要牢记现在的生活是因为国家好，政府好，才能有我们现在的日子，爸爸和叔叔也牢记爷爷奶奶的嘱托，认真学习，完成大学学业后，全身心投入国家现代化的建设中。

家是国的基础，国是家的延伸，无数个我们这样小家的梦想，汇成我们祖国的梦想，爷爷的一些梦想已经成为现实，今天开始，我要用自己的刻苦努力，实现属于我们这一代人更多的梦想。

孙梓瑜/文，三年级　指导老师：吴芳

回乡之路越来越好走

我的老家在浙江省建德市城南街道黄岙村！听妈妈说，她跟老爸第一次去老家，坐车到更楼公交车站的时候已经是晚上了，在黑灯瞎火之下拎着鞋子，踩着水过的寿昌江。当时刚下过大雨，江面上唯一的小桥被水淹了。好不容易过了江，又花了大半个小时穿过大片农田，转了不知道几个弯，走过好长一段狭窄的泥泞小路才来到爷爷家。

这段经历让妈妈至今记忆犹新。我们家的老房子造在一座小山坡的半山腰，是整个黄岙村的制高点。二十几年前通往老房子的路非常蜿蜒曲折，等爸爸妈妈到家的时候已经是浑身泥泞，满脸狼狈了。

如今，从我们杭州的家开车出发穿过紫之隧道，就来到了杭州南互通，开上G25高速，一路向西，在新安江互通下高速，开上大约二十分钟就来到了新修的寿昌江大桥，转个弯就到黄岙村了。村里通往家家户户的路也修成了平平整整的水泥路，可以直接将车子开进爷爷家的院子里。汽车一路带着我们奔驰在宽阔整洁的公路上，我们再也不用像二十年前的爸爸妈妈那样回趟老家要弄得满身泥泞，一身狼狈了。

通往爷爷家后山的小径也铺上了水泥台阶，大大方便我去后山探险。妈妈说以前总得为我准备好雨鞋和好几套换洗衣服，才能保证我在爷爷家有干净衣服和鞋子穿，因为黄岙村到处都是黄泥，一如它的名字。

现在我们的回乡之路，用爷爷的话说就是——我们正走在通往小康的康庄大道上，生活像涂了蜜一样甜美！

黄江宁/文，四年级

小渔村的乘风破浪之路

我的家乡位于黄海之滨——连云港市赣榆区，那里的人们世代以"上船"为业，"上船"是当地对去海里捕鱼的叫法。

我的爸爸在杭州工作，但家里很多亲戚和邻居都是渔民。今天，我和爸爸就在邻居叔叔的带领下去参观区里的一个名为"下口"的港口。

来到下口港，远远望去，有数不清的白蓝相间的渔船整齐地排列在港口里。听叔叔说，现在每艘渔船都用上了北斗卫星导航，捕鱼不仅范围更广，而且更安全了。北斗卫星不仅为他们导航，还可以接收天气预警。我问叔叔，以前没有导航的时候，渔民怎么在一望无际的大海找到回家的路呢？叔叔说，以前用木船的时候，只能在近海捕鱼，不能走很远，当天随着潮水去，随着潮水回来，现在即使小一点的机船也能出海一周。捕的鱼更多了，而且更安全。

叔叔还带我到船上参观了呢，现在都使用机械捕鱼了，渔民用捕捞绞机捕鱼，而且有冷藏的船舱，所以可以捕各种各样的海鲜带回来。叔叔说，现在一艘机船出海一次捕的鱼，比以前木船一个月捕的还要多呢。渔民在旺季，一个月可以拿到三万元钱的工资呢。

船舶的变化，使我们可以吃上更多的海鲜，也使渔民叔叔们的收入更高了，小渔村都变成现代化的小镇了。现在的渔民在广阔的大海上乘风破浪，收获满满，这就是家乡渔民的小康生活吧。

尚若水/文，四年级　指导老师：胡香妹

我的奶奶不一般

"有脾气好啊！会发脾气的小孩子才聪明呢！"

"奶奶，我——错了。"

对于我的无理取闹，奶奶没有声色俱厉地呵斥，没有无休无尽地责骂；奶奶的和蔼让我不再怒气冲冲，不再暴跳如雷。我被奶奶宠坏了，奶奶的和颜悦色，让我主动认识了错误，伴我健康成长。

"妈，晚饭都是您烧的，白天又干了那么多活儿，这次的碗我来洗，您快休息下。"

"不用不用，这点事儿还会累人吗？你们吃饱了去玩。平时都很忙，我也没帮上什么，今年也难得在家这么长时间，好好去玩吧。"妈妈被奶奶宠坏了，也不再推三阻四，理所当然地同邻居芳芳阿姨去聊天了。

奶奶"轻松"地洗着碗筷，忙碌中的她，脸上竟满是幸福的神色。起初，我并不理解也不明白，现在的我渐渐懂了。

今年受疫情影响，难得在家中待这么久，按理说，多了我们一家三口，奶奶要做的事情自然就多了，而我却没有看到奶奶的倦容，没有听到奶奶的抱怨，反而看到了奶奶天天挂在脸上的笑容。在奶奶的眼里，即便爸爸妈妈四十出头了，依然是她长不大的孩子。孩子们围绕在父母的身边，对他们而言何尝不是一种最大的幸福呢！

奶奶不仅对家人好，对邻里也十分热心。记得有几次听邻居老太说起过奶奶的过往，现在仍记忆犹新。

在山塘村有一所小学，这所小学离奶奶家的老房子不远。几位老师、一些孩子喝水都成问题，尤其到了夏天，天气极为炎热，孩子们就会到周围人家讨水喝。一次两次可以，次数多了，时间久了，大家也就不耐烦了。大家开始紧闭房门，唯独奶奶家的门一直是敞开的。当时奶奶家里条件不好，但她并没有因为烧开水要用到煤球而心疼，而是每天在下田干活前都把水烧好，盛在大大小小的坛坛罐罐里，生怕孩子们不够喝。有时赶上在家，孩子们刚好来喝水，还要维持维持秩序呢。渐渐地，孩子们自觉起来，偶尔也有老师来喝水，奶奶家不知不觉成了"公共场所"。

现在我才知道，为什么那么多人认识奶奶。在路上碰上面，甚至大老远就会有人喊上一声"青峰nā"。他们的笑容是那么灿烂，话语是那么亲近。关爱家人，孝顺长辈，帮助邻里……许多词都难以概括奶奶的品质。

我的奶奶，一个农民，不识几个字，但是在我的心里，她是那么了不起，那么不一般。

徐悉硕/文，五年级

盛 宴

　　国庆节，我们一家人守在电视机前观看七十周年大阅兵，一列列飞机拖着彩色的气雾划过蓝蓝的天空，画出了一个大大的"70"；一排排军人战士们昂首挺胸，迈着整齐而坚定的步伐通过天安门广场；还有那些国际最尖端、震撼人心的武器方阵，看得我热血沸腾："太帅了，这简直是一场视觉盛宴！"

　　这时，爷爷不知什么时候做好了一碗热气腾腾的红烧肉端过来，笑吟吟地说："饱了眼福，来给你饱下口福！"

　　听爷爷一说，我这才发现肚子早已经在那唱"空城计"了！于是我迫不及待地用手抓了一块红烧肉往嘴里塞。

　　"慢点，没人和你抢！"爷爷一边给我递过筷子，一边感慨道："现在国强了，民也富了，想我们小时候，吃的都是稀饭，偶尔吃上一顿米饭那就高兴得跟过年一样，像这样一碗红烧肉，那就是饕餮盛宴了！"

　　我于是挑了一块最大的肉夹到爷爷碗里，爸爸冲我笑了一下，说："那我也来加个餐！"说完从柜子里提了一个装得满满当当的超市购物袋出来。

　　我顿时眼前一亮："哇，有我最爱的酱牛肉！"

　　爸爸得意地说："还是超市方便，一站式购物，饭都不用自己做了！"

　　妈妈瞟了爸爸一眼，不屑地说："你这都是凉的，我来加个热菜！"

"在哪里？"我好奇地看了看厨房，啥也没有啊！

"别急，我先把酒备上。"妈妈一边说着，一边拿出了一瓶包装精美的红酒，炫耀道："这是我去年双十一秒到的战利品，买一送一，太划算了！要我说，网购才最方便，不用出门，只要鼠标轻轻一点，无论天涯海角，快递送货到家。"说完，她还不忘冲我抛个媚眼。

我们全家都哈哈大笑起来，这时，"叮咚"一声，门铃响了，我跑过去开门，原来是外卖小哥："您好，美团外卖，祝您用餐愉快！"我恍然大悟，原来妈妈的加餐在这里呢，是酸菜鱼，太棒了！

"颜玮城，不如你也给我们加个餐？"爸爸提议道。

我挠挠头，忽然想到了一个好主意，于是拿起手机"咔嚓，咔嚓"，给爷爷奶奶、爸爸妈妈和我们的"盛宴"拍了一张照片，然后我朝他们挥了挥手机说："我把今天的画面拍下来，写下来，给咱们这桌盛宴加一道精神大餐吧！"

"这个餐加得好！"爷爷冲我竖起大拇指，"这桌饭让我吃出了祖国这几十年的变化，味道可真是不同凡响，不愧为真正的'饕餮盛宴'，哈哈！"

"来来来，让我们为祖国干杯！"在一片笑声中，爸爸妈妈不约而同地举起了酒杯。

颜玮城/文，三年级

我们都有一个家

微风习习，
蒲公英的孩子们，
撑着小伞飞向四面八方。
阳光照耀，
豆荚"啪"的一声炸开，
几颗豆儿娃娃，
蹦跳着离开了自己的家。
天高云淡，
一群大雁唱着丰收的歌，
往南方飞翔……

我关切地问他们：
"一路风风雨雨，
哪里才能找到温暖的家？"
他们乐乐呵呵：
"不怕，不怕，
天大地大，
哪里都是我们的家！"

正巧碰上邻居家的大哥哥，

穿着军装，背上行囊，

胸前的红花映衬着他年轻的脸庞。

我关心地问他：

"听说训练又苦又累，你怕不怕?"

他目光坚定：

"不怕，不怕，

强身体，学本领，

才能保卫我们的家!"

噢！我恍然大悟！

我们都有一个家，

名字叫中华!

她山河壮丽，如诗如画，

她和平友爱，繁荣强大!

将来有一天，我也会独自去远方，

我一定会告诉自己：

不怕，不怕，

我的家是中华!

姚乐辰/文，四年级　　指导老师：翟小红

沧海变桑田

我爷爷的家乡是一座美丽的海滨小城——慈溪，坐落在杭州湾畔。

这里，有一座飞架南北的大桥，可爸爸说，这里曾经是一望无际的汪洋；这里，有一片景色宜人的湿地，可爸爸说，这里曾经是杂草丛生的荒地；这里，还有一座高楼林立的新城，可爸爸说，这里曾经是泥沙翻滚的滩涂！

我很难想象家乡的过去，但我深深钟情于它的现在，通达、美丽又时尚。

周末，我和爸爸回到爷爷家，闲暇无事，爸爸便带我去逛新城，你看，这是李宁体育公园：小朋友在追逐嬉戏，年轻人在围坐阅读，老人们在起舞健身，真是其乐融融，休闲自在。你看，这是世纪城购物中心，车水马龙，人来人往，闲逛的、看电影的、喝茶的，真是热闹非凡。你再看，湿地公园，秋风乍起，群鸟飞翔，芦苇花轻轻飘洒在湖面，驯鹿、羚羊、袋鼠和那些不知名的鱼群在自由自在地享受着独有的"生态领域"。

我们驾一艘小船，轻轻飘荡在泛着涟漪的湖面上，呼吸着天地恩赐的纯净空气，深呼吸……负离子在心田慢慢散开，淡淡的桂花香味在鼻尖久久萦绕。

"爸爸，这里以前真的是一片汪洋、一片荒地吗？"我不敢相信地问。

"是啊，随着时间的推移，社会的发展，海塘在慢慢"后退"，从十塘变成十一塘，从十一塘退至十二塘……在这海涂地上，人们挥洒汗水，凝聚智慧，座座高楼拔地而起，配套设施一应俱全，名不见经传的农村变成一座繁华的新城啦！你的爷爷以前靠海吃海，可现在再也不用以捡鱼虾泥螺为生了。大家都说，这是逢着好时代了，我们托了国家的福呀！"

"哦，怪不得爷爷满是褶皱的脸上总是挂着甜甜的笑，那是幸福的笑，满足的笑啊！"说完，我和爸爸也笑了……

抬眼望去，蔚蓝的天空已找不到曾经被污染的痕迹，一切犹如被洗刷过，那么纯洁无瑕。树荫下，铺开一张毯子，我和爸爸背靠背，他打开"学习强国"APP，手机立马传来习爷爷那慈祥和蔼的声音："中国的昨天已经写在人类的史册上，中国的今天正在亿万人民手中创造，中国的明天必将更加美好！"

作为新时代的小学生，更加感受到自己肩上的重任，今天认真学习文化知识，储备知识，积淀力量，让自己变得强大有用，明天才能更好地为祖国建设添砖加瓦。

陈梓佑/文，四年级　指导老师：沈敏霞

我的家乡

　　我的家乡是人人都向往的地方，被称作"人间天堂"，它就是美丽的杭州。

　　几年前，平平无奇的大路上只有花花草草。后来，大路上来了很多"可爱"的建筑工人，他们要建造地铁站，让我们的出行更加方便。叔叔阿姨们为了保证我们的安全，特意在工地外建造了一个很高很高的绿色围栏。慢慢地，慢慢地，地铁站建了一个又一个，绿色围栏也越来越少了。我们坐上地铁，一个小时就可以到达很远很远的地方！这么多叔叔阿姨过年也不回家，放假也不休息！

　　除了大路上多了一个个地铁站，在疫情之后，西湖边多了许多小地摊。这些小地摊里有好多东西，夏天时，地摊上有雨伞、遮阳帽、冰激凌、泡泡机……冬天时，地摊里有手套、靴子、毛绒小狗……我很喜欢这里，每次都让我流连忘返，许许多多游客也喜欢这里，每到傍晚，这里用人山人海来形容最恰当了。

　　国庆节期间，地摊外面有许许多多的志愿者守护在十字路口。红灯亮时志愿者站在内围，行人站在外面。绿灯亮了，两边的志愿者把手拉在一起转到外围，把车挡住，这样行人就可以安全地过马路了。这队形的变化简直神奇，一瞬间就完成了。还有些志愿者会检查卫生，如果有人乱丢垃圾，这些志愿者会提醒他们把垃圾丢进垃圾桶。大大小小、老老少少抽出时间来让我们的生活变得更加美好，这是全世界最幸福的一件事情。

这些年有很多人都因为没戴头盔或者逆向行驶而受伤、死亡，对于这种情况，警方采取了一些措施。很多交警守在每一个路口，检查有没有人没戴头盔或者逆向行驶。行驶者如果违反了一次，可能会得到口头提醒，如果违反了两次，则会被罚款和接受教育。

杭州永远都那么美丽，永远都那么年轻，因为杭州有许多辛勤劳动的叔叔阿姨们。

邹雨辰/文，三年级

回家的路

　　我的老家在余洪，那是杭州建德市的一个小山村。那里山清水秀，民风淳朴，是个避暑的好地方。暑假到了，爸爸送我们到余洪去玩一段时间。上车前，我问爸爸："爸爸，要多久才能见到爷爷呢？""应该两小时以内吧。"爸爸回答。我觉得爸爸肯定在忽悠我。

　　上了高速公路，我发现路怎么变宽了呢？不是两车道吗？怎么变四车道了？不过路变宽了，我感觉车也多了，爸爸谨慎地开着车说："我1999年到绍兴来读书的时候，还没有高速公路，从建德坐车要六七个小时才能到，感觉到绍兴读书是去了很远的地方一样。

　　爸爸说，我们回老家的这条高速据说是全国最美高速，路两边不是青山就是绿水；不是各式各样的小洋楼，就是现代化的高楼大厦。

　　下了高速公路，没几分钟就到村口了，怎么又感觉不一样了呢？哦，原来现在的路两边都种上了树，马路上也干干净净的。再往村里开，怎么小溪对面又有一条新路冒出来了呢？比原先的路更宽更平整啊！爸爸又开始得意地发表感慨了："现在家家户户都有车子了。原来的那条老路太窄了，所以村里又修了这条新路，并且模仿城市的单行线，一条路进村一条路出村，现在新驾驶员也可以放心大胆地开了，并且村里还有人每天清扫，真的太好了！"

　　一条回家的路，爸爸有太多的感慨，这条路承载着爸爸离开家乡去外地求学以来太多的回忆。

　　　　　　　　　　　　　童埠锴/文，一年级　　指导老师：杜红梅

七十年的变变变

　　我的外公出生于 1949 年，2019 年是中华人民共和国成立七十周年，也是他的七十寿辰。他的一生很平凡，没什么丰功伟绩，但他的一生见证了新中国日新月异的变化。他经常挂在嘴边的一句话：我骄傲，我和新中国同岁；我自豪，我们的祖国真是了不得啊！

　　外公出生于海岛的一个农民家庭，小时候家里很穷，读不起书。读书是他小时候最大的梦想。到了读书的年龄，他苦苦哀求家里想去读书，终于如愿以偿地进了村里唯一的一所小学。学校是几间破旧的平房，没有校门，没有操场，一个学校只有两位老师。几个年级都是坐在同一间教室上课，老师上完低年级的课，就让学生做作业，然后上高年级的课。学校的课桌都缺胳膊少腿，椅子坐起来也摇摇晃晃的。每逢下雨，外面下大雨，教室里就下小雨。外公对我说，在那个填饱肚子都是奢望的年代，读书真的是太难了啊！讲到这，他哽咽着，眼眶都湿润了。他说此生最大的遗憾就是只读了三年小学。

　　我的妈妈出生于 1980 年，那时候刚好是改革开放初期。人们生活富裕了，对教育的重视程度也提高了。那时候流传着一句话："再穷也不能穷教育，再苦也不能苦孩子。"到了我妈妈读书的年龄，外公早早地为她准备好了新书包、新衣服。村里的学校已不是当初的模样了。教室是新建的平房，学校有了校门，也有了个小操场。学校里有十多位老师。每个年级都有一个班主任老师。教室的课桌都是完好无缺的。

　　我出生于 21 世纪，我的学校与外公的学校和妈妈的学校，有着天

257

壤之别。我们的学校有气派的教学楼、宽敞的操场，操场上有足球场、篮球场，还有塑胶跑道和升旗台。校园里整洁舒适，绿树成荫，草坪鲜花相得益彰，美丽无比。宽敞明亮的教室，整齐划一的桌椅，还有功能齐全的多媒体教学设施。学校里，图书室、阅览室、电影院、餐厅、体育馆一应俱全。在外公七十岁生日的时候，我陪外公参观了我们的学校。他看到学校的一切，一个劲地说："娃啊，你们今天的一切来之不易，要好好学习啊！"

　　我的外公一生经历了风风雨雨。短短七十年，见证了新中国天翻地覆的变化。

　　　　　　　张芷绮/文，三年级　　指导老师：陈燕萍

绿水青山就是金山银山

中秋节的傍晚，我漫步在外婆家旁的小河边。飒爽金风拂过大地，送来凉意，送来美好。夕阳将火红的余晖铺在河面上，与灿烂的晚霞共舞。河面泛起层层细小的波纹，不时有几只白鹭滑翔着掠过水面，击起一串串晶莹的水花，留下一圈圈荡漾的微波。

沿着河堤的石阶上，有几个农妇在搓衣服，对岸的河堤有个农民伯伯在打水，是要去灌溉院子里的蔬菜吧。远处有几只鸭子在水中央扑棱着翅膀，欢快地叫着。

记得上幼儿园时，这条河看起来没有现在这么宽，河的两岸尽是硬邦邦的泥土，杂草丛生。河上的桥也不宽，仅能通过一辆半的手推农用车，桥下勉强通过农田灌溉的泵船。水面上有不少油污，河里还时常飘过一些动物尸体、空瓶子和腐叶烂草，夏、秋季更是水葫芦肆虐的季节，这些景象和妈妈描述的她记忆中的儿时天堂完全不一样。

习爷爷在浙江做省委书记时，就提出了"绿水青山就是金山银山"的科学论断。我们的政府积极响应号召，大力提倡五水共治。河道设立了河长制，清理了长年累月沉积在河底的淤泥，修砌两岸的河堤，在河中放上优化水质绿植，除去岸边疯长的野草、杂乱的藤蔓，种上了香樟树。

"潇潇梧桐送寒声，江上秋风动客情。"江南水乡的小村庄，幽静又雅致。夕阳西下，悠闲的村民坐在桥墩上，叙家常，说见闻，谈笑风生，格外和谐。

谭芮/文，六年级

259

我家电视机的"升级"史

　　前段时间外公过生日，一家人吃好饭坐在那聊天，聊着聊着就聊起了以前的生活。外婆说她小时候生活很苦，现在的日子真幸福。

　　刚好，弟弟在一旁看动画片，我就问："外婆，你小时候有电视节目看吗？"

　　外婆笑着说："我们小时候哪有你们这么幸福，连电视机这个名字都没听说过。"

　　"外婆，那妈妈小时候有没有电视机啊？"我又好奇地问。

　　妈妈听了笑着说："我比你外婆幸福，妈妈小时候外公外婆买了台黑白电视机，这是咱们村最早的一批电视机，那可是很多人羡慕的东西呢。"

　　咦，为什么叫黑白电视机呢？我心里很纳闷。于是就拉着妈妈的手问："妈妈，黑白电视机是什么样的，快跟我说说。"

　　"那个时候的黑白电视机可是个稀罕物，样子也没有现在的电视机好看，而是方方正正的，很笨重，屏幕也不大，电视频道也少得可怜，只能播放黑白视频，所以叫黑白电视机，不过看里面的黑白动画片，那是妈妈最快乐的童年记忆。"

　　"妈妈，那个时候的电视机好落后啊！"

　　外公听我这么一感叹，眯眼笑着跟我说："你别小看这个黑白电视机，那个时候可受欢迎了。一到晚上家家户户还都上赶着跑到你外公家看电视呢，坐的、站的，挤得里里外外都是人。"

不会吧，有这么夸张，我心里直嘀咕。估计妈妈看出了我心中的想法，也笑着说："你别不相信你外公，那个时候有电视机的人家非常少，记得妈妈小时候电视台播放那个《霍元甲》，人们都早早地赶到有电视机的人家占位子看电视，闹猛劲儿堪比现在节假日逛西湖的游人！"

然后妈妈接着说："过了些年，你外婆他们换了彩色电视机，屏幕大了一些，不过比黑白电视机更笨重，但播放的电视是全彩的，频道也多了不少。后来，外婆家的彩色电视机——"正方形大脑袋"升级成了平板，但是依然有10厘米左右的厚度，还是很笨重。接下来电视机就越来越薄，屏幕尺寸选择也更多了，节目也越来越丰富，让人眼花缭乱，你小时候家里墙上挂的就是这种电视机。"

"妈妈，后来的新电视机我们家有，外公外婆他们没有，我来给他们介绍介绍吧。"

后来的电视机升级成了4K智能电视机，里面有很多APP，可以直接用网络看，可以搜索任何东西，类似我们每天使用的智能手机。我家新换的那款智能投影电视机是最新款，像个小型电影院，它还有人眼保护功能呢！这种电视机会自动感应人体，我靠近它到一定距离，会自动黑屏，一离开，又会自动恢复屏幕。由于这样的设计，我和弟弟就再不能凑到电视机跟前看了，爸爸妈妈这下可以放心我们的眼睛了。不过外公外婆说这种电视机太先进了，他们光听听就糊涂了，然后感叹连连地说现在科技发展的速度太快了，他们都跟不上时代啦！

我发现一家人坐在一起聊天真有意思，通过跟大家的交流，我仿佛看到了一部电视机的"升级"发展史，也看到了新中国成立七十年来发生的翻天覆地的变化！

金倪嘉/文，四年级　指导老师：余舍英

攀登自己的高峰

今天我去看了《攀登者》，影片讲述了中国与尼泊尔争夺珠穆朗玛峰的主权问题时，尼泊尔方面提出："你们都没有登上过珠峰，怎么能说珠峰是你们的？"

终于，1960年5月25日4时20分，在气温极低、氧气稀薄、供给简陋的情况下，中国登山队的王富洲等三人克服一切艰难险阻，成功从北坡登顶珠穆朗玛峰，完成人类首次北坡登顶珠峰的壮举。中国登顶珠峰成功后，尼泊尔终于无话可说。1960年10月5日，中国与尼泊尔正式签署边界条约，珠穆朗玛峰北坡主权归属中国。

电影中最让我记忆深刻的画面：方五洲、曲松林、杰布三人在最后用人梯艰难攀上最高峰，那眼神中的坚毅，那团结的精神深深地震撼了我。在-73℃低温的情况下，曲松林不惧个人生命，冒死赤脚攀登导致最后截肢，这是一种为祖国争光而不畏牺牲的大无畏精神啊！再到后来，因为中国首次登峰没有留下任何影像资料，所以只能重组登山队再次挑战世界之巅，从训练到新队员一次次攀登珠峰的失败，再到方五洲带领队伍攀登成功，那一幅幅危险与震撼并存的画面一次又一次让我捏紧了拳头，一次次叫出了"中国加油！"。

电影最后的花絮中，主持人采访演员吴京，他说："几亿人只想着吃饭的问题，我们这个民族又有什么希望呢？"我觉得这真是一个值得思考的问题。水稻之父袁隆平爷爷、航天之父孙家栋爷爷等，都是我们学习的楷模，是我们心中的英雄，也是引领我们这一代人为祖国奋斗的榜样！

　　在新中国的新时代，虽然我们不用"捐躯赴国难，视死忽如归"，但我们可以"书山有路勤为径，学海无涯苦作舟"，用自己的文化知识为中国的未来建设献出一分力量。

　　　　　　　　　　　　张译匀/文，六年级　　指导老师：潘秀妍

矿泉水瓶的"七十二变"

爸爸喜欢喝矿泉水，经常一箱一箱往家里买，妈妈喜欢收藏矿泉水瓶，总是把家里的储物间塞得放不下了，才依依不舍地扔掉一些。

不久前，爸爸妈妈的这种爱好面临危机。因为绍兴在响应全省号召，积极创建"无废城市"，小区物业要求垃圾分类处理，还鼓励大家将无害垃圾循环利用。爸爸、妈妈和我马上召开家庭紧急会议，做出了一个重大决定：将矿泉水瓶变废为宝。

我们一家三口说干就干，爸爸当医生，妈妈当护士，我当助手，开始给矿泉水瓶做"变身手术"。爸爸把瓶子切成两半，在下半身贴上卡通纸，我在卡通纸上画了一支铅笔和一支毛笔的图案，还给图案上了色，妈妈用胶带纸粘住开口处，防止割手。这样，一个简易笔筒就做成了。然后，我们向更高难度发出挑战，做出了小篮子、漏斗、盆景盆、小垃圾桶、海盗船、喷水器等作品。

看着自己的作品，我脸上有了舒心的微笑。你看，我用我的巧手证明了矿泉水瓶也可以像孙悟空一样，实现"七十二变"。后来，妈妈还想出一条锦囊妙计，让我在这些作品上贴上"无废城市、变废为宝"的字条，然后让我将这些大作品送给小区里的小朋友。

现在，我们小区的环境越来越好，垃圾越来越少，因为大家都明白循环利用是"无废城市"的一个秘诀。只要你有心，废物也可以发生"七十二变"，变成宝物。

董行/文，三年级　　指导老师：史米娜

有这样一所乡村学校

　　我的母校坐落在浙江省开化县桐村镇的裴源村。家乡的怀抱里有连绵的大山、潺潺的流水、蜿蜒美丽的乡村小道……身处其中，我们感到那么安心温暖。一路走来，古朴的村落跟着祖国的脚步，抵抗外敌入侵，历经风雨和沧桑。

　　美丽的祖国母亲日渐强大，她赐予我们越来越幸福的生活，滋润着我们每一个人的心窝。望着窗外，回想三年前刚刚读一年级的时候，学校的大门上油漆脱落，锈迹斑斑；走进校园，左右两块空地上生长的是无人照管的野草；来到操场之后，你会发现球场上竟然连像样的分界线都没有，更别说体育运动的进行和赛事开展了；正对着教学楼，你还会发现楼上楼下的墙面上，多处留着不干不净的痕迹，让人喜欢不起来；教室的每扇木门也时刻散发着陈旧落后的气息；学校的餐厅犹如堆放杂物的仓库；厕所更是臭气熏天，终年积黄，马蜂都来筑巢了……

　　三年后的今天，告别了过去的脏乱差，校园焕然一新，变得美丽动人。学校的大门刷上了新的油漆，银光闪闪；走进校园，不仅左右两块空地铺上了碧绿的草皮，而且学校组建了笼式足球队；来到操场之后，你会发现地面刷上了白色清晰的分界线，更让大家津津乐道的便是阳光体育活动和趣味运动会了；正对着教学楼，你还会发现楼上楼下的墙面贴上了整洁光滑的瓷砖，着实能让人啧啧赞叹一番；教室的每扇木门也刷上了朱红的油漆，重新闪亮登场；学校的餐厅清除了堆积的杂物，入口处镶嵌了一道圆形的拱门，刷上一层洁白的油漆，配上孔老夫子的画像和名言警句，瞬间给人以儒雅正的感觉；厕所改造后，更是来了一个华丽的转身，没有终年积黄，没有马蜂筑巢，没有冲不了水的水箱……有的只是与时俱进、干净整洁和赏心悦目的新型卫浴设施。我想用一句话来形容新时代的新校园，那就是：有这样一所乡村学校，一年一个样，越变越漂亮。

钱欣妤/文，四年级　指导老师：吴靓

黄岩的路

有人说：黄岩变了。这话不错。巨变中的黄岩，日新月异，黄岩的房屋在变，黄岩的人在变……然而变化最大、最快的，非黄岩的路莫属了。

爷爷告诉我，他年轻时，从乡下到黄岩城里来读书，要走很长的路，一段石子路、一段泥土路交替着，遇到下雨天，还不时会踩到烂泥巴，裤腿上都溅满了泥水，鞋子脏得不得了。我都不敢想象当时的情景。

爸爸长大后，虽然有了柏油马路，但是窄窄的，而且马路经常坑坑洼洼的，车子在上面行驶颠簸得很厉害，人坐在车里常常会碰到车顶，有时甚至感觉五脏六腑都移位了。听爸爸说，以前的黄岩城里最宽阔、最热闹的就是青年路、劳动路、天长路了，这几条路贯通的区域也是黄岩最繁华的地段。

随着劳动南路延伸段建成通车，黄岩道路巨变的序幕被揭开了。县前街拓宽了，引泉路出现了，金带路打通了，一条条道路像动脉一样为城市输送新鲜血液……看着来来往往的车辆，我仿佛听到了它们的欢呼声："黄岩的路变了，变长了，变宽了！"

黄岩道路的飞速变化是人们难以想象的。道路设计师们夜以继日，辛勤工作；施工人员不分昼夜，挥汗如雨；黄岩人凭着坚定的决心，终于把"道路"架到了永宁江上。一座，两座，三座桥梁……永宁江水挡不住巨变的潮流，雄伟的大桥连接了永宁江两岸，让我们跨入了永宁江时代。我们可以自豪地说：黄岩的路变大了，黄岩变大了！

　　善于开拓创新的黄岩人不满足于将路建在地上，建在水上，他们还建造了"空中之路"！内环路的建成通车，把黄岩、椒江、路桥三区紧紧连接在一起，半个小时在三区跑一圈早已不是梦，台州这座现代化的城市焕发出了新的生机和活力。从高楼往远处眺望，我好像看到内环路在跑，青年路在跳，横街路在闹，九澄大道在笑……

　　黄岩的路连接了永宁江两岸，也连接了城里城外。路在变，黄岩也在变。我深深地相信：在黄岩人的努力下，我们的道路将越来越宽！

　　　　　　　　　　金峥/文，四年级　指导老师：张莉

一张旧车票

要搬家了，在收拾东西的时候，我在一本书里发现了一张旧车票。

车票的边缘和背面已经泛黄了，正面中间的底色还能看出是浅浅的红色。上面的字迹，除了能看出是从济南出发，终点站是兰州外，别的字都已经模糊得无法辨认了。

我很好奇，拿着车票问爸爸它的来历。爸爸看着它，却陷入了沉思。原来，这是爸爸考上大学后，去学校报到的时候乘车的车票。

1999年的时候，爸爸高考考上了大西北的兰州大学。作为一个在山东农村长大的孩子，他连县城都没有出过，要是一个人去往几千公里外的大城市，爷爷奶奶是非常不放心的。考虑再三，他们决定还是由爷爷送爸爸去报到。

那个时候，火车行驶得非常缓慢。济南到连云港，现在坐高铁，也许五六个小时就到了，那个时候的火车开了四十多个小时。

奶奶怕他们挨饿，给他们准备了充足的干粮——煎饼卷大葱和咸菜。夏天太热，煎饼里只有卷咸菜才不会坏。可是，煎饼太干了，咸菜又很咸，吃完了要喝很多水。他们每个人带了一杯水，很快就喝光了。到了晚上，爸爸渴得受不了，不幸的是这时候火车上的供水也停了。虽然火车上的售货员推着小推车，一遍一遍地"瓜子、花生、火腿肠，啤酒、饮料、矿泉水"来回叫卖着，但是爸爸不好意思让爷爷买——一瓶矿泉水七八毛钱，可学费还有一半是借来的呢。半夜，就在爸爸渴得睡都睡不着的时候，火车在一个不知名的小车站停下来了。

刚停好，外面一堆人就一拥而上，挤在各个车窗外面，手里举着热水瓶、方便面、茶叶蛋在叫卖。原来他们都是附近的村民，专门做这个生意呢。爷爷花了两毛钱，买了两杯水，终于解了燃眉之急。

到兰州后，办好了报到手续，爷爷对爸爸说，我们在车上受了两天的苦，今天我们出去大吃一顿。经过询问，他们来到学校外面小吃比较多的一条街上。他们看着一家家店，从北头走到南头，又从南头走到北头，终于爷爷下定决心似的，带着爸爸走进了一家店，招牌是"正宗鲁南包子"。爸爸说，他们两个从鲁南出来的人，跑到千里之外的兰州吃鲁南包子，现在想想都好笑。但是那个时候，那是他们唯一觉得不会太过昂贵的饭店。除了两笼包子，爸爸自作主张，给爷爷要了一瓶啤酒，并且立刻打开了。爷爷一直埋怨爸爸不该乱花钱，可是爸爸心里，应该是很高兴的。

爷爷买的是第二天回家的车票。当天晚上，爷爷告诉爸爸，他要出去找个地方住。爸爸想让爷爷和他在宿舍里挤一下，可又觉得爷爷打呼噜的声音太大，担心影响新认识的同学，那就让他出去住旅馆吧。第二天一早，爷爷来找爸爸的时候，眼睛里布满了血丝。原来，学校的旅馆住一晚上要三十块钱，他怎么舍得！他想在校园里的石凳上凑合一夜，可是只要一躺下，蚊子就蜂拥而至，所以，他一夜都没睡着。那一刻，爸爸说，他的眼泪怎么也忍不住了。

…………

爸爸拿着车票对我说："然然，这张车票，我一直好好保存着。看到它，就好像看到了你爷爷。"

这是爸爸告诉我的故事，我要好好记录下来。

庞然/文，四年级　指导老师：沈晓宇

270

我的姐姐是"古代人"

早晨，我像往常一样，被一阵美妙的铃声唤醒，我的姐姐则被单调的闹铃声吵醒。我们一起走向卫生间，我打开水龙头，空气能热水器立即为我带来了舒适的热水，而我的姐姐还在等待煤气罐热水器的加热。我很快就洗完了脸，吃妈妈为我从肯德基买的早餐。吃了一会儿，姐姐也来了，她也开始吃妈妈从早餐店买的包子、豆浆。

吃完了早餐，我坐上了爸爸的轿车，轿车又快又稳，不一会儿就把我送到了学校，而姐姐也刚好坐着妈妈的自行车到了，她的鼻子都被风吹红了。

我们一起走进了教室，坐下后我们要开始早读了，学习委员打开了电脑录音，我跟着电脑录音开始读书；班长打开了录音机，姐姐也开始跟着录音朗读……

上课了，语文老师打开了幻灯片投影，为我们展示昨天晚上准备好的课件。数学老师将今天的题目抄到了黑板上，因为板书要背过身去，姐姐就趁这段时间开始转笔玩。"老师，看不清。"我和姐姐同时举手说。拉开窗帘把阳光放了进来，却使投影没那么清晰，也使黑板产生了反光。老师于是走到窗户旁，拉动窗帘，哗——，也拉开了今天学校生活的帷幕。

放学了，我和姐姐回到家中，妈妈将老师发在手机群里的作业告诉我，我开始写作业。姐姐又忘记抄留在黑板上的作业了，妈妈一边教训着姐姐，一边给老师打电话询问作业……

终于写完了作业，妈妈也同意我可以休息了。我启动电视，打开播放记录，选择昨天看的动画片，电视自动跳转到了我昨天看到的进度。过了一会儿姐姐写完了作业，她也打开了电视机，调到少儿频道，但动画片已经播到一半了。"前面发生了什么呀，怎么接不上啊……"姐姐嘟囔着抱怨，但很快也投入到了动画剧情中。而我看着看着觉得有些无聊，中途还快进了一点点。

晚上，我洗漱完要上床睡觉了，姐姐调好第二天的闹钟，也爬到了床上。小孩子总是精力旺盛的，我和姐姐躺在被窝里开始聊天。"姐姐，你那个时候不会连switch都没有吧?"我问姐姐。"ps4都没有。"姐姐说。"啊——"我觉得太不可思议了，"那也太无聊了吧，那……"我还想问点什么，姐姐已经睡着了。我的姐姐是1996年出生的，而我则是2009年出生的，我有时候会想2000年以前的中国到底是怎么样的呢，姐姐不会生活在古代吧。想着想着我也困了，啊，差点忘了。

"Hey，siri，帮我设置一个明天早上七点的闹钟。"

"好的，已帮您设置明天早上七点的闹钟。"

"啊，算了，把七点的闹钟改成七点十分吧。"

"好的，已帮您将闹钟设置到七点十分。"

姜荣强/文，四年级　指导老师：黄小燕

福气满满好"粥"到

农历腊月初八这一天是传统的"腊八节"。

当收到牛通社发来的送腊八粥活动报名成功的短信通知时，我很高兴，就让爸爸去报社领回了五份腊八粥。

第二天下午，我和爸爸提着腊八粥正想着怎么去寻找目标时，忽然在小区门口看到马路边非机动车道有环卫工人在清扫作业，于是我走了过去，大胆叫了一声："爷爷，您好！我是小记者易舒涵，今天给您送一份来自灵隐寺的腊八粥，还有年历一张。您是城市的美容师，您辛苦了！"我一口气说完了之前想好的台词。环卫工爷爷面对突如其来的幸福笑得合不拢嘴，连声说："谢谢，谢谢！"

我和爸爸又来到了我们以前居住过的小区，那里的老人很多。有了之前送粥的经历，接下来第二份腊八粥便很顺利地送出去了。"奶奶，您好！我是小记者易舒涵，今天给您送上一份来自灵隐寺的腊八粥。奶奶说她今年八十五岁了。"说着我将一盒腊八粥递到奶奶的手里，对奶奶说："祝您新年快乐，健康长寿。"奶奶连声说："谢谢你，谢谢小姑娘！"

就这样，我圆满地完成了送粥任务。我了解到，环卫是最普通的职业。环卫工穿着橙黄色的工作服，没有丰厚的收入，但城市不能没有他们。通过这次活动，我也明白了"赠人玫瑰，手留余香"的道理，给他人带去温暖，自己也会收获快乐与幸福。

易舒涵/文，四年级　指导老师：杨统

小巷十年

　　我坐在飞驰的高铁上，望着窗外一座座拔地而起的高楼，记忆如潮水般涌来。

　　我仿佛看见了儿时生活的小巷，那是个偏僻的地方——巷子两边是各种杂货铺，这家五金焊接店的隔壁就是小吃铺，那家烧饼店的右侧是弹棉花作坊。五金店焊接时四溅的火花和扬尘已让小吃店的角落蒙上了一层金属粉尘，一不小心也许能跑进小吃铺放在门口炉灶上的粥锅里，刺耳的焊接声盖住了小吃铺的吆喝声，扎眼的白炽光让从小吃铺出来的人看不清路。棉花作坊和烧饼店的景象也大抵如此……各家杂货铺店门口挤满了小摊小贩的车辆或地铺，路上不用抬头就能看见东拉西扯的电线，路面污水直流，垃圾随意堆放，散发着令人作呕的腐臭味。巷边的店铺用的都是一个个煤球小泥炉，烧出的黑烟笼罩在小巷上方……

　　我沉入回想之中，到站的广播声把我从记忆的海洋里拉了出来，父亲拉了拉我的袖口，说："回家！"

　　时隔十年，我又站在了小巷口。墙上的路牌"××巷"焕然一新，这让我感到一阵欣喜，不由自主地慢慢走进小巷，一副全新的样貌呈现在我们面前。

　　一排排店面干净整洁，墙体是统一的粉白，屋檐用青砖碧瓦搭配装饰。地面换成了特色的石砖路，丝毫没有尘土。头上的电线不见了，取而代之的是安全电箱。小巷建成了实行分类的垃圾站，垃圾房专门有人管理，路两边盛放的梅花散发出一股暗香。曾坐在拥挤的路旁闲谈的老人都挪步去了文化礼堂，这一新去处可以喝茶、下棋、拉家常……远处就可听见爷爷奶奶和小孩的欢声笑语，到了吃饭的时间也很热闹，这些我在从前简直不敢想。

恍然之中我和父母走进了熟悉又陌生的面馆，老板娘感到十分惊喜，大声叫道："回来了呀！"边说边笑着，端上来三碗热腾腾的千张面。老板娘烧面手艺很不错，是妈妈同村人，她知道我们要点什么。"没想到吧，小巷也有了今天，"她笑着说道，"听说有一天，一群穿着制服的人来到这里，督促着村委治理小巷，建设新农村，还要搞旅游事业呢！巷子很快就焕然一新，生意越来越兴隆了，我都用上了智能手机。"说完，她掏出口袋里的手机笨拙地点着给我看，介绍着店面由村里统一设计风格，政府给农家乐经营户发补贴支持经济建设……现在面馆的年收入有6位数，她还计划开分店，老板娘说完哈哈大笑。

望着这条充满生机的小巷，我心中不禁感到自豪，是我们的国家和人民让家乡发生了翻天覆地的变化，我相信全国肯定还有许多这样的小巷，它们串成了一条通往富强的道路。

冯浩凌/文，八年级　指导老师：朱丽娜

枫岭游学，携手共进

　　从宽阔的马路到弯弯的小路，从整齐的高楼到老旧的矮房，从喧闹的城市到宁静的乡村……我坐在大巴上，边欣赏着窗外美丽的风景，边期待着高楼枫岭学校一日行。

　　穿过窄小的小桥，我们跨进了学校大门，这所学校并不像我们学校那样豪华而又美丽，却给人一种很想靠近的亲切之感。放眼望去是一群穿着朴素却不失干净的小孩子，它们脸上挂着天真无邪的笑脸，追逐嬉戏。接下来映入眼帘的是一棵又高又密的桂花树，淡淡的清香扑鼻而来，令人陶醉，我开始喜欢这里。老师安排我们二、三、四年级的同学先去科学实验室做超轻黏土。我快速地捏出了一位身穿花裙子的美丽小公主，我多么希望这里的小女生都能穿上五颜六色的花裙子，变成美丽的小公主，我想她们一定也很喜欢。

　　"丁零零……"又一阵下课铃声响了，同学们不约而同地跑出教室，来到操场。听说这里都是留守儿童，每个年级都只有几个同学。虽然人不多，但是他们却排着整齐的队伍站在我们面前，就像一棵棵挺立的松柏。我们手里捧着自己早早准备好的爱心礼物送给他们。我小心翼翼地抱着我的洋娃娃——我最心爱的小玩伴。我亲手将自己的宝贝递给对面的姐姐，送到她的手里。只见她瞪大了眼睛，"哇"的一声大叫，仿佛在说："我第一次知道，世界上竟然还有这么精致美丽的玩具。"她接过礼物，露出难以控制的灿烂笑容，上上下下看了一番，接着连声说："谢谢！谢谢！"我仔细地打量了眼前这位姐姐，她黑黝黝的脸蛋上有一双黑溜溜的眼睛，怪机灵的。她身穿天蓝色的衣服，衣服显然是穿了几年了，袖子有几分短，也已经褪色了。

午餐后，我们三人一组去农田里拔白萝卜。我们的队长是枫岭学校的一位大哥哥，他顺手从地里拔了一个又粗又长的白萝卜。我迫不及待地也想拔一个，可使出吃奶的劲儿怎么也拔不出来。队长哥哥告诉我，要先把萝卜转几圈，再往上拔。我照着哥哥说的话去做，果然拔了出来。我好奇地问："哥哥，你怎么那么厉害？"哥哥笑着说："我从小就跟着奶奶在农田里干活，这些都是小菜一碟。"我们边聊边拔，不一会儿就拔了一大袋白萝卜。哥哥扛着一大袋白萝卜带我们回学校。学校的工作人员把白萝卜洗得干干净净，然后切成一片片放在大盆里，让我们自己去抓过来装在瓶子里。这瓶白萝卜也是他们送我们的礼物。

原来，这里的孩子这么能干。虽然他们的家庭并不富裕，可是他们却懂得很多我们一点儿也不了解的事情。每个孩子的脸上都流露出朴实、纯真的笑容，他们一定对自己现在的学习和生活环境很满意，所以才能拥有这样的笑容。在这样艰苦的生活和学习环境下，他们都能认真投入，自得其乐。我们又有什么理由偷懒、自我放弃呢？

　　　　　　　　　　陈宸/文，三年级　　指导老师：林琪妮

书桌"进化"史

　　在我的房间里，有一张很大的书桌陪伴我学习。书桌上可以放下八大叠书，还有空间写作业。但是，这么大的书桌还是被我弄得杂乱无章。左边几本书，右边一些笔，前面一堆练习册，留给我写字的地方变得很小了。妈妈收拾我房间的时候，常唠叨我的书桌太乱了。

　　有一次吃饭的时候，我和爸爸又聊起了我的书桌。饭后，爸爸给我讲起了他的书桌史。

　　爸爸扶了扶鼻子上的眼镜，说："我上小学的时候，一张板凳就是爸爸的书桌。它十分小，上面只能勉强放下一本书和一本作业本。写着写着就可能一不小心把字写空或者碰落书本。"听到这里，我想：在这么小的板凳上写作业，可真是不方便！

　　爸爸喝了口茶，接着说："中学的时候，吃饭用的八仙桌就是我的书桌。八仙桌可要比板凳大多了，有一平方米的大小。这个'书桌'虽然大，但是总会被占用。有客人来了，我要让一下；吃饭时间，我又要让一下，不能安心写作业。这个八仙桌毕竟不是书桌，被占用是很平常的事了。"

　　我入神地看着爸爸，爸爸继续讲他的书桌："大学的时候，我终于有一张自己的书桌了——一张写字台。虽然大小只有八仙桌的一半，但不会因为被占用而不能安心心地写作业。不过，和你现在的书桌比，那还是小太多太多了。大学毕业一直到工作，这张写字台一直陪伴着我。"

听完爸爸的故事，我发现这就像书桌在进化，这是我们家书桌的"进化"史。像这样的"进化史"在我们家还有很多很多：早餐"进化史"、服装"进化史"、交通工具"进化史"……它们见证了我们伟大祖国的发展、进步，也见证了我们生活水平的提高！

严恕/文，五年级　指导老师：余晶晶

医学科技，插上飞翔的翅膀

2019年3月14日，对我来说，是一个普通的日子，我像往常一样，背着书包去学校读书。可是妈妈即将去参加一场特殊的"战斗"。

妈妈是浙江大学附属第一医院手术室的一名护士。这天浙大一院34号手术间将要准备做一个被称为移植界"皇冠上的明珠"的手术——心肺联合移植手术。

昨晚，妈妈给我讲了这样一个故事：温州有一个年轻的小伙——阿华，他从小就有心脏病，进出医院成了家常便饭，2018年，新年的一场感冒更是让他病情恶化，游走在生死边缘。在阿华和家人绝望的时候，浙大一院的医生们经过不断的研究，制订出相应的方案，终于决定，要给阿华实施一场高难度的手术——心肺联合移植手术。

早上八点，手术室的无影灯亮起来了，紧张的手术即将开始。手术间摆放着各式各样先进的手术设备，它们各显神通，各司其职：麻醉机——保证病人能在麻醉状态下更好地进行手术，不然手术病人就窒息了；心电监护仪——分分秒秒检测着手术患者心脏的跳动、血压的波动、体温的恒定，有变化了就会发出"嘀嘀"的响声，告诉麻醉医生数据；体外循环机——心脏病人的临时心脏，手术时它代替心脏工作，将血液运送到人体的各个器官……

手术开始了，手术台上的医生头戴专业放大镜，冷静地、有条不紊地进行着每一个操作：开胸，建立循环，心脏停跳，取下心脏、肺；移植上新心脏、肺，吻合血管、支气管，……手术室护士的眼睛紧紧盯着手术，熟练地递上锯子、阻断钳、剪刀、缝线……此时麻醉科医生的双眼就像猫头鹰的眼睛，盯着监护仪上的每一个数据；超声科医生通过另一双眼睛——"食管超声"监测心脏的跳动。

五个小时，伴随着这个新心脏有节律地开始跳动，这场艰难的手术在心脏科医生、肺移植医生、麻醉科医生、体外循环技师、超声科医生、手术室护士的配合下完成了，奄奄一息的阿华从死亡边缘被拉了回来。

大家欢呼雀跃，手术的成功令人欣喜不已。

阿华能熬到现在，不仅是家人的支持，更是祖国医疗事业发展的最好见证，因为一台心肺联合移植手术的成功，需要最好的手术技能、最默契的配合、最先进的设备。

妈妈告诉我中国医学技术早已站到了世界的最高点，妈妈单位的"达·芬奇"机器人年手术量已经好几年是世界"NO.1"了。中国的医生经常给外国医生演示中国的手术技艺，促进交流，取长补短，相得益彰。

医学的发展只是祖国强大的一个小小缩影。我的祖国，正在一步一步走向更加辉煌灿烂的明天！

吴熠帆/文，五年级　指导老师：陈亚萍

一场特殊的阅兵式

　　哇！解放军方阵迎面而来，战士们个个精神饱满，迈着坚定的步伐震撼着世人。紧接着是高大威武拥有顶级科技的导弹方阵，是我们保家卫国的利矛坚盾。天空中忽然响起惊雷，原来是各种型号的战斗机如雄鹰展翅般呼啸飞过。还有许多彩车，展示着农业成果、科技水平、体育成就……各种方阵多得像夜空中熠熠生辉的繁星。

　　可是，怎么后面跟着来了一群三三两两、服装杂乱的队伍？而且好多人似乎都衣衫褴褛，手中的武器还残旧落后。这支奇怪的队伍怎么会出现在如此盛大的阅兵式中？

　　我满腹疑惑，仔细看去，惊讶地发现，一马当先的居然是举着火把目光炯炯的林则徐，他似乎正要赶赴虎门去销毁那些祸国殃民的鸦片。我看见英姿飒爽的秋瑾女士和被誉为民族脊梁的鲁迅先生一同前进，他们为国为民的风姿依然如故。紧接着出现了一位憔悴疲惫的军人，但他依然眼神坚毅，热血滚烫，斗志昂扬。啊，那是伟大的抗日英雄杨靖宇将军！我还看见顶天立地的董存瑞，坚贞不屈的刘胡兰，钢铁身躯的黄继光，在烈火中永生的邱少云，助人为乐的雷锋，"干惊天动地事，做隐姓埋名人"的"两弹一星"元勋们……太多太多有名或无名的英雄们，大步流星地奔赴前方。望着他们的身影，我不由得肃然起敬。他们坚实的足迹，就是我亲爱的祖国在历史长河中浮沉辗转并凤凰涅槃的缩影啊！

　　"先生，先生，请问您为什么来参加今天的阅兵式呢？"我跑上去好奇地问我的老乡兼偶像鲁迅先生。先生慈祥地笑着答道："我是来看沧桑巨变，看中华盛世的。"我又问道："那您此刻有何感想呢？"鲁迅先生笑得很开心，说道："我们这些人把宝贵的一切献给了祖国，很多人甚至不惜抛头颅洒热血，牺牲了自己的生命。如今，我们看见人民安居乐业，国家繁荣昌盛，孩子们都能像你一样茁壮成长勤奋学习，我们就觉得，自己曾经付出的一切努力与牺牲，都是值得的！"

我正想继续提问，忽然耳畔响起了"五星红旗迎风飘扬，胜利歌声多么响亮……"的乐声。我猛地睁开眼，才知道是闹钟响了。啊，原来一切都是一场梦。我望向窗外，旭日普照大地，草木温柔摇曳，早起的人们奔赴奋斗的岗位……我看着眼前风调雨顺、国泰民安的景象，回味着那个美好的梦，回味着那一场特殊的阅兵式，心头涌起了对祖国的无限热爱：祖国，我爱你！我爱你幅员辽阔，地大物博；我爱你历史悠久，文化深广；我更爱你所哺育的，顽强不屈、奋斗不止、奉献不息的民族精神。

王路妤/文，四年级

"大哥大" VS "小天才"

你问我什么是小康，我想和你聊聊外婆、妈妈和我的通信工具，这里就有你想要的答案。

一天，我回到家激动地炫耀我手腕上的小天才手表："外婆，两只手表只要碰一碰就可以加好友啦！"外婆一脸茫然，看着电话手表感慨万千。

外婆说："20世纪90年代，有一种叫BP机的通信工具，它只能接收，不能快速回拨，'call me'成了当时的流行语。后来，出现了叫'大哥大'的移动电话，可它价格逾万，貌似砖头，太多的人还享受不起。"

妈妈笑着说："我读书时候用的手机虽然小巧轻便，但还只能打电话和发短信，刚开始短信只能发60个字，超过了就得一条一条发，没有那么方便，屏幕还很小。"

此时，我低头看了看我的"小天才"，豆腐干大的手表就有通话、学习、定位、视频和支付等很多功能，它的出现似乎成了我们小孩的神器。

从"大哥大"到"小天才"，记录了我们三代人的记忆，科技改变生活，改变社会，改变世界，万物互联的时代正呼之欲出。生活在美好时代的我们真幸福！我想这就是小康吧！

祝思涵/文，三年级　指导老师：俞红丹

美哉中国

曾几何时，我泱泱大国惨遭列强蚕食，腐败、懦弱、"东亚病夫"成了一个民族的代名词。

然而，坚强不屈的中华儿女不畏生死，与侵略者决战到底。狼牙山五壮士、放牛娃王二小、小兵张嘎……多少仁人志士为中华民族的独立和崛起抛头颅、洒热血、献生命。

终于，1949年10月1日，我们伟大的领袖毛主席，庄严地宣布"中华人民共和国成立了"。从此，我们亲爱的祖国走上了壮美的康庄大道。

看吧，"江山如此多娇，引无数英雄竞折腰"。那是如诗如画的大自然之美。看长城，它似一条匍匐蜿蜒的巨龙，又如地球的脊骨，雄伟壮丽，它凝结着无数劳动人民的血汗，那是华夏儿女意志的象征。望黄河，它似一条张牙舞爪的黄龙，逶迤地横卧在我国辽阔的土地上，秦皇汉武唐宗宋祖，都靠着黄河的水成就了千秋霸业。赏泰山，它似一座高耸入云的翠绿屏障，无愧于"五岳之首"的美称，有着"会当凌绝顶，一览众山小"的美誉。

看吧，优秀的中华儿女，多的是百折不挠的奋斗之美。"呦呦鹿鸣，食野之苹"。屠呦呦在经历了190次失败之后，创造性地提取了抗疟药物青蒿素，挽救了数百万人的生命。"衣带渐宽终不悔，为伊消得人憔悴"。历经了23年的风风雨雨，FAST工程首席科学家、总工程师南仁东让巨型"天眼"向世界睁开，让中国的射电天文学一举领先世界10至20年。当印度称中国人登不上珠穆朗玛峰，当214人的登山队只剩下4人时，面对垂直的峭壁和极度的缺氧，中国登山队毅然前行，用血肉之躯在珠峰那"飞鸟也无法逾越"的险地搭起了"中国梯"。当五星红旗终于在峰顶高高飘扬时，他们向全世界宣布：中国人登上了世界第一高峰！

看吧，腾飞的科技，带给我们震撼的蓬勃发展之美。磁悬浮列车的诞生、港珠澳大桥的通车、"一带一路"的建设、炫酷无比的北京大兴国际机场……这一次一次的创举是这头觉醒的东方雄狮向世界证明自己实力而发出的最强音。

今年暑假，我们全家坐高铁去山东老家探亲。听奶奶说，以前在那个绿皮火车的时代，从绍兴到山东要历经14个小时的"长途跋涉"，但现在坐高铁只要4个小时，奔跑的高铁为我们节约了10小时的时间。中国速度，我为你骄傲！

美哉，中国！你让世界的眼睛充满了惊奇。

美哉，中国！你的名字必定响天地，震寰宇！

胡沛祺/文，五年级　指导老师：丁帅英

老旧小区改造

　　随着人民生活水平的提高，环境的变好，人的寿命越来越长，长寿老人也越来越多。他们有些目前住在老旧小区楼房的六七楼，上下楼十分不方便。杭州政府从去年开始出台了一项惠民举措——7层老旧小区加装电梯。

　　在我们身边，浙大求是村就有这样一位老人——王奶奶，是一位独居老人，住在35幢的7楼，她的孩子都在国外工作。虽然她身体还算健康，但因为年纪大，腿脚不便，所以上下楼很不方便，这是她日常生活中最大的障碍。她一星期只能下来一次，每次下来就把一星期的菜买回来。这样，每次买的菜都很重，她根本拿不动，只能去求助社区。

　　有一天，王奶奶突然听说政府要给小区加装电梯，她欣喜若狂。自从有了电梯以后，王奶奶每天可以轻松自如地上下楼梯，和邻居聊天，锻炼身体。王奶奶逢人便夸政府的惠民措施好啊！

　　在小康生活的建设道路上，全国人民都还在继续努力奋斗中。全面小康，我们来了！

任天诺/文，五年级

外婆的梦想

　　我的外婆出生在20世纪50年代，那时中华人民共和国刚刚成立，各种物资极度匮乏。外婆小时候整个国家都闹饥荒，大家都吃不饱，那时候她最大的梦想就是不饿肚子。

　　随着外婆渐渐长大，到了上学的年纪，可是家里太穷了，连学费都交不起，她没读几年书就辍学了。那时候外婆最大的梦想就是有学上。

　　后来我妈妈出生了，外婆心里暗暗发誓绝对不能再让我妈妈饿肚子，也不能让我妈妈没学上。那时正值改革开放，中国的经济开始腾飞，女性也有了更多的工作机会。外婆进了瓷砖厂工作，虽然工作很辛苦，但终于不用挨饿，也有足够的钱供我妈妈上学，外婆的梦想全部在我妈妈身上实现了。

　　再后来我出生了，21世纪的中国经济发展迅速，各种商品应有尽有，我不仅不愁吃不愁穿，还有很多的选择。除了上学，我还能根据我的爱好上各种兴趣班。外婆总是说："我做梦都没有想到还有这么美好的一天。"

　　如今外婆的那些梦想已经一一实现，她不仅过上了丰衣足食的日子，而且还过上了幸福的日子。

刘忆桐/文，三年级　指导老师：许明侦

一碗白米饭

　　我有一个爱"唠叨"的外婆，总在我吃饭的时候，盯着我的碗，不许我把米粒掉桌上，也不许我剩饭。有时，我实在吃不完，便向外婆撒娇以求放过。外婆会一边唉声叹气，一边接过我的碗，把我的剩饭都吃了。吃完还会用方言说一句："唉，罪过啊！"

　　年幼的我，很纳闷。外婆家有房有车，生活条件不错，而且平时外婆都很大方，可为什么就对吃饭这事斤斤计较呢？

　　怀着好奇之心，我拉着外婆，非要打破砂锅问到底。外婆拗不过我，拉着我的小手，带着我"穿越"了一把。

　　原来，外婆小时候，白米饭是"奢侈品"。那时，市场上没有那么多的大米，村里给每家每户按家里人数分粮票买米。可是，买来的大米根本不够家人吃，为了让每粒大米物尽其用，外婆的妈妈只能将精贵的大米熬成粥，分给外婆和她的兄弟姐妹们，让他们尝尝大米的鲜味。但是，一天保证一餐粥也不容易。所以，即便是粥，也是极其珍贵的。大部分时间，外婆吃的是大麦、小麦、番薯等各类杂粮。

　　慢慢地，生活条件稍好了些。原来的一天一餐粥，渐渐地变成了一天两餐粥，偶尔还有白米饭吃。当时，每家每户有个专门用来盛冷饭的竹篮，把中午吃剩的米饭装在竹篮里，等到晚上煮泡饭吃。长辈们一般会把竹篮挂在屋梁上，一方面防止米饭变馊，另一方面也预防家里的"小调皮们"偷吃。可是，正在长身体的外婆总会趁母亲大人不备，冒着被打的风险，"偷"冷饭吃，即使是锅巴也不放过。说到这，外婆的脸上扬起了可爱的笑容，仿佛回到了少女时代。

后来，我妈妈出生了，那时的大米已较为普遍。根据大米质量，大米被分成了四等米、三等米、二等米，数字越小，等级越高。随着生活水平的提高，外婆家的米由四等米逐步进阶到了二等米。

现在，外婆家的米更丰富了：有东北大米、泰国香米、黑米……因为吃了太多的精粮，外婆有时还特意在香喷喷的大米里加点糙米或五谷杂粮。

一碗"简简单单"的白米饭，原来有这样一段"不简单"的演变过程，衣食无忧的我实在是太幸福了！我终于明白，外婆常言，没有共产党，就没有新中国；没有共产党，就没有我们如今幸福的小康社会！的确，唯有累过方知闲，唯有苦过方知甜。

餐桌上的白米饭已不再是过去的"奢侈品"，但外婆对待白米饭的态度依旧没变，珍惜、不浪费……

赵紫睿/文，三年级　　指导老师：陈燕红

红船精神在心中

　　第一次听到"红船"这个词，还以为是一条红色的船呢。现在我才渐渐明白，这条船上承载着中国共产党人坚定不移的理想信念和不屈不挠的奋斗精神，承载着革命先烈们为解救中国人民和解放全中国而流血牺牲的英雄事迹。

　　在中华人民共和国成立六十九周年之际，爸爸带我去参观浙东抗日根据地旧址，告诉我那里就有"红船精神"。一路上，我竖着耳朵，似懂非懂地听爸爸讲红军爬雪山过草地的长征故事，还有革命先烈们浴血奋战、英勇牺牲的英雄事迹。

　　这里青山绿水，风景宜人，几排古色古香的老房子吸引了我，爸爸告诉我那里就是我们要去参观的地方，我有点迫不及待地向旧屋奔去。走进古朴而又安静的庭院中，脚步便不自觉地沉重了起来，因为这里就是革命先辈们战斗和流血的地方啊！望着旧屋里一张张泛黄的老照片，一把把生锈的大刀，我的脑海里一下子浮现出电视里播放的战斗画面。战士们为了胜利，冒着枪林弹雨，勇敢向前冲，他们身上就有一种"红船精神"。

　　参观结束后，我们恋恋不舍地离开革命旧址，兴致勃勃地去爬四明山。弯弯曲曲的山路又陡又峭，远远地望不到尽头。当我们爬到半山腰的时候，爸爸大口地喘着粗气说："好累啊，咱们歇会儿吧。"这个时候虽然我的腿也不太听使唤了，但我心想"山顶"就是信念，一定要坚持到底，坚持就是胜利。"爸爸，胜利就在前方，我们可是革命前辈的接班人啊，走！"我指着望不到终点的山路坚定地说道。在"信念"的支撑下，我们很快就到达了山顶，山顶上有着不一样的美景。

生活中处处充满着红船精神，只要心中有信念，坚持不懈地去奋斗，总有一天能够梦想成真！

孙一航/文，三年级　指导老师：程胜华

爸爸早点回家

相信在白衣天使保护下，我们马上就能迎来春天。

爸爸早点回家吧！

爸爸早点回家

全家人聚集在酒店开开心心地吃着年夜饭，聊着天。大人们分享着一年的点滴，小孩们说着自己在校时的趣事。众人时不时哄堂大笑，又时不时举杯庆祝，其乐融融。

就在碰杯声中，传来了一阵阵不合场景的电话铃声。咦！是谁的手机在响啊？我疑惑的目光不停地在大人们之间游移。大人们都低下头去看自己的手机。突然，爸爸站起来，一脸的歉意："不好意思，我出去接个电话。"便急急忙忙地跑了出去。

不知过了多久，爸爸一脸严肃地说："对不起啊，因为最近的新型冠状病毒肺炎高发，医院取消了假期，要我快点回去。"我一听老爸要去上班，顿时一肚子的委屈，心一酸，说好带我出去旅游的呢。

晚上，我在自己房间里听到爸爸跟妈妈说着什么，妈妈似乎在帮爸爸整理衣物……任性的我渐渐地进入了梦乡。

正月初一，本来应该是穿着新衣服，走亲访友的日子。爸爸和爷爷都回到了工作岗位，原来是白衣天使们收到一张张"请战书"，一颗颗救死扶伤滚烫的心，震撼了我。这种病毒传染性太强，爸爸害怕把病毒带回家，故决定睡在医院。此时我的心头一酸，为我昨天的不懂事而感到惭愧。在与爸爸的视频中，爸爸的模样我已认不出了，爸爸穿上了防护服，全身都被包裹着。由于防护服不透气，爸爸已变得大汗淋漓了。近视眼的爸爸带上护目镜，镜片上已都起了雾。爸爸说脱下隔离服，仿佛像是从水中走出来一样，太热了。爸爸一直跟我们强调着，别出门，勤洗手，下楼戴个口罩，保护好自己，别感冒了……
我一直回答着"嗯"，但不争气的眼泪还是夺眶而出。爸爸加油，所有
的医护叔叔阿姨们加油！你们是最美的天使，你们是勇敢的战士。爸
爸我为你骄傲！

　　原来喧哗的马路、热闹的商场一夜之间沉睡了，变得如此安静。
我相信在白衣天使保护下，我们马上就能迎来春天。爸爸早点回家吧！

翁欣雨/文，五年级

背　影

　　在很多孩子的脑海里，妈妈留给孩子的都是灿烂的笑容，而我的妈妈留给我的总是一个忙碌的、遥不可及的背影。

　　我的妈妈是一名医生，她的工作非常忙碌，每天早出晚归。早上当我睁开睡意蒙眬的眼睛，看到的是妈妈消失在门外的消瘦背影。晚上昏暗的路灯照耀着妈妈回家的脚步，把她疲惫的影子拉得很长很长……

　　2020年年初，因为新型冠状病毒在全国暴发，我的妈妈没日没夜地坚守在自己的岗位上，已经好几天没有回家了。每次打电话问她什么时候能回家，她总是说现在忙，等会再说。没想到除夕那天，妈妈在电话里告诉我：晚上回家吃年夜饭。除夕夜，团聚夜，真是一个令人欢天喜地的日子啊。下午两三点爸爸就在厨房里忙开了，他哼着小曲，忙忙碌碌地张罗着晚上的年夜饭，锅碗瓢盆碰撞在一起，仿佛也奏响了欢快的曲子。我时不时看看手表，时间似乎故意和我作对，走得极慢，我恨恨地盯着那慢慢移动的指针，焦灼、期待的心情一起涌上心头。

　　时间像墙角的蜗牛终于慢吞吞地爬到了下午六点，这个时间段妈妈应该到家了啊，她怎么还没回来啊？难道她晚上又回不来了吗？随着时间的流逝，我的心里忐忑不安，烦躁地生着闷气。

　　晚上八点多，我不经意间朝阳台张望，忽然在昏暗的路灯下，看到了那个熟悉的影子往家的方向走来，那是我的妈妈。我欢呼雀跃，赶紧跑去开门。她拖着疲惫不堪的脚步走进家门，整个人软绵绵地瘫坐在椅子上，眼睛是浮肿的，眼圈是黑的，几根白头发在灯光的照射下显得更加耀眼。几天不见，我的妈妈好像苍老了很多。

吃饭啦！随着爸爸的一声令下，我们一家人围坐在餐桌前开始吃起年夜饭。妈妈刚刚吃了两口，手机响了，她一边应着电话一边急切地往外走："好的，院长，我马上过来。"看着即将离去的背影，我飞快地跑过去，毫不犹豫地扑进她的怀里，紧紧地抱住她号啕大哭："妈妈，我不让你走！求你陪我吃完饭再走吧！"妈妈慢慢转过身抱住我，轻轻抚摸着我的脸，哽咽着说："孩子，这段时间我顾不上你，你要听爸爸的话啊！"说完，她的泪一滴一滴地掉下来，滴到我的眼睛里，和我的泪水融为一体……

我站在家门口，目送妈妈踽踽独行的背影渐渐消失在大雨倾盆的冬夜里，她的脚步很疲惫，但是很坚定，一步步前行着。我知道她的肩膀上担负着沉甸甸的责任。妈妈，女儿不怪你，我已经习惯了你行色匆匆的背影，我相信你和你的同行在这场看不见硝烟的战争中，一定能大获全胜！加油，我亲爱的妈妈。

张芷绮/文，三年级　指导老师：陈燕萍

"电话"里的姑父

2020年是特殊的一年，它悄悄地走来了，身边的一切也都变得安静了。

新型冠状病毒来势汹汹，一场抗病毒战役在全国打响了。

我的姑父，他是杭州市公安局富阳分局的一名刑警。年前，姑父在省外办案出差已经三个多月，过年前一周才回杭州。可他还来不及休息，疫情就暴发了，姑父只在家过了个年，正月初二就又赶赴工作岗位。本来计划好的春节旅行，当然被取消了。为此，表弟还伤心了好几天。

我也挺想念他的，但爸爸说现在连"电话"里都见不着姑父了，我只能叫表弟给我"通风报信"。

有一天晚上，表弟说他爸爸已经准备回家了。

我一看，都已经九点多了，姑父接起电话，说刚刚下班。听得出来，电话那头的姑父很累。我疑惑地问："怎么这么晚才下班?"他笑了一下，说今天是下班最早的一天，一般至少会忙到凌晨两点，甚至还会通宵工作，累了就在办公室靠一会儿，第二天接着干。

我很好奇姑父的工作是什么，既然没有去卡点，怎么会这么忙?姑父说："我们的工作很特殊，在这场抗病毒战役中，我们是空军，乡镇、社区等工作人员是陆军。在陆军大面积排查疑似人员之前，空军先利用大数据和先进的技术手段，精准定位哪些人需要调查走访。这样可以节省大量的人力物力，减少更多交叉感染的风险。我们相互配合，共同作战。"

这让我对姑父的工作肃然起敬，原来高科技手段这么有用！

姑父给我讲了在高速公路卡点工作的同事经历的感人事情。原来高速公路卡口是二十四小时无休的，卡点的同事三班倒。为了家人的安全，也为了能处理突发事件，大家也不回家，轮休了就在办公室打地铺休息。上夜班是最难熬的，凌晨两点多，一辆车子来到了高速卡口，正当大家准备上前询问并测量体温时，车上下来一个瘦瘦的中年叔叔，说："你们太辛苦了，我是来给你们送点热粥的。"说着，从车上拿下来一大锅热腾腾的皮蛋瘦肉粥。在卡点的工作人员瞬间觉得好温暖，有了大家的理解和支持，再辛苦也值得。

我挂了电话，好留多一点时间给姑姑和表弟，他们也已经好多天没见到姑父了……

李依辰/文，三年级　指导老师：郑秋霞

致一线妈妈的一封信

亲爱的妈妈：

　　您可好？

　　已经有六天没见到您了，还记得那天早上天蒙蒙亮，我还在甜美的睡梦里，您就踏着匆忙的脚步，赶去了抗疫一线。都还没跟您打声招呼，想跟您说注意安全，要保护好自己。很遗憾只能在微信里跟您讲这些了：您是我的一盏明灯，带来温暖，带来光明；您是我的一叶小舟，渡走春夏秋冬，渡走酸甜苦辣……可是，当您跨出家门的那一刻，我却哽咽了……

　　当天晚上，爸爸告诉我，您遇到了一个新冠确诊病人，怕把病毒带回家，就留在了医院。听到这个消息，我又一次哽咽了……一滴"水"从脸上滑落，掉到手心里，像打碎的玻璃，深深刺痛了我，我将它碾得更碎了……

　　那天夜晚，我有些失眠，您提醒我们出门戴口罩、在家勤洗手、吃有能量的东西、外出后将大衣放置阳台上晾晒通风的一幕幕放电影般回放着，我再一次哽咽了……

　　妈妈，最近看到晚报上报道，确诊的病人数量越来越多了，您一定要多加小心！您的职业被人们光荣地称为"白衣天使"。记得您对我说过，在2003年，您因为肩负"救死扶伤"的使命，果断参加了抵抗非典的"战争"，那时，我还没出生呢！但这次您的任务，我会和爸爸一起支持您。我在家里每天自主复习，多多练字。在您不在家的日子里，我渐渐学会了煮饭、洗衣服。爸爸说，要我不让您担心，我和爸爸每天在家，没有出门。虽然无聊，但我们觉得不出门就是对您最大的支持。我在微信里，看到有同学一时没忍住跑出去玩，我特意打电话给他们，让他们不要出门，并劝他们的家人也不要出门。我觉得我也是人民的小卫士，和您一样在抗战。

妈妈，相信通过大家的努力，春暖花开、百花齐放的景象，马上要到来了。我和爸爸一定会把家照看好的，请您放心。

叶馨诺/文，五年级　指导老师：周安妮

灯

　　一个再平常不过的冬天夜晚，天空安静得出奇。我看了一圈，找不到一颗星星，倒是有不少的云，倒映着地面的灯光。一辆辆车飞驰在纵横交错的马路上，一盏盏灯从高楼的每一扇窗户中透出光芒来。水池里，锅碗瓢盆在碰撞。洗衣机里，衣服在旋转。婴儿的哭闹声夹杂着妈妈急切的吼叫声。每一盏灯都蹦出一个音符，家家户户组成了一支交响乐曲。

　　突然，整座城市一片漆黑，没有了灯，也没有了声，变得跟这片天空一样的黑暗和寂静。渐渐地，人们开始恐慌和不安：有人四处奔走想要逃离，有人躲在角落不知所措……很快，城市亮了，可亮的却不是灯，一片片绿莹莹的火光在黑暗中闪烁，像是萤火虫在漫天飞舞。有人好奇，伸出手来想捉住它，刚伸出手指，小绿光一闪，飞快地隐入他的身体。不一会，但凡触碰到绿光的人们开始燃烧起来。

　　是的，人们好像变成了巨型蜡烛，整个开始燃烧，痛苦地在火焰中挣扎扭曲。火光溅射，身边的人也跟着燃烧了起来，一个传一个，火势蔓延了开来。此刻，大家都不再乱跑，各自躲在了家中，防止火势蔓延到整座城市。可狡猾的绿光似乎懂得隐蔽，在人们看不见的地方躲藏着。许多人开始毫无征兆地突然燃烧，不一会儿就化作了灰烬。城市的天空飘荡着阵阵哀号，仿佛人间炼狱。

　　哭喊声层层激荡，伴着风四处飘散开来。南山山谷里的一只大蛾子刷地睁开双眼，侧着脑袋听了听这哭喊声，它一声长啸，扑棱着翅膀飞速地往城市上空飞去。长啸过后，四面八方大大小小的飞蛾，黑压压的一片，都往这城市飞来，像是一块黑布，裹住了整座城市。飞蛾们见着这绿色的火焰就扑了上去，用自己的身体和翅膀，一只不够便两只，两只不够便一群，拼了命地去拍灭人们身上的火焰。

火势慢慢地被控制住了，绿光也不再四处游窜。安全的人们有序地待在家中，不让它有机可乘；燃烧着的人们忍着痛楚，集中在一起等待救治。大蛾子像排兵布阵一样指挥着蛾群，东一点西一块地剿灭绿光火焰。看着已被燃成灰烬的人们，再听着火焰中一声声痛苦的呼喊，大蛾子眼中淌下了一滴泪。眼泪里倒映着的，除了满地飞蛾的尸体，还有那扑腾着半片翅膀、舞动着半个身子仍拼命往火上飞扑的同伴。它咬紧了牙，擦掉了泪，继续带着同伴一次次向火里俯冲。

城市再一次陷入黑暗，可是这一次，大家却欢呼了起来。一盏，两盏、三盏、四盏，整座城灯火通明，每个人热泪盈眶，放声高歌，歌声散开了云层，一抹月光从里面钻了出来。月光和城市的灯光遥相呼应，两道光晕的交接处，一群飞蛾的背影渐渐远去，领头的是那只来自南山的大蛾子，拍动着千疮百孔的翅膀，留下一抹疲惫的笑容。

陈洧廷/文，三年级

愿疫情早日结束

窗外
春意盎然：
翠绿的枝条
迎风飘动；
清脆的鸟鸣
回旋于耳。

然而，
如此美景
无人去品，
无人去赏。
我，独坐桌边
对着冷冷的屏幕，
感受不到
阳光的温暖。

愿疫情早日结束，
大家就能重返校园。
老师，不再是屏幕中的
一个个影像；

同学，不再是脑海中的
一段段回忆。

让我们
在操场上自由奔跑，
而不是
戴着口罩、隔得很远；
让我们
在教室里大声欢笑，
而不是
在虚拟的群里默默打字。

愿疫情早日结束，
老师和同学欢聚一堂；
愿疫情早日结束，
医生和护士归来；
愿疫情早日结束，
各行各业正常运转。

倪溯飞/文，六年级

最美的笑容

你的双臂像麻花一样卷起，你只能在地上艰难爬行，那件早就褪色的棉袍被磨得发亮。你脸上的疤痕是那么触目惊心，那姿势好像导致你整张脸都变得扭曲。你拿着路人扔掉的泡面桶当你的钱罐。一见到行人，就使劲地摇动那泡面桶，即使发不出清脆的响声。

那天，你听到"新型冠状病毒"预防一线人员物资供应紧张，很多人排队捐款，你看着一张张红色纸币进入红色的捐款桶。你的心抖动了一下，你的喉结像桃核一样不停上下移动。

你以平常的姿势爬到那里。他们看到你了，有些人以为你在乞讨，因为你平常就是这么做的，有些人拿钱让你去别的地方。不过你第一次没有像以前那样用你的泡面桶冲他们摇晃。

你心里着急了，你忘记今天没有吃早饭，中餐是从垃圾桶里捡来的半个馒头。"我来捐钱，来捐钱！"他们愣了一下。

此时一个女孩抱着红色的捐款箱向你跑来，蹲下去，对你灿烂地笑，她浑身上下都散发着高级化妆品与青春的气息，那笑像含苞待放的玫瑰……

第一次，这么美的人对你笑，你知道这个笑是完完全全属于你的。

你慌了好一阵子，快忘记来干什么了，一时间没有反应过来。

你用肮脏的手伸进红色的泡面桶里，把全部的硬币拿出来，十来个油腻腻的硬币缓缓地放入红色的捐款桶，发出清脆的声音。

杨欣乐/文，八年级　指导老师：张静

307

瘟疫作怪，还以众志成城

2020年的春天，注定了不平凡。疫情以迅雷不及掩耳之势袭击了大江南北，不断增加的一串串数字令人触目惊心……

众志成城，白衣拂来。疫情，像个大泥潭，人们一个接一个地掉了进去。这个新年，是不同寻常的一年，每一天，我们都在和病毒战斗。我们可能是陌生人，也可能是朋友，但到了与病毒抗争的战场上，我们每一个人都是战友！

看看这战场上最勇敢最可爱的人——白衣天使们。他们不顾危险，履行着医护的职责，时刻坚守在自己的岗位上。他们以无畏的勇气、坚定的信念、惊人的毅力感染着战场上的每个人。当我们走进他们的心扉，就会知道，白衣天使们太不简单了，他们也有亲人，他们也会产生对家的牵挂，心中也会闪过一丝担忧：万一我被感染了，我的孩子怎么办……但更多的，是作为白衣天使的使命感和责任感，他们牺牲了太多太多，坚持着救死扶伤这个信念。

众志成城，布衣在线。星星之火，可以燎原。那是布衣轻盈而又沉重的脚步，我看到了高龄老人与幼龄儿童放下捐款扭头而走的动人情景，看到了高校学生到第一战线而毫无怨言，看到了韩红尽心竭力支援武汉，看到了华人华侨买下口罩邮寄给中国……

油油绿草，清风拂来，将往日的平静打破。海面共长天一色，这是生命的力量，是厚积薄发的力量，是众志成城的力量。

汪伟奇/文，六年级

窗　外

今天阳光灿烂，阳光透过窗户一束一束地洒落在我的桌台上。虽是正月，我却百无聊赖。我放下手中转了又转的笔，走到窗边，望向窗外，车水马龙的景象早已消逝不在，有的只是满地的枯枝落叶。而今天却是农历庚子年正月初一。

我知道这"归功于"电视里说的新型冠状病毒疫情。每天早上起床的时候，我都听到新闻中报道的"全国又新增多少病例"，大家都陷入新冠病毒所带来的恐慌中，没人敢出家门。我家也不例外。

突然，一辆面包车从马路那头缓缓驶来，原来是一辆宣传车，车上有一个大喇叭。喇叭正播放着宣传口号："拒绝扎堆，不图一时热闹，但求平安健康！""少出门，少聚集，勤洗手，勤通风。"……我静静地看着车慢慢开过，车里有两个人，依稀可以看到他们戴着严严实实的口罩，专注地盯着前方。也不知他们已行驶多少公里，仍然站在抗击病情的战线上，为我们宣传防御病情的方法。此时我多么希望我也是其中一员，不仅可以走出家门，还可以为社会做力所能及的贡献。可是妈妈说，政府、学校都规定学生一定要居家，不能直接参与抗疫行动。

我不禁想起了武汉的那些医护工作人员，他们不分昼夜地站在守护人民的第一战线，放弃了与家人一起的时光。我想，他们肯定和我一样，希望望向窗外时，看到的是脸上洋溢着微笑的人们游走于每一条大街小巷。这是一群值得大家尊敬的勇士，我为他们加油，为他们自豪，希望他们能够早日研发出疫苗。

转身回到桌台，窗外依旧阳光明媚，我心中饱含敬意。

金羽涵/文，五年级

谁是最可爱的人

　　亲爱的：告诉我，谁是最可爱的人？我大声对着冷冷清清的街道喊！小雨羞涩逃跑，鲜花低头不语。挚爱的：告诉我，谁是最可爱的人？我抬头对着天空高声地问。白云悠悠走开，群山静静耸立。告诉我，世界上最可爱的人在哪里?!

　　蒙蒙细雨的清晨，露在被子外面的手指有些冷，"突突突"的三轮车声由远到近打碎了沉寂，收垃圾的"老树皮"爷爷，他照常来了。我把半个脑袋探出窗外，喊："今天这么冷，爷爷你怎么还出门呀？"他麻利地做着手中的活，头也没有抬起来。我缩了回来，正犯嘀咕……一个苍老而又沙哑的声音在耳边响起："孩子，多睡一会儿，千万不要感冒，不要出门。"我探出一个脑袋，借着微弱的车灯看见爷爷的皱纹更深了，眼睛泛着慈祥的光。见他唠唠叨叨的似自语，又像在对我诉说。"新冠病毒很严重，儿子是医生去了武汉，儿媳也跟着去了，我老头子只能在家做这些粗活。想着多为人们做点事，心里就充实。""隔离户可千万不要靠近！不能靠近！"爷爷忽然大声念叨。

　　我偷偷跟着爷爷，看到他敲开了那扇贴有"住家隔离户"的大门，顺手拿走一个戴着黑口罩红毛衣的人递过来的两大袋垃圾，放入了红色的垃圾桶。我的鼻子一酸，泪水不自觉地滑落，心底发出一个浑重的声音："老树皮爷爷是最可爱的人！"小雨认真附和着，鲜花欢喜应声道。

　　我来到村口，看见六七个穿着红外套的志愿者，站在临时搭建的灯笼棚里正吃着泡面，一个高鼻子爷爷零乱的发丝上带着雨滴。泡面已经没有热气了，看着他布满血丝的双眼，我知道他显然又熬了一个通宵。见了我，他打雷似的吼了一声："戴口罩！回家去！"忽然房子又惊又喜地开口说话："他们是最可爱的人！"

一辆巡逻的警车开了过来，车里的人拿着喇叭喊道："村民们请注意，一律不许外出！一律不要听信谣言。不许聚众喝酒搓麻将。不要随意乱吐痰！出门一定戴口罩……"

我轻声自语："警察叔叔是最可爱的人！"

为了点亮万家灯火，白衣天使筑起了爱的城墙，警察叔叔日夜守护，志愿者纷纷献爱心，我眼前一亮：坚守在抗疫一线的人们，是最可爱的人！其中有我敬爱的老师们，我的弟弟妹妹、哥哥姐姐们。我要向他们学习，响应号召，居家防疫，做一个最可爱的人。今天是元宵，我端着一大碗汤圆送到了守在村口的暖心棚里……此时群山呼应，白云欢笑，抗役必胜。

俞棽威/文，七年级

荷叶——献给所有医护人员

夏天的西湖，最抢眼的就是那出淤泥而不染、濯清涟而不妖的荷花了，可有谁会注意到那衬托着荷花的荷叶呢？

红花与绿叶，构成了一道独特的风景。粉嫩的荷花在水中绽放着自己的美丽，既妩媚又不失优雅，由苍翠欲滴的荷叶点缀，使其在百花之中独具一格。

可是所有人只记住了素雅的荷花，又有谁能想起普普通通的荷叶呢？在我们的生活中，也有一些像荷叶一样的人，他们默默守护着我们和我们的祖国，他们就是——医护人员。是谁，在人们生病时给予关心？是谁，在祖国有难之时挺身而出？是谁，在前线需要支援时奋不顾身？是他们，是他们，还是他们。他们为了人民的安全，义无反顾地选择请战，而我们却只记住了那些并没有做什么的明星。他们就似那被我们遗忘的荷叶，但他们依旧没有怨言，默默为人民、为祖国母亲做贡献……

世上哪有什么岁月静好，不过是有人在替大家负重前行！

金奕霏/文，五年级

世间最美的坚守

　　除夕夜吃完年夜饭，我们一家人在客厅看春节联欢晚会，其乐融融。突然，一个特殊的节目吸引了我，其中"武汉疫情""新型冠状病毒"等词语引起了我的不解。妈妈告诉我："这是一种可怕的病毒性传染病，虽然武汉的情况最严重，但是全国各地也都有人患病了，为了保护自己，我们这几天最好不要出门。"

　　我的脑海里闪现了无数个问号。病毒真的那么可怕吗？只有武汉最严重吗，为什么我不能出门？天天待在家里，岂不是很无聊？

　　第二天，我哭着喊着要去外面玩。妈妈摇摇头，给我展示了如今医生们在医院看病时的装扮。每个人把自己包裹得严严实实的，头上套着防护帽，脸上戴着护目镜和口罩，身上穿着带拉链的白色防护服，手上还包裹着白色橡胶手套。我吓了一大跳！这还是白衣天使吗？简直是电影里参加生化大作战的战士啊！看来，这病毒来头不小，的确可怕。连医生都怕极了这种病毒，我赤手空拳的，再也不敢去外面晃荡了。可是医生既然怕，为什么不躲在家里呢？我转念一想，不，这是他们的使命，也是他们的责任。没有他们，谁来为我们奋战在前？没有他们，谁来为我们冲向战场？没有他们，谁来为我们对战病魔？他们不能躲，也不会躲！当普通人在温暖的家中躲避疫病的时候，他们在离病魔最近的地方作战。我的敬佩之情油然而生，为这些坚守战场，由白衣天使化为白衣战士的医护叔叔和阿姨们。

　　过了两天，无意中，我又在妈妈的手机上看到了这样一张照片。

在一个狭小房间的地板上，挤着十来个穿着防护服的医护人员。他们有的枕着手臂，有的直接仰躺在地上，有的靠在别人身上，在这样艰难的环境中争夺着每一分每一秒宝贵的休息时间。我的心灵被深深地震撼了。他们为了我们，没日没夜地作战，吃不好，睡不好，却不说苦，不喊累，这是一种怎样的担当和情怀！

我听妈妈说有一位叫吴小艳的医生阿姨，本来已经踏上了回乡的路，但是得到消息后，她毅然返程，理由是：她还没成家，没牵挂。可她清楚地知道自己还有父母和朋友，只是在这样的大灾面前，她咬咬牙决定成全大爱，暂时放下牵动着她的心的小爱。爸爸也告诉我，他们瑞安中学的校友张文宏主任医生，本可以不去一线病房值班，为了发挥共产党员的先锋模范作用，他自己带头去一线作战，并带动了一大批党员医生。虽然我不太懂共产党员的含义，但我听过，也知道这一定是一群遇到什么事情都冲在前面的伟大的人。我还亲眼看到，依旧奋战在一线的八十多岁的钟南山爷爷含泪鼓励大家，只要医生坚守战场，大家配合居家隔离，万众一心，我们终将战胜病毒。我怎能不为之感动，我甚至好几次湿了眼眶。是的，我不敢出去，我不能出去，我更不忍出去，不愿出去！我不能拖后腿，不能成为"叛徒"，否则，我如何对得起这些无私奉献、坚守战场的战士？我能做的，仅此而已。

我不知道如何向这些白衣战士表达我的敬意，他们的伟大，让我看到了即使是脆弱的生命也可以筑造起一堵坚不可破的墙。他们在坚守，这是世间最美的坚守，是舍弃小家成全大家的坚守。

陈宸/文，三年级　指导老师：林琪妮

"宅家" 也是一种幸福

2020年初，新型冠状病毒感染的肺炎疫情暴发，全国各地都采取了封城措施，热闹的大街瞬间变得冷冷清清。我们只能有计划地出入小区，其余时间都宅在家中，怪郁闷的。但自从一星期前发生了那件事后，我忽然觉得"宅家"也是一种幸福。

我的爸爸妈妈都是医务工作者，他们每时每刻都冲锋在抗击疫情的一线，救死扶伤，毫不松懈，每天很晚才回家。可最近以来，我发现衣橱旁多了一箱整理齐全的衣物，以及牙膏、牙刷等日常生活用品，一派旅游前的准备。我不禁感到疑惑：难道在这样紧张的情况下，爸妈还要去远足？我一直有那样的想法，直到——

"咦？爸妈怎么没回家？"

时钟已指向六点，按平时他们早应该回家了，可今天他们却迟迟未归。我原本觉得爸妈只是稍稍有点忙，不久应该就能回来的。我便在客厅里来回踱步，等待着他们的到来。

六点一刻、六点半，快七点了，早就过了饭点，可依旧没瞧见爸妈的影子，我不禁担心起来。钟声嘀嗒地响着，空荡的客厅里回响着急促的脚步声，我的额头渗出了密密的汗珠……我不时地到阳台上搜索他们的踪迹。可除了阴暗的天空，几盏闪烁着微光的路灯，其余什么也没有。我跑回客厅，拨通了妈妈的电话，可等了许久，总是"嘟——嘟——"的忙音。如此往复。我准备自己先吃饭时，忽然听见了响亮的敲门声。我眼前一亮，仿佛获得了一线生机，迫不及待地打开了门——妈妈回来了！她额头上覆盖着细密的汗珠，眼中充满血丝，脸上口罩的压痕还清晰可见，她搭着我的肩膀喘着粗气道："啊！儿子对不起，我回来晚了。我们医院刚被一个疑似病例困扰，现在刚刚排除，太幸运了！我们的确诊病例没有增加，人们也可以少一份担忧……妈妈再叮嘱你一句，假如我被隔离了，你就把衣橱旁的那个箱子带来……"听到这里，我的表情一愣，扭头一瞧那个原本被我认为去旅行用的箱子。原来，它是爸妈为了不时之需而预备的。他们竟然做好了随时被隔离的准备！真不愧是"白衣战士"！他们在我心中的形象更加高大了。

不要认为宅家很闷，相反，你是最安全的，因为有许多像我爸妈一样的"白衣战士"，为我们的生命保驾护航。我们宅在家中，也为抗疫工作出了一份力。"宅家"也是一种幸福。

张博文/文，五年级　指导老师：钟慧萍

一米爱

一场抗疫一场战，
蒙面超人回校园；
好久不见很想念，
相隔一米情不变。

一人一米进校园，
排队检查保平安；
作业交到指定点，
课间有序一米间。

用餐时刻最关键，
一人一桌一米远；
文明用餐食不言，
吃完餐桌净如前。

放学一人一米走，
家长等在安全线；
一米健康一米爱，
远离病毒和危险。

陈天右/文，三年级

老阿婆

夕阳的余晖染红了西边的整片天空，老阿婆拖着矫健而瘦小的身体，提着一袋她亲手做的口罩，迈着蹒跚的步伐，来到了村口的防疫卡点，慈祥而又和蔼地说："小后生们辛苦了，加油！今天就这么多，明天我会更努力，争取做得更多……"

话要说回前几天村两委会的疫情防控情况分析研究会，会上年轻的小张书记说，我们村人口近万，大部分在外经商或打工，其中有一部分在湖北及武汉，加上传统大节（春节），人员流动较大，疫情防控情况复杂，形势严峻，但迫在眉睫，刻不容缓，为了打赢这场无硝烟的战争，怎样使村民们既懂防疫知识，又能听话自觉地遵守防疫纪律，敬请广大党员干部群策群力，献计献策。讨论会有序地进行着，大伙议论纷纷，七嘴八舌，场面非常热烈。忽然，一位阿婆扶着沙发的扶手，站了起来，声音洪亮地说："我今年九十多岁了，生在旧社会，长在红旗下，见证了新中国诞生、成长、繁荣的过程，人民安康，社会安定，干部有责，我们每一个党员干部在任何时候都应成为民族和国家的中流砥柱，这件事情由我来办。"这掷地有声的话语一下子使会议室安静了下来，顿时与会的干部们把万分崇敬的目光投向了这位德高望重的老阿婆。接着老阿婆介绍了自己的具体做法，大伙都竖起了大拇指，啧啧赞叹。

第二天，"五星红旗迎风飘扬，歌唱我们亲爱的祖国……"一曲《歌唱祖国》的旋律从村门口千年古樟树上的大广播里传来，接着村支书喊话了："村民同志们，你们好，今天我们要举行一个无聚会的特殊升旗仪式暨为古樟戴口罩仪式，目的是让大家知道戴口罩的重要性和自觉遵守防疫纪律，你们不要出来，在家里待着听着，透过窗户可以看看。"仪式第一项、第二项……接下来播放村里老阿婆的讲话录音。阿婆说："当今新冠病毒肆虐，预防新冠病毒的有效工具之一口罩，目前有些村民不愿意戴。因此，我又重新拿起这把剪刀，剪了一个巨型口罩，给我们村的守护神——千年古樟戴上，并举行特殊而又隆重的仪式。良苦用心，请晚辈们细细斟酌。眼下口罩非常稀缺，每天我会再拿起剪刀，尽自己最大的努力，剪出更多的口罩，放在村口卡点，供大家急用，为大家、为防疫献上一点绵薄之力……"

阿婆的声音在村子上空久久回荡，此时，我隔窗望去，鲜艳的国旗下，一个浅蓝色巨型口罩戴在了古樟上，"少外出，勤洗手，戴口罩……"的标语格外醒目。这个仪式和阿婆的讲话犹如一次正确宏大的指挥，传进了每个村民的耳朵，流进了每个村民的心田，表现在每个村民的行动上。

朱凯迪/文，四年级　指导老师：张胜启

第十二辑

小康路上

与太奶奶和爷爷的谈话，让我跟着他们的回忆，
看到了小村庄七十年的巨变，
它是中国的缩影，
也是中国几代人努力的成果。

我的小康生活

我问爸爸："爸爸，小康生活是什么？"爸爸回答说："小康生活是指介于温饱和富裕之间的生活，是最美好的生活状态。"

今年过年时，我回到瑞安，高高兴兴地和爸爸妈妈乘车去看望长辈。路上车来车往，高楼林立，我的心情也欢欣雀跃。

突然，一片老旧的房子出现在我们面前。砖瓦结构的老房子只有两层，有一个大院子，感觉破破旧旧的，很久没人住了。妈妈指着其中的一间房子说："这就是妈妈小时候住过的房子，那时候的房子就是这样的，和现在的高楼大厦没得比。"

我不禁感叹，现在我在杭州生活的家与眼前的房子差别可真大！这时，爸爸接上话茬，说："我小时候生活在一个小乡村，住的房子跟这差不多。小乡村条件差，我当时只上了四年的村办小学。"说到这里，爸爸脸上露出了自豪的表情，继续说下去："后来啊，我凭着自己的努力考上了瑞安最好的初中、最好的高中、浙江师范大学，还读了研究生。长大后还凭着自己的努力，通过了公务员考试，才能够带着你来到杭州生活。"妈妈也说："爸爸当时可是他们全村唯一的本科大学生呢！"

这时，"哗啦"一声，车子停在了长辈家门口。我想：我现在的生活真是美好和幸福，但以后的生活还要靠自己去拼搏。我以后也要凭自己的努力，让我的小康生活更上一层楼。

金璟洋/文，四年级

小康路上，我们幸福的生活

我一直有一个问题，什么是"小康路"？于是我问爸爸："爸爸，什么是小康路？"爸爸回答："小康路就是现在的幸福生活。你看现在城里到处都是钢筋房，砖块房。再看看我小时候，有钱一点的住砖头房，穷一点的人家只能住瓦片屋。"听了爸爸的话，我觉得我现在的生活可真幸福呀！

接着我又问妈妈："妈妈，你眼中的小康路又是什么？"妈妈回答："小康路就是幸福的生活，你看你现在家里玩具都堆成山了，可我们小时候哪来这么多玩具，有些人只能玩泥巴。还有，你看，现在家里手机、手表、电视机、平板电脑等样样齐全。我上小学以前连黑白电视机都很少见呢！"

听了爸爸妈妈的话，我觉得小康路就是现在幸福的生活。两个平板电脑，一个上网课，另一个做作业、玩游戏，玩具堆成了一个"大方阵"，还得看我什么时候有空去"宠幸"它们。

课外书、工具书、作文书、教科书，摆满了一整个大书柜。面巾纸、湿巾纸、餐巾纸分门别类，数不胜数。衣柜打开，琳琅满目，款式繁多。这可能就是我们的小康生活吧！

我要珍惜我现在的幸福生活，更加努力地学习。就像歌词里说的，有梦的少年好幸福，有梦的国家会强盛。要让梦想成真，没有捷径，只有奋力拼搏，努力攀登。

寿恩赫/文，三年级　指导老师：周文峰

小康路上

2020年是极具里程碑意义的一年。在这一年，我们将全面建成小康社会，实现第一个百年奋斗目标。

记忆追溯时光，还忆得起，老家门口那条每天都会经过的普通小径，几年前它还只是一条坑坑洼洼的石子路，下雨时会形成一个个"小池塘"，让过路人十分痛恨。这条小径就像是一位饱经风霜的沧桑老人，经历了无数的风吹雨打、寒来暑往，依旧十分安然，然而几年后的今天，这条返老还童的小径，摇身一变，变成平坦宽阔的水泥路，茅草屋也已被整齐划一的平房和别墅取代，道路两旁还栽种了高大的行道树和茂密的灌木。站在道路尽头回望，我仿佛看到了几代人的传承，瘦弱的老爷爷背着装满蔬菜的箩筐在不停地叫卖，虽然步履蹒跚，但眼神里却满是坚定。挺拔的中年大叔挎着公文包，骑着自行车驶向工作单位，眼睛里燃起了熊熊火焰。俊秀的青年开着小轿车，哼着悠扬的乐曲，眼睛里充满了对未来的希望。普通的小径折射的是整条小康之路，脚下的大道以及现在的安稳与幸福生活都是几代人奋斗的结果，有人耗费了青春，有人捐献了钱财，有人付出了劳动，甚至有人奉献了生命。路是大伙拼命建成的。

小康路上，处处是风景，一路留有芳香，芳香久凝而不散，努力经年而不消。愿我们砥砺前行，共赴幸福的彼岸。

金羽涵/文，五年级

我心中的小康

　　每个人对生活的追求是不同的，我心中的小康生活就是每家每户衣食无忧，不仅吃得好穿得漂亮，而且生活很开心，可以到处旅游。

　　听爷爷奶奶说，他们小时候连饭都吃不饱，过年的时候有块红烧肉吃就已经很奢侈了。住在地面都还是黑泥土的房子里，每天还要下地干农活。当时的学堂破陋不堪，外面下大雨，里面下小雨。一支短得可怜的铅笔都要珍藏着不舍得用，平时练字尽量在地上用树枝写。

　　如今，一栋栋高楼拔地而起，高架桥、高速公路上各种车辆川流不息。我们坐在宽敞明亮的空调教学楼里学习，老师用 iPad 操作大黑板上的液晶屏……

　　国庆节，我到农村外公家，感受最深的是高科技给农业带来的巨大变化。"嘟嘟嘟……"一架无人机正在广阔的稻田上飞行，外公说：这是无人机在喷洒农药。它有三头六臂，忙碌地在空中来回穿梭，让绿中泛黄的稻田翻滚起层层波浪，稻穗们乐开了花，似乎在感谢无人机为它们除害虫。别看无人机小，干起活来可厉害啦！听农民伯伯说，一小时约能喷洒农药三十亩。有了这智能无人机，不仅节约了人力，还节省了农药，更节省了时间。另外，它还能进行施肥、播种、辅助授粉等多项作业。

　　我们要珍惜越来越美好的小康生活，从点点滴滴做起，勤奋学习，勇于实践，去创造更加幸福的未来！

王奕茹/文，三年级　指导老师：董若为

小康路上的你我他

"一年将近夜，万里未归人。"今天是除夕，家家户户团圆，每个人都穿新衣，吃年夜饭，小孩子还收压岁钱。小区里家家户户灯火通明，人影闪现……

我吃着外婆做的饭，奶奶做的面，不禁想到了在前线的妈妈，她吃了吗？睡得好吗？

拨通视频电话，看到她带着N95口罩，穿着防护服，一只手还拿着体温计，但上眼皮浮肿，挂着浓浓的黑眼圈，从面屏边上的鬓角露出了*丝丝花白*！

"你为什么只穿着防护服呀？"我疑惑地歪着脑袋问妈妈。

"我们要把最好的防护装备留给最危险的医务人员！"沙哑的声音，略带疲惫。这就是我的妈妈。

身后又推进来一辆平车。"先不跟你们说了，又有病人进病房了。"妈妈说着便挂了电话，虽然憔悴疲劳，但眼神坚定，没有丝毫的恐惧。

合上视频，不禁想起妈妈出发前的晚上，她回家整理衣物，我跟在她屁股后面，一句话也没说，妈妈起先没注意，直到她走到洗手间，我跟到洗手间，妈妈才发现我的异常，蹲下身来，轻声问我："怎么了，宝贝？"我忍不住哭了，带着哭腔："妈妈，您去前线不怕吗？要不还是别去了吧！"

爸爸也走过来了："就是。医院那么危险，你请个年假不就好了！"妈妈笑了笑，轻轻地摸了摸我的头，看着我们："怕！可妈妈是一名医务工作者，职责所在，义不容辞，这样才能保证我们身后的百姓过上安心的小康生活。"

"保证我们身后的百姓过上安心的小康生活。"我反复咀嚼着这句话，迷迷糊糊中不知不觉进入了梦乡。

第二天早上，一缕阳光从窗缝里钻进来，调皮地拨开了我的眼帘，推开窗户，一阵寒风送来了梅香，显然严寒、冰霜都不是埋没花开的理由。

于是我翻遍了角角落落，整理了一些消毒水和口罩，还有矿泉水，爸爸也无声地走过来，和我一起走出家门。

小区门口，许多志愿者和保安站在门口测体温发口罩。他们戴着口罩，穿着颜色鲜亮的红马甲，背上绣着几个黄色的大字——"抗疫志愿者"。他们手里拿着口罩，时不时地分给小区里走过的人，而风依然刮着……

"您好，请出示一下健康码，并测下体温。"这时从绿帐篷里走出两位志愿者把外卖的车拦下来，量体温出示健康码后才放行。

"叔叔们，喝点水吧！"我走过去把水递到他们手里。

我想：正是因为有了像他们一样的抗疫者，才有了百姓的除夕团圆、阖家幸福的生活，才有了萧山人民幸福的小康生活。

钟昊宇/文，六年级　指导老师：何松蕊

小康生活，我们来了

　　小康生活是现在全国人民努力奋斗的目标。自从党的十八大以来，全国人民在习近平总书记的带领下，日子越过越红火，物质生活越来越富足，文化生活越来越丰富。

　　在我看来，小康生活主要体现在衣、食、住、行、医等各个方面。

　　在"衣"字上，从以前的粗布、带补丁的衣服变成了棉、桑蚕丝等材质的衣物，做工也更加细致，使我们穿得更舒适。

　　在"食"字上，从古代、近代吃的红薯、粗粮馒头、各类面食等，变成现在种类繁多的素食、水果和各种各样的鱼类、肉类等。我们现在吃得越来越营养，越来越健康。

　　在"住"字上，从曾经的土屋、瓦片房、小砖屋等，变成了高楼大厦，有各式各样的风格，既美丽又舒适。

　　在"行"字上，我们有飞机、高铁、高速公路、地铁等非常多的交通工具提供便利，而以前的老百姓只能步行，贵族也最多能骑马、坐马车、牛车、轿子等。

　　在"医"字上，从曾经破旧不堪的手术台，现在变成了干净、洁白的手术台，我们国家更是拥有了像"和平方舟"这样非常先进的海上医疗平台。

　　我们已经搭上了小康生活的"快车"。加油吧！我们每一个人都离小康生活越来越近，让我们一起用努力和汗水创造一个崭新的小康中国！

郭珊莹/文，四年级　　指导老师：胡王达

小康，我们来了

　　1950年，舟山，一座海岛古城从沉睡中苏醒，乘着强劲的改革春风，用新桃换旧符，从跨海大桥时代走向自由贸易新区，一声长鸣，高铁也即将喷薄而出。他正以稳健的步伐，大步迈向小康生活。

　　全面小康，既要有物阜民丰的一面，也要有底蕴深厚的文化和精神。说到深厚的文化底蕴，不得不拿出我们舟山的金名片——"海天佛国"普陀山，中国佛教四大名山之一。山上金沙、奇石、洞壑、潮音、幻境浑然一体，山海皆胜。美丽的自然风景和浓郁的佛教气氛，使它蒙上一层神秘的色彩。这里常年僧徒朝拜不断，香火旺盛。静坐台前，一缕缕青烟升起，如同一股清风，荡漾在每一个角落，给人一种"本来无一物，何处惹尘埃"之感。所有信徒虔诚祈祷着，风铃声在耳边回荡……

　　风尚的精神文明，也是小康社会的一大文化特色。古人曾说"论礼乐，正身行，广教化，美风俗"，这正是其所强调的，团结一心才能化风为俗，以文明风尚，滋育主体，引导大众。这也是我们舟山创建全国文明城市的原因。所有人一起，保护设施，打扫环境，蓦然回首，建筑集聚，屋舍俨然，全民打造了一幅"美丽乡村，诗意舟山"的画卷。在这个不平凡的2020年，医院里，白衣天使套上厚厚的防护服，筑牢一线的"防护墙"；炎炎的烈日下，电力工人顶着酷暑，在十米之高的杆顶上维护电力设备；道路上，环卫工人为我们的城市增光添彩……

深厚的文化底蕴，先进的精神文明，呈现出舟山步入全面小康后的新面目，这些文化的凸显，表达了我们舟山人民一颗向上向善向美的心！

全面小康为文化书写新篇章，为山村找寻新出路，为城市建设打造新模式。我拥吻色彩曼妙的舟山文化，使其化作一缕春风，涤荡城市的每一个角落。让我们逐梦的脚步永不停歇，乘风破浪再谱新篇。小康，我们来了！

王柯力/文，七年级

走在全面小康的路上

改革开放以后，中国经济飞速发展，人民的生活水平也在不断提高。作为一名2010年出生的城市孩子，我从小吃的是白米饭，坐的是小汽车，看到的是高楼大厦，不知道贫穷是什么滋味。不过，从祖父辈的讲述中，我感受到了贫穷时那种苦涩艰难的味道。忆苦思甜，今天的美好生活告诉我们，全面小康来了！

小康就是吃得饱吃得好。爷爷告诉我，他年轻的时候都还不知道吃饱是什么感觉。当时由于农业种植技术落后，一年基本只能种一季水稻，如果不幸遇上自然灾害，那一年估计都别想吃口白米饭了，一家人就靠地瓜充饥。爷爷每次看到电视上播放袁隆平爷爷的新闻，都会眼里闪现泪光，激动地说："真的要感谢袁隆平啊，是他让十几亿中国人吃饱了饭。"

小康就是跑得远跑得快。爸爸告诉我，2000年他只身一人从福建来杭州上大学，坐着哐当哐当的绿皮火车，要一天一夜。碰到放寒假回家过年，经常需要到火车站连夜排队买票，买不到坐票，就只能买站票。在春节返乡的火车上，许多没有座位的人，一到晚上就干脆铺张报纸打地铺睡觉，所以那时的绿皮火车是又慢又脏又拥挤。而现在从杭州回老家，高铁都修到我们老家门口了，早上出发，傍晚就到了，七小时跑一千多公里，真的拉近了我们与老家亲人的距离。

小康就是变美变幸福。这次国庆节，我跟家人一起去东阳的天山村游玩。我们沿着盘山公路开了半个小时的车，才到达山顶。没想到，这么高的山上，藏着这么美的一个村庄，一排排楼房，白墙黛瓦，整齐地排列着。村道都是干净整洁的水泥路，村道两旁种满了绿植花卉。听外公说，以前的天山村贫穷落后，连生活用水都要用桶从山下背上去，所以当时有"嫁女不嫁天山村"的说法。不过，今天的天山村已经大变样了，家家户户都开起农家乐，做起乡村民宿。菜是农民们自己种的，家禽家畜是农民们自己养的。国庆假期更是有不少游客慕名而来。今天的天山村，就是中国新农村的缩影，村如其名，变美了。乡村旅游让村民们腰包鼓了，生活变幸福了。

2020年是我国脱贫攻坚的收官之年。从城镇化到新农村，从老百姓衣食住行的不断变化中，我们可以骄傲地说："全面小康，我们一直在路上！"

翁泽恺/文，五年级　指导老师：陈园梅

小康在路上，听我们的声音

什么是小康生活？

妈妈告诉我，在外公小的时候，不要说读书了，就连饭也吃不饱，有时候甚至连野菜和菜根都吃。为了让家里有饭吃，有个小小年纪的兄弟跟同村的亲戚一起出去，就永远没有回来。

爸爸告诉我，他小时候每天上下学得走一个多小时的乡村小路。那时候的路坑坑洼洼，高低不平，很难行走，特别是雨天，路就会变得更加泥泞。

现在的我每天不光能吃上妈妈精心准备的美味可口的饭菜，还能吃上新鲜多汁的水果，喝上新鲜的牛奶。如果家里遇上高兴事，还能去酒店里边庆祝边享受美食，一家人其乐融融，生活幸福美满。

整个城市面貌更是焕然一新，处处五彩缤纷，城市里的大楼越建越多，像雨后春笋般拔地而起。一条条马路笔直宽阔，纵横交错。到了夜晚，绚丽的霓虹灯把整个城市装扮得更加迷人，广场上的人们载歌载舞，好不热闹。

农村里自然环境也变得更加美了，人们的衣食住行条件也有了很大的改善，家家户户住的不再是土泥巴房，而是既宽敞又明亮的大瓦房或是小楼房，家里电视机、冰箱、空调等各种家电也样样俱全。

我们在享受小康生活的同时，更应该珍惜这来之不易的幸福生活。我们要好好学习，长大了把家乡建设得更加美好，更加富足安康！

周天宇/文，四年级

继小康旗，扬中国梦

中华文明绵延几千年，一直有先贤伟人们前仆后继，去实现大同社会的理想，去建设小康社会的蓝图，如今我们的祖国更是安康富强，充满希望。

记得去年劳动节，爸爸带着我回老家（下管芦山）摘樱桃。沿路观望车窗外的风景，爸爸一直感叹变化真大！先前路两旁的自然村落，都是散落在田间地头的低矮旧瓦房，现在都变成了别墅洋房，鳞次栉比地镶嵌在青山绿水间，一派新农村的气象，旧貌留在了昨天，迎人的全是新颜。听爸爸说，爷爷就是从这个小山村走出来的，阿太当时退休回村，是村里第一户种植樱桃的，带头致富。所以村里树龄最大的樱桃就是我们家的，爸爸说着这些过去的事，满脸自豪。

去地里采摘樱桃是最开心的事。樱桃树下还有很多覆盆子等野果，看着满山满树红艳艳的樱桃，我想起了一路热情打招呼的叔伯阿姨，丰收的喜悦洋溢在他们脸上，不就像这樱桃一样吗？把日子过得红红火火，幸福而充满希望，不就是我们一直在追求的小康生活吗？通过几代人勤奋与努力的灌溉，坚韧与智慧的建设，让青山更青，绿水更绿，家乡更美，人民更安，社会更富，祖国更昌！

小康生活是什么？阿太说是老百姓生活平安稳定，爷爷说是能感觉到生活幸福快乐，爸爸说是祖国富强昌盛，要我说，应该是除了前面的，还要有志可立、有梦可追，有蓝图可绘。这才是真正的小康。

岁月长河将我们从最初的兴起带到现在的强大，继实现了小康生活后，中国梦的提出更是顺应了时代的需求。一个人若是没有梦想跟咸鱼有什么区别？一个民族要是没有梦想那更是可悲的！只有自强不息坚定梦想的奋斗才会让我们的祖国变得更加强大。习主席说："实现中华民族的伟大复兴就是中华民族近代最伟大的中国梦。"所以我们要坚定信念，为梦想扬帆起航。拥有了梦想，就要为之不断努力，让梦想开出成功之花。

　　"路漫漫其修远兮，吾将上下而求索。"我们作为祖国母亲的孩子，理应接过父辈祖辈们的旗帜和火炬，怀揣着坚定的信念勇往直前，去努力实现"中国梦"。即便前面是"雄关漫道真如铁"，我们都会"而今迈步从头越"！

张棐炟/文，五年级　指导老师：朱伟芳

扎马村巨变

小康社会是什么？查阅百科才知道，"小康"一词最早出自《诗经·大雅·民劳》："民亦劳止，汔可小康。"原意是人民已经很劳累了，差不多可以让其休息一下了。康是指安乐、休息、安宁。现在的小康社会，是中国创造，是一个经济发展、政治民主、文化繁荣、社会和谐、环境优美、生活殷实、人民安居乐业和综合国力强盛的社会。

扎马村，宁波北仑新碶的一个小村子。村名来自一个神仙在此扎马的传说。村子有几百年的历史，住着虞姓子弟，也是我爸爸出生的地方。

太奶奶九十四岁了，没读过书，但是性格刚毅。她眯着眼睛，额头上有像小溪似的皱纹，用她那干裂、粗糙得像松树皮一样的手在我光滑的脑袋上抚摸，思绪回到了六十年前："以前我们都是农民，当时还是生产队，那时候收割水稻用打稻桶，是用人力把稻谷甩下来的。一天下来，手割破的口子无数，手臂肿得第二天都抬不起来，可是劳作了一天也就得七八个工分，孩子们吃饱都困难。20世纪70年代后，村里到处都通了电，慢慢地，电气化和机械化设备进入了农业，粮食产量提高了，劳作也轻松了。千禧年以后，我住进了村里免费提供的老年房，这里干净舒适，还有自来水，家用电器样样齐全。我年纪大了也不用愁，每月都有钞票拿，生活幸福有保障，真要谢谢政府和共产党，党比亲人还要亲。"

结束了和太奶奶的谈话，我一路小跑去找爷爷。爷爷是老党员，快七十岁了，岁月的流逝夺走了他不少头发，但是军人出身的爷爷依然严谨、忙碌。他现在退休了，还在村里担任党支部干部和老年会会长。

爷爷听了我的来意后，说："这个活动真好，你应该多了解一下过去的艰苦和不易啊！"爷爷搬来两把小板凳，让我坐下。他清清嗓子，缓缓地说："小时候我们喝的水都是河里挑回来的，水里总有股味道。当时大家都盼望着下雨，人们称雨水为天水，这水很珍贵，只用于饮用，平时都不舍得用。到了20世纪80年代，村里有了送水车，人们都能喝上干净的水了，但水定量供应，缺水现象依然很严重。90年代以后，村子发生很大的变化，低矮破旧的房子不见了，大家都盖起了两层楼，自来水引入了千家万户。2000年以后，村子拆迁，我们都搬进了三层小别墅里，这里不仅有干净的自来水，还有直饮水和热水，这些都是社会主义好啊！"看着爷爷脸上的微笑，我似乎能体会到爷爷满足背后的艰辛。

回来的路上我心潮澎湃，虽然我不是出生在扎马村，但与太奶奶和爷爷的谈话，让我跟着他们的回忆，看到了小村庄七十年的巨变，它也是中国的缩影，是中国几代人努力的成果。

虞岳/文，五年级

全面小康，我们来了

今天是妈妈的生日，晚上外婆准备了丰盛的生日宴。

饭桌上，鸡鸭鱼肉一样不少，还有我最爱的湖蟹！我不禁咽了一下口水，迫不及待地吃了起来，看着我狼吞虎咽的样子，一家人都笑了，外婆一边帮我剥着湖蟹，一边感叹道："现在真是赶上了好时光，我们那个时候过年都还没有现在吃得这么好！"我放下筷子，疑惑地看着外婆问道："外婆，那个时候你都吃什么呀？"外婆叹了口气说道："我们那个时候正好赶上三年困难时期，家里兄弟姐妹又多，平常只能喝点粥，吃点蔬菜，逢年过节才能吃上点肉。"我转过头看着妈妈问道："妈妈，你那个时候吃什么呀？"妈妈笑着说："我那个时候比外婆好一些，逢年过节都能吃到鱼和肉。我记得过生日的时候，外婆都会给我煮一碗面条，还加一个鸡蛋呢。"我兴奋地问道："那一定还会和同学们一起去肯德基、麦当劳聚餐吧？"爸爸一听我说完，噗地笑出了声："肯德基、麦当劳在那时可是奢侈品哦！一个汉堡就要九元九，吃饱一顿要花上二三十元。那个时候大人们一个月的工资也就三百多元，这么奢侈的一顿饭只有在儿童节或过生日，我们才能独自享受一顿。"外婆接着说："现在大家都过上好日子了，这是以前都不敢想的。"

在吃完饭回家的路上，我望着车窗外道路两旁高楼林立，路上车水马龙，以及熙熙攘攘的人群，心中不禁感叹道：幸福安康的生活就是我们都期望的小康生活！全面小康，我们来了！

李奕澄/文，五年级　指导老师：胡方强

我和我的祖国

长大些，家人带我用双脚去丈量祖国的大好河山。

江山如此多娇，让人为之眷恋。

祖国母亲的"私藏"

电视机前的"蹦蹦床"铺着厚厚一层瓜子壳，我、妈妈、妹妹早早守着电视机，等待中华人民共和国成立七十周年阅兵式的开始。

十点整，仪式正式开始。我们连忙暂停了嗑瓜子项目的进程，紧紧盯着屏幕，就怕错过了精彩的地方。首先映入眼帘的是孙中山和毛泽东两位伟人的画像，接着，我看到了一名名挺拔的军人像笔直的松树挺立着，正气凛然的眼神仿佛一把把尖锐无比的利剑，让任何敌人在他们面前都无处遁形。"披着红衣服的英雄"——五星红旗缓缓而来，在我的心头洒下名为自豪的种子。虽然我叫不出那些先进武器的名字，但是我知道它们很厉害，既能保护我们，也能保护世界！

祖国母亲因为有了这些保家卫国的"儿子"才能够平静安稳，而祖国母亲的独家私藏更是琳琅满目，绚丽多彩！

祖国母亲把宝藏藏在山川之中。

黄河，那自由自在的黄皮肤巨人。他个头大，常常控制不住脾气，挥动拳头使劲地把目之所及的所有事物摧毁，但是祖国母亲有她的训导方式，黄河学会了摊开坚硬的拳头，用柔软的双手轻轻抚摸沿途的山川大地，滋养万物生灵。

"聪明"的黄山就像个造生之地，虽然黄山上动物稀有，但黄山用它自己独特的艺术方式把平凡的石头变得妙趣横生。"仙人指路""狮子抢球""金鸡叫天都"等，这都是黄山送给我们的艺术品。

祖国母亲把宝藏藏在历史之中。

我见过兵马俑，栩栩如生的兵马俑在能工巧匠的手下被细细雕琢。我也见过万里长城，雄伟壮观的长城在劳动人命的血汗中层层堆砌。我希望还能看到那些在历史里藏着的宝藏，我还有很多时间去寻找它们。

　　祖国母亲把宝藏藏在我们的胸前。

　　看阅兵式的时候，我戴上了鲜艳的红领巾，国旗缓缓上升，我也从我的"蹦蹦床"上跳了起来，向老师说的那样"站如松"，紧紧盯着那面旗帜。我想祖国母亲一定也把她的宝藏——复兴之梦放在了我们的胸前，我们每天戴着它上下学，它时刻激励我，关爱我，陪我嬉戏，陪我成长。等我长大了，我还会让这个梦想变为现实，看来我得快快长大。

　　一想到黄皮肤、黑眼睛的我也是祖国母亲珍贵的"私藏"之一，我就开心了起来。

丁希语/文，三年级

爷爷的祖国和我的祖国

我的爷爷是一名老炮兵，在爷爷的老相册里有一张家乡的老照片。

照片上马路很窄，旁边的房屋就像一个个放了很多年的木头盒子，已经有些残破不堪了。最高的房子才两层楼，远处的杆子上有一块斑驳的公交车站牌。马路旁停着两三辆自行车，电瓶车和汽车居然一辆也没有！想想放学时我们学校门口小轿车排起的长龙，那时候的孩子上学是怎么去的呢？

一家百货店的门口有一块小黑板，上面写着一些密密麻麻的粉笔字，不像现在都用电子广告牌啦。家家户户门口都有一个绿色小盒子，爷爷说那是用来收放报纸的。想看新闻直接在手机上看不就行了？爷爷说那时候连电灯电视都很少见，手机更是想都不敢想的东西呢！

那时和现在比起来，真是差太远了。从照片上可以看到，楼房之间间距很小，都是小弄堂。有很多木结构的房子，市区没有明显的规划设计。与现在宽敞的马路、鳞次栉比的高楼大厦形成鲜明的对比。那时的房子大都是低矮的老式建筑，和现在的房子比起来，那真是小巫见大巫了。那时路上的绿化植物也没有多少，而现在市区的绿化覆盖率明显上升。

特别是以前的桥，那么窄，护栏也不高，多危险呀。现在家门前的桥，有四车道可供机动车通行，边上还有人行道，护栏上挂满了可爱的喇叭花。

爷爷对我说，他热爱自己的祖国。他参加过对越自卫反击战，在

345

当年国庆阅兵大典时走过天安门前，那是他最自豪的事情。

我对爷爷说，我也热爱自己的祖国。我去过渤海、黄海、东海和南海，看到辽阔的海岸线、繁华的都市、壮丽的跨海大桥，那是最让我骄傲的时候。

我们热爱的祖国不太一样，一个百废待兴，一个繁荣昌盛。我们热爱的祖国，其实也一样，它有一个振奋人心的名字——中国！

沈周宣铮/文，四年级　指导老师：陆凌燕

五星红旗，我为你自豪

金秋九月，又是一年升学季！今年我已经三年级了。

开学第一天晚上八点，我和爸爸一起津津有味地收看了中央一套播出的《开学第一课》。

开场小学生合唱团用嘹亮的嗓音唱响了《国旗国旗真美丽》，我愿变朵小红云，飞上蓝天亲亲您——国旗。

中国第一代登山运动员夏泊渝，登上珠穆朗玛峰，让中国五星红旗一次又一次在珠峰顶上高高飘扬。我们为他自豪！

可爱的团团、圆圆，她们的爸爸是海军，在亚丁湾护航。三艘邮轮被许多海盗的小艇包围，中国海军及时出现解救出人质。"这里是中国海军，这里是中国海军，This is the Chinese navy！"海盗听了铿锵有力的警告吓得落荒而逃。五星红旗又一次飘扬在亚丁湾的海空。

开学第一课教导了我们热爱祖国。五星红旗是伴我们成长的有力后盾，我们要把五星红旗带到更高更远的地方。

郭巴特/文，三年级　指导老师：朱志娅

钱塘江

母亲河——是您呐
世人知晓您，是因为
您的潮是天下第一奇观。
滔天浊浪排空来，翻江倒海山可摧。
我从它们的口中，
依然听到溢美之词。

可是，
我远比他们更早认识您，
更透彻地了解您。
从我呱呱坠地的那一刻，我便落入您的怀抱，
温暖而又舒心。

我深知，是您
哺育了我，
哺育了世世代代居住在您身边的我的祖先。
人们都喜欢依山傍水
而我们喜欢依靠和守护的
是您呐。

我们眼中的您

时而狎浪儿童，横江士女，

笑指渔翁一叶。

时而叹鲸时而叹鲸鲵未翦，戈船满岸；

蟾蜍正吐，歌管倾城。

但更多的时候，

是风平浪静，海晏河清。

因为，是您呐

我的母亲河。

我们见过您盛装舞步的完美姿态，

也见过您

褪去浮华偏居一隅的朴素柔光。

因为在长久的岁月中，

是我们在相互陪伴。

我不去讴歌，

但是对您的赞美与敬仰

将深深地烙印在我的心中，

成为一生无法忘却的信仰与图腾。

俞文博涵/文，二年级　指导老师：沈佳

349

听听，我的祖国

暑假里，爸爸妈妈带我出国旅行。坐在回家的高铁上，我看着窗外一座座高楼大厦一闪而过，又看了看身边用手机在逛淘宝的爸爸，听着高铁划过铁轨的声音，渐渐进入了梦乡……

"冲啊！"这是我们共产党员在战场上浴血奋战的声音。鲜血洒在了红旗上，红旗高高地飘扬在空中，是战士们用鲜血和生命保卫了我们的国土，建立了新中国！

"轰隆，轰隆！"这是机器轰鸣的声音。一座座瓦房倒下，高楼大厦拔地而起，高铁在城市间穿梭，火箭飞上了月球，飞进了太空。新中国从贫穷落后变得富强和繁华。

"滴滴！"这是支付宝扫码的声音。出门带上手机似乎就能搞定一切，小到买菜买饮料，大到商场购物，做生意结算。现在是信息化的时代，这一点我们中国领先于全世界！

"咚次咚次！"这是奶奶外婆们跳着广场舞的声音。大街上人来车往，斑马线礼让行人，高楼里亮着灯的窗口传来一阵阵欢声笑语。小区里垃圾分类，街道上整洁干净，这是我们中国人文明和谐快乐的日常。

旅行让我很快乐，外面的世界很精彩。看着站台上来来往往的人群，回想起刚才梦中的景象，我的耳边回响着这些动听的祖国之声，不禁暗下决心：好好学习，快乐成长，在未来为中国梦发声。

陈洧廷/文，三年级

我爱您，祖国

2019年的国庆，是中华人民共和国成立七十周年，意义非凡。

回顾这七十年，新中国筚路蓝缕，披荆斩棘，摘掉了"东亚病夫"的帽子，迈向新世纪强国道路。我们创造的一个个奇迹，令世界各民族艳羡。你瞧，穿透罗布泊上空的蘑菇云动人心弦，香港、澳门的回归鼓舞人心，一颗颗航天卫星在太空遥相呼应，2008年五十一枚奥运金牌熠熠生辉。

伟大的祖国，载着秦时明月汉时关的战鼓声，载着革命先烈的嘶吼声，载着文人墨客的浅诵低吟，载着改革开放和党的十八大的召唤声，以日新月异的变化和惊人的速度飞奔向前。我们浙江也不例外，积极响应党的号召，这两年，局面越发喜人。

这个国庆，我来到了外婆家。咦，外婆家的河怎么如此清澈？原来的河两岸杂乱无章，杂草丛生。可现在却绿树成荫，河水也清澈见底，如同一条透明的蓝绿色丝带。

妈妈告诉我，这些年来，我们牢记习主席的话，坚定"绿水青山就是金山银山"的发展思路，实行五水共治，建设美丽浙江、创造美好生活。

原来如此！难怪我们学校门前的那条河也脱胎换骨了。之前河面上会有很多脏乱的漂浮物，现在都消失得无影无踪，还时不时看到一些老爷爷在钓鱼呢！城市的马路一尘不染，绿化花园随处可见。看来这就是生态建设让我们尝到的"绿色生态"的甜头啊！

如今的我们生活在这样一个繁荣昌盛的时代，怎能不感谢千千万万华夏儿女的携手努力，书写了盛世华章！

听，国歌高奏，我们的脉搏随之跳动；看，国旗飘扬，我们的目光永远追随。中国，东方腾飞的巨龙，这盛世年华，喜浪千叠，请您尽情地飞跃吧！

竺露晞/文，四年级　指导老师：叶芸芸

参观笕桥机场，我为祖国点赞

"相思不断笕桥东，几番期待凝望碧天空。"我一直都想去神秘的笕桥机场参观，不久前，我的愿望实现了。9 月 30 日，爸爸带我一起参观了笕桥机场。一路上我特别激动，因为马上就要揭开笕桥军用机场的神秘面纱了。

来到机场门口，我们看到几个士兵手里握着枪，威武地站在大门口把守，感觉一只小鸟都无法飞进去。我和爸爸在门卫处做了登记后，就坐上了前来接我们的叔叔的吉普车，我也终于可以过一把军车瘾，心里别提有多神气了。进大门后不久，映入眼帘的是"建设空军，献身国防"八个大字。这简单八个字让我深深感受到空军叔叔献身国防事业的决心。听爸爸说，笕桥机场虽然不是很大，但这里曾经承担过解放全中国的重任。

吉普车带我们来到了蓝天俱乐部，进入会场，解放军叔叔先给我们播放了短片，主要介绍空军二十八师（现改为旅）的来历和卓越战绩。在 2007 年和平使命联合军演中，二十八师克服困难日夜拼搏，最终在演习中取得了好成绩，向世界展示了我国空军的实力。通过短片的学习，我越来越佩服我国的空军实力了。

接着叔叔带着我们来到了"醒村爱国馆"参观。该馆始建于 20 世纪 30 年代，寓意"唤醒中华，民族觉醒"。该馆是一座以"原中央陆军航校"将士爱国主义为主线的地位特殊、内容特有、意义特深的纪念馆。

进了场馆，大门右侧是一副对联，上联是"贪生怕死莫入此门"，下联是"升官发财请走别路"，横批是"中央航空学校"，充分表明了当时航校对于人才招录的严格。随后我们又来到了二楼，参观了解了许多先烈的英勇事迹，他们为新中国的胜利付出了自己毕生的心血，甚至是生命。此时我也深刻体会到，我们现在的幸福生活正是他们用生命的代价换来的，我们应当倍加珍惜。

　　时间过得真快，转眼我们的参观即将结束，在叔叔开车送我们到大门口的路上，我的心情还无法平静，回想着一幕幕战争的场景。爸爸语重心长地对我说："现代战争将是科技战、信息战，没有扎实的文化知识可不行。"我一定要努力学习文化知识，将来为建设我们的祖国，保卫我们的祖国，保卫我们的蓝天贡献自己的力量。

　　　　　　　　　　　余泽希/文，三年级　　指导老师：郑海莲

我爱您，祖国

每当清晨我从美梦中醒来，

看见窗外的鸟儿们欢快地跳跃在树枝上，

天空那么蔚蓝、宁静。

我总想对您说，

我爱您，祖国！

是您给予我安定的生活，

让我每个夜晚都能安然入睡。

不用像那战火纷飞中的小孩那样，

每晚都煎熬着漫长的噩梦！

每当我背着书包走进校园，

坐在明亮、整洁的教室里，

跟着老师遨游在知识的海洋里，

我不用为生计奔波，

我可以用画笔尽情描绘着未来的梦，

也不用担心像印度女孩那样，

用一头牛的价格就能被换走。

我总想对您说，

我爱您，祖国！

是您给我奠起美好未来的基石，

让我可以追寻自己的理想!

每当我看见琳琅满目的货物,
一排排整齐地悬挂在集市上,
街上的行人都面带微笑。
我总想对您说,
我爱您,祖国!
是您给予我们富足的生活,
让我们的生活如此安逸、祥和!

我爱您,祖国!
我们国之少年,发愤图强,
为更美好的中国,为更和平的世界!

毛纾予/文,五年级

城市见证者之路灯

　　我是这个城市里一盏高高瘦瘦的普通路灯，除了在黑夜里给人们带来光明外，我还见证了这个城市的不断变化。

　　记得那年刚被大卡车搬运来这个城市的我全身洁白无瑕，没有一丁点污渍。可好景不长，没过几天，就开始有人往我身上乱贴小广告，有人在我身上乱涂乱画，有人把一袋袋垃圾往我脚下堆放，小摊小贩们在我脚下毫无秩序地胡乱摆摊，自行车与电瓶车在我眼皮子底下横七竖八地随意停放。更过分的是，居然还有人牵出宠物狗遛弯时任其往我身上小便。就这样，时间久了，我不再拥有光滑洁白的皮肤，渐渐从白到灰，从灰到黑，我很无奈，因为我没有可以行走的双脚，无法躲避；我很愤怒，因为人们的种种不文明行为天天发生在我的眼底；我很失望，我的使命就是在黑夜里给这座城市里的人们带来光明，我一工作就是十小时，从晚上七点至凌晨五点，有时工作久了，我的大眼睛也会累到睁不开，但却无人过问。

　　可是从前年起，这个城市里的人们好像都忽然变了个人似的，以往种种不文明现象有了大幅度改观，难道他们都与不文明现象说再见了吗？正想着，突然一阵凉意让我浑身一个激灵，朝下一看，原来是环卫工人和志愿者们在为我冲刷洗澡，那水可真凉爽，好舒服啊！只见他们不但用清水冲洗走我身上的污渍，还用小刀轻轻地为我刮去那些贴在我身上的小广告及胶印，经过他们的用心处理，我又光洁如初了。从那以后，他们每隔几个星期就会帮我洗一次澡；现在我如果累到睁不开眼了，那我的"医生"朋友就会及时给我治疗，他们就是辛勤的城市电工，经过有效治疗，我又可以睁开炯炯有神的大眼睛，放射出明亮的城市之光。现在我所在的那条街道变得那么干净、那么整洁！

如今的夜晚，散步的人依旧很多，但让人感受到的气氛是和谐的、轻松的，人们走累了，便可坐在我脚下的一排排长椅上小憩片刻，吹着微风，聊着各自的家长里短，十分惬意。

钱柯怡/文，六年级　指导老师：陈杰

中国精神

在我很小的时候，大人们总告诉我，我是中国人，是祖国的花骨朵，是未来的新希望！要有中国精神！那时我什么也不懂，不懂中国精神是什么，不懂什么是祖国，总以为祖国是我的另一个妈妈，便问我的爸爸妈妈："祖国在哪儿啊？"他们都笑而不语。直到我上幼儿园大班的时候才明白，祖国其实就在我们所有中华儿女的心里。

渐渐地，我长大了，也知道了很多事情，可我依然不明白什么是中国精神，却也在那个时候，我了解了许多中华人民共和国成立七十周年以来大大小小的事。风雨越猛烈，就越能体现中华人民那坚贞不屈的骨气和众志成城的团队精神。

我曾看过一个视频，讲的是"九八抗洪"的故事，到现在依然记忆犹新。那时洪水泛滥，肆虐着大半个中国，很多百姓失去了家，失去了父母，失去了一生的挚爱……而这场噩梦般的灾难使所有中华人民比以前更加团结。荆江告急！湖北告急！……二百三十万抗洪大军在大堤上日夜奋斗着，共产党员更是冲在最前线，他们甚至用自己的血肉之躯抵挡洪水，用自己的生命换来了几千万条人命！那时候的中国人，团结得就像一个人。或许，这就是中国精神。

在南湖明澈的水纹上，划过一条优美的弧线，一只不怎么起眼的小木船，承载起了新民主主义的未来，共产党在这里诞生了，国家的希望，随着水波荡漾开来。红船，在风中起航，中国革命的航船也驶向了社会主义精神……或许，这就是中国精神。

改革开放以来，中国的变化日新月异，社会从经济封闭型转换成经济开放型，随着国际之间技术等的交流，沿海城市逐渐繁荣，接着是内地，甚至连遥远的西部都将跟上全国的步伐。中国迈着自信的步伐，挺身走向了世界的前沿。可以说这是一种飞跃。

在我小时候经济条件有了很大的改善，但和今日相比，还是一个天上一个地下。小时候的电视机很大，像一个笨重的盒子。因为没有点播，我也只能买一大堆碟片来看。在我上幼儿园的那段时间，家里只有一辆电瓶车，无论是性能还是外观都没有现在的好。在搬家之前房屋也很破旧，从外面看过去是一幢灰蒙蒙的楼，不高不低，墙面至少掉了一半的漆，贴着各种广告，破损的晾衣架上还晒着杂七杂八的衣服，给人的第一印象就是肮脏杂乱；房屋的内部装修还算好，至少见得了人，不过依然有许多明显的痕迹，墙壁像被蒙上了一层灰布，沙发有几条裂缝，空余的地方总是堆满了杂七杂八的东西。

现在呢？简直是置身于天堂！六十多寸的电视还没一指厚，有了点播后，各种影视随心看！汽车也全国普及，家里白色的汽车清新亮眼，还新增了许多实用的功能。住宅从外面看非常温馨美丽，商业大厦更是科幻片般的带感；房屋内部也十分简洁，适当的色彩装饰为房间带来了温度，典雅的家具是高贵的象征，特意摆放的文墨书画也是中华民族千年沉淀的精华。这样的环境更让我体会到了"家"的感觉。这只是我们家的小小变化，社会上更是有一番新天地，汽车在公路上奔驰着，很多人都选择了环保地乘坐地铁，节能又节时。出门买东西不必"掏腰包"了，手机支付宝、微信几乎全国通用。仅仅七十年而已，就有那么大的变化；那么当5G新时代来临，中国又将拥有怎样的改变呢？我不禁感慨：未来是多么美好啊！

徐芮雪/文，六年级

我是中国的"一分子"

我是一枚一元硬币。

在我的家乡浙江杭州，有一个叫马云的人开了一家叫阿里巴巴的公司，他们发明了一种叫支付宝的软件，据说是安装在手机上的。我看见人们把支付宝打开，然后对着一个叫付款码的地方扫一扫，营业员就让他们走了。这到底是怎么操作的呢？于是我就跟着我的小主人去看了看，想一探究竟。

首先，我的小主人走进了一家医院，密码呈现在付款机屏幕上，手机也被打开了，把手机放在付款区的指定屏幕，也就是右下角，然后发出了"滴"的一声，我看见屏幕上写着"3000元"。这是小主人的第一波操作。

接着，一家超市映入我的眼帘，超市里面有很多的物品，一些食物被主人拿到了收银台前，一个像便携式吸尘器的东西被收银台阿姨紧紧攥在手里，然后对着主人的手机扫了一下，又发出了"滴"的一声，就开出了一张小票，而且电脑上还显示着"37元"。这是小主人的第二波操作。

看来，现在的钱都是通过手机和付款码来转移的，不像纸币和硬币，这是看不见的钱。

从此以后，小主人就把我放在他最心爱的储蓄罐里，很少用我了，每天我都能看到小主人手机里下载的支付宝，然后暗自感叹我是真的过时了，人们再也不需要我了，我只能整天躺在储蓄罐里。或许是我的面值太小，大家不喜欢我了。

后来我才明白，一元钱或许不值钱，但是我们的中国就是由许多一元钱组成的。当一百个一分钱在一起的时候就是一百分，而当一百个中国人团结在一起的时候就是一百人的团队力量。在支付宝里存下的是生活的便利，是家乡的巨变，是科技的进步，是中国的伟大。

罗欣悦/文，五年级　指导老师：葛格

我爱您，祖国

"一唱雄鸡天下白。"中华人民共和国的诞生犹如磅礴的日出，照亮了民族复兴的崭新征程，中国人民开始了"敢教日月换新天"的伟大壮举。中华人民共和国成立七十周年的阅兵式上，展示了我国当代自制的最先进的国之利器——核武器、洲际导弹、第五代战机、重型军用运输机、新型坦克等，在祖国海疆上守卫的核潜艇、航空母舰编队等。在太空中建立了自己的空间站，研制建造了人类历史上最大的射电望远镜FAST，C919大飞机。这些无不使国人长脸。

为人民安居乐业而骄傲

"无边光景一时新。"从贫困到温饱再到总体小康，中国人民的生活实现了历史性跨越。

我的家乡——观海卫镇，正在编织新的城市篇章。环形的文化中心大楼，犹如一只海螺横卧在新城中心。宽阔的人工河连着大楼周边的小溪，小桥流水，弯曲的林间小道，休闲的人们漫步闲聊，远处的白鹭在池边嬉戏觅食。文化中心周边，一幢幢的高楼拔地而起，一条条宽阔崭新的马路纵横交错，像是画在大地上的"田字格"。

镇上的主要路口均架设二十四小时监控设备，像一只无形的网撒在浙江大地上，这就是我们的"天网工程"。自从有了"天网"，不仅减少了刑事案件的发生，而且为各项事业的发展提供了强有力的保障，人们的安全感增强了。

党的十八大以来，全民医保体系加快健全，彻底改变了以前"一人生病，全家拖垮"的困境。我的爷爷在2018年9月28日因为脑梗，差点离开我们，后来在医务人员的全力救治下恢复了健康。但是，医疗费用高达20万元！对于普通家庭来说，这就是一个天文数字。幸亏我的爷爷很早就参加了医疗保险，通过社会医疗保障途径，最后个人只负担了3万元左右，大大减轻了爸爸妈妈的负担。爷爷还时常把这句话挂在嘴边——国家的政策真是好！

为中国"智"造而骄傲

中国华为5G应用技术为全球之首。中国"智"造产品越来越受到世界人民的青睐。我们慈溪小家电国内闻名，应用现代科学技术，研制开发出了新型智能小家电，远销世界各地，给人们的生活带来了便利。我家里就有好几款科技含量高的电器产品。瞧！妈妈一边穿衣服，一边对着天猫精灵喊："天猫精灵，今天的天气怎么样？"而她的小机器人正在打扫房间的各个角落。这时，厨房里的电饭煲嘀嘀地叫了起来，原来昨晚预约的粥已经煮好了。小巧玲珑的空气净化器坐在茶几上，在客厅中央释放着新鲜空气！全自动智能锁、智能钟、智能垃圾桶……都是我们家不可缺少的，AI智能让我的家庭生活更具科技感。

"五星红旗迎风飘扬……从今走向繁荣富强……"哼着，哼着，自豪之情油然而生。强大的祖国，美丽的家乡，美好的生活，一切都是那么祥和。

田成扬/文，四年级 指导老师：孙梦蝶

壮哉吾国

天安门前，看红旗招展，花团锦簇；观白鸽凌空，国梦可盼；十四亿中国人同庆中华人民共和国成立七十周年，共叹壮哉吾国中华！

忆往昔战火不绝，纷争不断；山河破败，国土沦丧。回顾祖国历程，满是辛酸痛苦。看今朝祖国昌盛，人民安乐，可慰前人。山河犹在，国泰民安，中华壮哉！

叹壮哉吾国，复兴可期！

"赤橙黄绿青蓝紫，谁持彩练当空舞。"新中国成立短短七十载，中国创造却已享誉世界。1970年，我国第一颗卫星"东方红一号"发射成功；2018年，港珠澳大桥正式通车；2019年，华为5G进入世界视野。中国正在用自己的方式改变世界，引领世界。正如习近平主席所说："现在我们比历史上任何一个时期都更接近中华民族伟大复兴的目标，也比历史上任何一个时期都更有自信去完成这个目标。"壮哉吾国，复兴可期，前程似锦！

叹壮哉吾国，底蕴深厚！

中华文化源远流长，博大精深。五千年的积淀，五千年的酝酿，让中华文化从未缺席世界之巅。至2018年底，中国已拥有三十六处世界文化遗产，四处世界文化、自然双遗产，三十二个非物质文化遗产项目入选联合国教科文组织"人类非物质文化遗产代表作名录"。中华民族以其独具特色的语言文字、浩如烟海的文化典籍、名扬世界的科技工艺和异彩纷呈的文化艺术铸就了世界文化大国的称号。壮哉吾国，底蕴深厚，源远流长！

叹壮哉吾国，地位崇高！

今时不同往日，今天的中国已不再是"一战"时作为战胜国仍被欺辱的国家。中国在世界上站了起来。1945年6月，中国成为世界上最大的国际组织"联合国"的创始国和五个常任理事国之一；2008年，奥林匹克运动会在中国北京顺利召开；2017年，G20峰会在中国杭州胜利召开……各个世界大会上出现了中国身影，各种世界大奖的获胜者名单中有了中华儿女。全世界都在关注着中国的腾飞。壮哉吾国，地位崇高，举足轻重！

祖国盛典，国庆阅兵；红旗招展，国泰民安；前有古人，星光灿烂；后有来者，群英堂堂。何人不叹我中国壮哉，何人不叹我壮哉中国！

壮哉我中华，我爱您——中国！

周一鸣/文，九年级　　指导老师：张灵

中华魂

中国，世界大陆的神话，虽无俄罗斯之大，美国之盛，但一次又一次创造奇迹，撼不动他在人们心中之地位。就是这么一条活了五千年的神龙，傲挺于世界之巅，巨尾横扫大地，雅贵不失质朴的气息荡遍五湖四海，使我不禁生起对其之敬也。

一百多年前，在大伙儿的眼里，中国是一个软弱而无大丈夫气派的懦夫，面对列强的侮辱与欺凌，他无力地垂着头没有反抗，默默忍受。

他如一个迷茫的寻路人，东奔西跑，在寻觅属于自己的那一条光芒大道……

一路上，一名又一名被世人永铭的英雄出现，他们带着生为国之崛起、死为国之复兴的志气，在前头过五关斩六将，将自己的身躯化为一丝星光，指引中国前行，前行。

中国不但如寻路者，也如一只冥鸿，盼着有朝一日能一飞冲天，出现在人们的视野里。

1949 年 10 月 1 日，这一天，来了！中国怀揣着对胜利的渴望，对复兴的憧憬，慢慢走向繁荣昌盛，扛起了背上之重负，站了起来，继百年之后再度挺起胸膛。中国，一条沉睡百年的巨龙，经百年之养精蓄锐，已成撼世之神龙，他成为一个能够被世人所感叹之国。蛟龙得云雨，终非池中物。中国就是如此，一得云和雨，必将离池而高飞！一个个不可能的奇迹，反复而出；一个个奇观异景，引世围观；一个个傲人科技，让便捷最大化……

就是这中国，孕育了一位位"神"之人，他们所付出的一切全都是为了祖国，为了祖国之复兴梦、强国梦。

南仁东，国人之骄傲，以他为总设计师所造的"中国天眼"处于世界之巅的水平，他将中国人的智慧表现得淋漓尽致，让外国人心服口服，无不叹中国之强大。他患有肺癌，可仍带病工作，这多么好地诠释了中国之伟大！2017 年 9 月 15 日，南仁东因肺癌恶化抢救无效身亡。看呐！就是这么一个普通的人，为祖国事业奉献自己宝贵的生命！他的事迹深深烙于我心头。

中国从低谷至山巅，仅用了短短的一百多年。很多时候我总在想：中国何以强大？中国之强大在于一位位"神"之人，说他们是神，一点儿不夸张，他们神于弃命为国，神于比常人奋发百倍，神于败而不弃！他们是华夏儿女，是中国人！

说中国为鲲，其能力如鲲般，千万里；说中国为太山，其智没于云端，高不可测。中国乃世之传奇！生吾炎黄，育我华夏，待之有为，必报中华！我爱您，祖国！

陈政/文，六年级

为中华之复兴而努力读书

这一天的午后，阳光从厚厚的云层中穿透出来，天转瞬间就放晴了，清风拂过接天的荷叶，泛起碧绿的涟漪。不远处，水面上荡漾着一艘小船。我呆呆地望着湖面和那艘小船，场景似曾相识，仿佛已经在我的梦里上演了无数遍。

这时，一位老者穿着青布中山装，拄着拐杖，右手拿着烟袋，步履蹒跚、精神抖擞地向我走来，我礼貌地迎上前去，赫然看到爷爷胸前的军功章，我肃然起敬，向爷爷行了一个少先队员队礼。"孩子，你知道这艘红船的故事么？"爷爷微笑着问我。我摇摇头，问："爷爷，能给我讲讲这艘船的故事吗？"

"也是在这个季节，天气闷热，阳光照耀在南湖上。在这艘船上，十三位代表秘密召开了中共一大。中国共产党就在这一天，在这南湖上，在这艘红船上，诞生了！这可是我们中国历史上开天辟地的大事件啊！自此之后，伟大的共产党踏上了新征程。"爷爷讲得很激动，拿起烟杆子抽了两口，咳嗽起来。短暂的停歇后，爷爷又开始接着讲："我们的政党在建立之后，也是历尽了磨难，经历了白色恐怖，受到了国民党反动派的镇压迫害，但是他们折磨不了，压迫不到我们！"老者讲到这里，情绪激动地望着远方，眼里闪着晶莹的泪花。

"为了突破国民党的反围，我们共产党毅然决然地开始了二万五千里长征，四渡赤水河，巧渡金沙江，飞夺泸定桥，强渡大渡河，翻雪山，过草地，吃的是草根树皮，穿的是补丁衬衣，历尽千难万险，终于冲破了国民党的白色封锁，建立了自己的政权。而就在这个时候，日本帝国主义又开始大肆侵略我们中国，中国共产党在毛泽东的带领下，不计前嫌与国民党合作，建立抗日民族统一战线，经过十四年的抗战，其中八年的全面抗战，才赶走了日本帝国主义，取得了抗战的全面胜利。"老爷爷完全沉浸在对抗战胜利的喜悦中，声音的分贝高了，语调也变了，他激动地描述着："1949年，毛主席在天安门城楼上宣布中华人民共和国成立，中国人民在共产党的带领下，站起来了，从此当家做了主人。"

老者凝望着远方，脸上满是幸福的笑容。他语重心长地说："孩子，我们今天的幸福生活来之不易啊，你要好好珍惜，努力学习，为中华之伟大复兴而努力！"

是啊，喝水不忘挖井人，我们今天的幸福生活是当年多少英雄豪杰赴汤蹈火、历尽挫折艰险才得来的啊！是多少战士用自己的鲜血和生命换来的啊！为了实现理想的共产党人，敢为人先，勇于牺牲，真是可歌可泣，彪炳青史。中国共产党敢为人先，为真理燃烧热血和青春的精神，让我心生敬意。为了推翻黑暗，追求前路的光芒，共产党人敢于挺身而进，不惜牺牲自己年轻的生命，我为你骄傲，我们的政党！

回想起今日在新闻上看到的珠海航展，看到一架架划破长空、功能强大的战机，在蓝天留下一道道长长的白云划过天际，心中涌起一股无与伦比的自豪感——这就是我的国，我的祖国母亲，我爱您！

罗之鹤/文，八年级　指导老师：吴亚敏

370

致祖国母亲

祖国母亲，请您放心！

我们热爱党，热爱祖国。伟大的祖国欣欣向荣，祖国的人民安居乐业。这里有高楼林立的城市，有山清水秀的乡村，有一望无际的碧海蓝天，有雪山连绵的青藏高原……我们既有守卫边境保家卫国的英勇战士，又有奋斗在疫情一线的白衣天使。他们是我们学习的榜样，是最可爱的人！

我们热爱生活，热爱生命。鸟语花香、山清水秀的美丽家园，让我们深知地球是最美的地方。节能环保、节水节电、垃圾分类、植树拓绿才能让地球爷爷露出微笑，人与自然和谐美妙。关爱自己，锻炼身体，有健康的身体才能书写属于自己的精彩！

我们热爱学习，追求知识。明亮宽敞的教室里，我们齐声朗读，充满欢声笑语。生动有趣的课堂上，我们专心致志、积极发言。辛勤付出的老师，照亮我们前行的道路，引领我们走向世界。团结友善的同学，陪伴我们成长，让我们懂得以诚信待人。

感谢您养育了我们，感谢您让我们拥有了现在的幸福生活。我们一定努力学习、脚踏实地、勇往直前，以最优异的成绩回报祖国！

俞嘉昊/文，二年级　指导老师：楼国燕

我爱您，中国

2019年的国庆节，是个特别的日子，是一个令全世界瞩目的日子，因为中华人民共和国成立七十周年了。此时此刻，千言万语汇成一句话：祖国，我爱您！七十年的披荆斩棘，七十年的风雨兼程，七十年的砥砺奋进，铸就了今天伟大的新中国。

七十年，在中国共产党的领导下，我们的祖国一路走来，创造了举世瞩目的中国奇迹。七十年，中华民族实现了从站起来、富起来到强起来的历史性伟大飞跃。很早的时候，我们的中国也有了汽车、飞机、坦克等，还成功发射了原子弹、氢弹，以及导弹和人造地球卫星。

新中国成立七十周年，中国特色社会主义阔步走向辉煌，有了中国大桥、中国水泥路、中国车、中国港、中国网，一个个圆梦工程铺展宏图。一批批印着"Made in China"的商品走向世界各地，让越来越多的人认识了中国的强大，见证了国人创造的奇迹。

在这七十年里，我们的家乡——浙江同样紧随祖国母亲的脚步，发明了许多新用品，让人们的生活越来越好。

例如，马云创建的"阿里巴巴"，我们的生活用品都可以在阿里巴巴的网站上购买，比如文具、书本、衣服、鞋子、家具等。网上甚至流传着一句话："没有什么是淘宝上买不到的，只有你想不到的。"

阿里巴巴创立于1999年，十八个人东拼西凑的五十万元是其全部"家底"。大家出去办事，发扬"出门基本靠走"的精神。有时实在没办法才打车，他们也只坐最便宜的车，绝不去坐最贵的车，哪怕贵一点点的也不坐。2014年9月，阿里巴巴集团正式挂牌上市。阿里巴巴是中国的骄傲。马云的创业成功绝非偶然，因为他敢想敢说敢做，敢为天下先，是勇气与智慧的力量成就了他！

在这举国同庆的日子里，我怀着无比激动的心情宣誓：我要刻苦学习，把满腔的爱国情化为报国力！

秦艾嘉/文，五年级　指导老师：叶锐才

国旗颂

　　每个星期一，站在操场上参与升旗仪式时，抬头看着鲜艳的五星红旗冉冉升起，我心里都满溢着无穷无尽的骄傲与自豪。

　　我一直想到天安门广场观看升旗仪式。去年寒假，这个我期盼已久的愿望终于实现了。那天天还没亮，一向爱赖床的我都不用妈妈催，就忍着困意自己起床了。等我们下了车，寒风直往人衣服里灌，但前来参观升旗仪式的人却是摩肩接踵，大家搓着双手呵着白气，满怀期待地等待着。我抬起头，看到笔直的旗杆静静地伫立着。

　　不知何时，天空逐渐露出了鱼肚白，广场上的灯突然灭了。人群有了片刻的安静，然后突然骚动起来，我在妈妈怀中伸长了脖子想要看个究竟。原来是国旗班的卫士们护送着五星红旗来了，他们站定，又按动电钮，五星红旗又一次冉冉升起来。

　　我注视着国旗在晨光中缓缓升起，忽然觉得热血沸腾。这面鲜红的旗帜承载了中华民族的复兴之路，她见证了旧中国曲折的历史，见证了革命先烈抛头颅、洒热血的无私奉献，他们为了这面国旗的升起前仆后继，从未放弃。这面鲜红的旗帜同样见证了国家的进步和成就。那一刻，我突然更深刻地明白了，我们是共产主义接班人，我们应该刻苦努力，用知识、科学保护我们的祖国，壮大我们的祖国。

　　我久久地伫立在国旗下，仰望着那一面鲜艳的五星红旗，仿佛看见了一个更强大的祖国在走向我，走向我们每一个人。

林芮/文，四年级

我爱您，中国

　　"我和我的祖国，一刻也不能分割，无论我走到哪里，都流出一首赞歌……"七十年披荆斩棘，七十年风雨兼程。我爱您，中国！

　　今天的您，似威武的雄鸡屹立在世界的东方，是那样的坚定和自信。国产航母的下水，从神州五号到神州十一号的发射，东风41洲际导弹的研制成功，"嫦娥"的月背着陆，"FASJ天眼"的建设。中华人民共和国成立七十周年阅兵式上装备方队铁流滚滚，铁甲锃亮；空中梯队雄鹰展翅，翱翔长空；徒步方队笔直的身板，震耳欲聋的喊声。这一切无不显示中华民族从站起来到富起来再到强起来的事实。

　　今天的您，是这样的强大。可昨天的您，却是那样的黑暗。圆明园的熊熊烈火，虎门的硝烟，南京大屠杀，还有一个个不平等的条约，当侵略者的铁蹄践踏我们美丽的山河时，这是怎样的血和泪啊！然而，为了心中神圣不可侵犯的祖国，每一个有良知的中国人在屈辱中抗争着，在黑暗中摸索着。无数仁人志士抛头颅，洒热血；无数英雄豪杰浴血奋战，无所畏惧；中华儿女前赴后继，勇往直前：这是怎样的悲壮啊！

　　今天的您，一座座高楼拔地而起，天堑变通途。天空中翱翔的不只是大雁，还有一架架性能优良的战机，是C919大飞机；地上奔驰的不只是汽车，还有一辆辆子弹头，是复兴号高铁；海面上行驶的不只是渔船，还有一艘艘军舰，是国产航母。这一切离不开科学家们的努力和拼搏，是他们的忘我工作，才有了今天的辉煌。曾经"两弹一星"

的成功，那是多少年轻科学家放弃了国外优厚的待遇，毅然决定回到祖国的怀抱，他们把青春奉献给了祖国，甚至付出了生命的代价，才有了当时的辉煌成就。今天的科学家继承和发扬老一辈科学家的优秀品格，勇于创新，硕果累累，一个个响亮的名字如黄旭华、袁隆平……

我爱您，中国！我爱你那五千年灿烂的文明，笔墨纸砚中流淌着民族的热血。我爱你那坚贞不屈的民族精神！我爱您，中国！我要把美好的青春献给你。

洪悠畅/文，七年级　指导老师：何芳梅

飞驰的中国

2019年10月1日，是中华人民共和国成立七十周年的日子。在这个举国欢庆的日子里，到处都能感受到一股浓烈的节日气氛。一面面鲜艳的五星红旗装点着大街小巷，歌唱祖国的美妙旋律也时常回荡在我们耳旁。阅兵式上官兵们步伐整整齐齐、东风十一号导弹威风凛凛，都让我感到了作为华夏儿女的骄傲与自豪。祖国的日新月异，祖国的繁荣昌盛，祖国的迅速腾飞，都诉说着新中国成立七十载峥嵘岁月。

为了更多地了解祖国的变化，我参观了杭州城市规划馆，一张张对比强烈的照片展现了城市的飞速发展。20世纪80年代，杭州的庆春路仅能并行两辆公交车，人们出行大多都是自行车，街道上来来往往的人群挤得水泄不通。再看看今天，庆春路不仅加宽了两倍，还在城市上空架起了很多高架桥，隐藏在街道下的地铁更是让我们的出行畅通无阻。

交通的发展让我们的生活更加便捷，也拉近了城市之间的距离。假期里，我和妈妈回四川老家看望外公外婆。飞机上，妈妈给我讲起了二十年前她上大学时候的情景。那个时候没有高铁，飞机票更是昂贵。她每次回四川要坐四十八小时的火车，而且多数时候都是站票。车厢里很多无座的人都坐在地上或睡在桌子上，甚至有时候连厕所都挤满了人。有一次妈妈竟然整整二十小时没有离开过座位，几乎一天一夜没有喝水，也没有吃什么东西，因为她怕上厕所要跨越"人山人海"。妈妈说："因为火车的过道里全都是人，从座位起来去厕所那几米的距离可能需要走半小时，厕所排队又需要半小时……"那样的场景如果不是听妈妈亲口讲述，我根本想象不出，那时的火车和现在宽敞舒适的高铁有着天壤之别。

这时漂亮的空姐推着美味的点心过来了，我们一边吃着，妈妈一边回忆："那时火车的车厢里还常常混着泡面味儿、汗臭味儿、厕所味儿……"我们正谈论着，飞机已经开始下降了。我不禁感慨道："妈妈，我们早上还在杭州喝豆浆，中午就可以在重庆吃火锅了！"

便利的交通只是祖国发展的一个小小缩影，还有飞速发展的经济、网络和科技等都大大改变了我们的生活。现在的祖国就像一列以光速飞驰的列车，载着我们飞过贫穷，奔向富裕。"我爱您，我的祖国！"这是当下最时髦的话，也是对祖国最深的爱意。

侯奕轩/文，五年级　指导老师：张丹

纪念币上看中国

我喜欢收集纪念币，如今已经收集十二枚了。

这十二枚纪念币中，我最喜欢的是"高铁纪念币"。这枚纪念币的正面有一层金边，画了些跨海大桥之类的建筑物，还画着一个铁路客户服务中心的图案，下面还有一行小字"复兴号中国高铁"，中心画着一辆正在行驶的"复兴号"高铁，上面写着它的面值。反面也镀着一层金边，上面有一行字"中华人民共和国"，下面写着一行数字"2018"；中间有个国徽，使这枚纪念币显得非常神气。

每当看见这枚纪念币，我就想起爷爷说的改革开放的故事。在改革开放前，买米要"米票"，买肉要"肉票"，买油要"油票"，买布也要"布票"；爷爷告诉我，那个时候买什么东西都要凭票采购。听爷爷说，那时候我们家有个九寸的电视机，而且还是黑白的呢！在那时，还算稀罕品呢！那时的每个晚上，大院二十多户人家都要去我们的院子里看电视，里三层外三层，围着电视机看电视，看不到的听听声音也挺好的。可现在呢，电视机进入了千家万户，尺寸也一个比一个大，看电视再也不是一种奢望了，而是变成了再平常不过的事。

以前交通也不发达，爷爷在宁波有个亲戚，每年爷爷都要绕着杭州湾坐一天的汽车，太辛苦了！可自从杭州湾跨海大桥正式通车后，现在去宁波，只要一个多小时就到了。还有现在的"复兴号"高铁，时速达三百五十千米，再遥远的地方也将变得不再遥远了。

唐逸/文，三年级

我爱您，祖国

　　我爱祖国的壮丽美景！曾经我问过妈妈，祖国到底美在哪里？引来国人阵阵欢呼："此生无悔入华夏，来世还做中国人。"大自然是一位神奇的画家，把祖国的大好河山描绘得婀娜多娇！我在心中默念，总有一天我能踏遍祖国所有的锦绣山河！

　　我爱祖国的伟大成就！1949年10月1日，在天安门城楼上，毛主席庄严地宣告了中华人民共和国成立，弹指一挥间，七十年过去了。回首七十年来，中国以破釜沉舟的士气，迈着"摸着石头过河"的步履，谱写了一曲曲伟大的赞歌。从贫瘠到富足，从束缚到解放，从几近崩溃到绝地求生；从恢复高考到国企改革，从改革开放到香港回归，从"绿水青山就是金山银山"到一带一路，每段历史都值得国人铭记。七十年，人生可古稀。七十年的万苦千辛，我们久经磨难，尝试、冒险与突围，使中国迎来了从站起来、富起来到强起来的伟大飞跃。七十年的历程，激荡而磅礴。中国日益走进世界舞台中央，在伟大祖国的带领和庇护下，人民安居乐业，奔向小康，每一步都值得华夏儿女自豪。

　　我更爱祖国坚韧执着的华夏儿女！中国历经沧桑，为了壮我中华，无数赤子前赴后继。我国科技事业的瞩目成就，并非一朝一夕，而是凝聚了诸多"国宝"级科学家的毕生心血。歼-20战机总设计师杨伟、"中国天眼之父"南仁东院士、"电磁弹射之父"马伟明院士，他们誓用一生热血让中国领先全球。

每一个清晨，每一个角落，总会有那么一群人，迎着阳光，在国旗下，轻声诉说梦想！正所谓，没有遥不可及的梦想，也没有微不足道的追梦人！从风雨里坚守岗位的快递员，到用心血续写着生命篇章的白衣天使，从传道解惑的灵魂园丁，到顶着日出前的薄雾忙碌工作的清洁工……拳拳赤子心，殷殷爱国情！来自全中国各行各业的爱岗敬业、埋头苦干的普通老百姓，默默无闻，甘做祖国大厦的螺丝钉，永不生锈！他们温暖着每一个中国人的心。

邱诗涵/文，四年级　指导老师：陈雪影

祖国母亲，我爱您

2019年的国庆节，我过得很有意义。10月1日，我收看了庆祝中华人民共和国成立七十周年晚会和规模宏大的阅兵式。一个个整齐划一的方阵，各类先进的武器装备，军人们整齐的步伐，高昂的精神，让我雀跃欢呼："好威风啊，祖国越来越强大了。"

在庆祝国庆晚会上，习近平爷爷讲道："中国的昨天已经写入人类史册，中国的今天正在亿万人民手中创造，中国的明天将更加美好。"

历史的车轮滚滚向前，现在，祖国母亲的每一个乡村、每一座城市，都发生了翻天覆地的变化。国庆假期，我跟爸爸妈妈参观了桐庐的荻浦村、余杭的塘栖村。我观看了这两个村庄几十年来新旧对比的影像资料，荻浦村曾经破旧不堪，现在"猪栏茶吧""牛栏咖啡"成为别致的风景；塘栖村原来是脚都没地方踩的脏乱差的典型，现在湖中野鸭畅游，桥下溪水潺潺的美丽生态，产生了一年游客量达40万人次，村里人均收入达4.5万元的美丽经济，我真实体会到"绿水青山就是金山银山"。假期之行，我从繁华的杭州城区到美丽的县城桐庐，城市里、大街上，人们到处欢笑着、游玩着，一切欣欣向荣。

如果说，祖国母亲的昨天是条河，已悄悄地流向远方，那么祖国母亲的今天，就是一簇簇的繁花，已灿烂绽放。时间的脚步不会停留，祖国母亲的明天是一扇大门，徐徐推开，一定会带给我们更多的憧憬和希望。我想说："祖国母亲，你一定会更加繁荣昌盛，永远年轻。"

骆欣源/文，三年级

读　你

　　"我和我的祖国，一刻也不能分割，无论我走到哪里，都流出一首赞歌……"2019年的国庆节是一个万人瞩目、令人期盼已久的特殊日子，我们全家心情澎湃，早早地起来围聚在电视机旁。

　　阅兵式开始了，奏国歌，升国旗，解放军各个方阵着装帅气，迈着整齐的步伐，英姿飒爽地在天安门前走过，接受国家领导人和全国人民的检阅。庄严肃穆的先烈和开国功勋画像，令人敬仰泪目的解放军老战士，阳光帅气坚毅的人民子弟兵，勤劳淳朴睿智的劳动人民。空中战斗机轰鸣，地面坦克导弹霸气侧漏，重甲装备神武庄严。国庆大典有序进行，演绎时代变迁，展示科技进步。其中最让我引以为豪的是国之重器东风41核导弹，它披着墨绿色的外衣，形状是长长的圆柱体，有一点像我们吃的胶囊。它是远程弹道导弹的一种发展改进型，以三级固体运载火箭为动力，最大射程达14000千米，最远能到达美国呢！妈妈猜测说，中国人讲究露一手藏一手，此次阅兵展示东风41核导弹方队，那就有可能是更厉害的核导弹发明出来了。我既惊讶又自豪，惊讶的是我国短短七十年时间，科技发展那么迅速，让我们太难以置信，自豪的是我国有那么先进的军事武器，足以让其他国家刮目相看。我开始思索是什么力量让我们国家的七十年比得上别国两百多年的发展？

　　带着这个疑问，我和爸爸观赏了国庆上映的电影《我和我的祖国》，影片讲述了七个普通人的故事，生动感人，以小人物见证大时代，展示新中国七十年的壮阔历程，令人感受到祖国的强大。最令我感动的故事是"夺冠"，男女老幼上百号人守着一台黑白电视机，观看女排的决赛，再现了三十五年前女排首次夺冠，举国欢腾的场景，让女排精神深深地刻入了中国精神中。那个年代物质匮乏，生活贫穷，但人与人之间和谐相处，大家乐观地面对各种困难。《我和我的祖国》告诉我：我们看到的人物，是不同时代的中国人，他们身上那种天真、淳朴、永远昂扬向上的精神，是如何延续到今天的。每一个平凡的中国人，构成了我们的祖国，也成就了我们的祖国。

在回家的路上，我想起我的舅舅在2018年支援新疆的场面，虽然我自认为对待学习已经比较认真了，但依然比不上舅舅的认真和执着。他是一名普通警察，默默无闻，但他敬职敬岗，当单位里需要有人去支援新疆时，二话没说，第一个报名，离开自己温暖的小家，告别亲朋好友，毅然去了南疆。他与当地居民生活在一起，还力所能及地帮助那里的人们建学校，让那里的小朋友有了新的校舍，每个人脸上都乐开了花，小朋友们纷纷说，长大也要像我舅舅一样当警察。因为祖国南疆有危险的分裂分子，舅舅和他的同伴们一天二十四小时轮流值岗，保证人们安心工作，快乐生活。我在想，在那么艰苦的环境下，换我可能早就放弃了，所以说舅舅比我更认真，更懂得祖国和个人的关系，他把祖国放在首位。

我爱我的祖国，我也想长大后为我的祖国做出自己的贡献。

金倪嘉/文，五年级

我和我的祖国

我和我的祖国，一刻也不能分割；无论我走到哪里，都流出一首赞歌……

1949年，9月30日，北京。

一只颤抖的手握着只有半寸长的粉笔头在黑板上演算着，另一只手不断擦拭着额头上的汗珠，还时不时地推一下鼻梁上越滑越低的眼镜。只见他一会儿紧张地把秒表凑到耳旁，一会儿又皱了皱眉头……这就是工程师林治远排除万难，为确保开国大典上电动升旗装置正常运行而彻夜未眠的场面。中华人民共和国成立升起的第一面国旗在林治远心中象征着英雄战士们革命的成就，是人民的寄托，至高无上。

1997年，7月1日前，香港。

"不行，0点0分0秒升起中国国旗，这是我们的底线。"外交官安文彬与英国人谈判十六轮分秒不让，严肃、笃定、不容抗拒。而升旗手朱涛肩负着与国歌"一秒不差"地将国旗升起的重任，他蒙着眼练习了成千上万次，形成了肌肉记忆，每一次练习都拼尽全力，认真、专注。这一面在0点0分0秒升起的国旗在香港同胞的心中意味着重回母亲的怀抱，是祖国的统一，一秒都不能差。

2019年，10月1日，宁波。

在中华人民共和国成立七十周年之际，台风"米娜"来袭。一辆大卡车咆哮着，飞驰在风雨中。突然，在车前方路面上的一面国旗映入司机的眼帘，也许是外卖小哥电瓶车上掉落的。车停了，司机走了下来，迎着风雨、冒着生命危险，小心翼翼地捡起了这面被台风吹落、被雨水打湿的国旗，还不忘用衣服仔细擦了擦，收到怀里。在祖国母亲七十周岁生日之际，举国欢庆，这一面面出现在大街小巷的国旗，在全国人民心中代表着祖国的强盛和尊严，须小心爱护，不容践踏。

国旗，不仅仅是一块绣着五颗星星的红布啊！我们的国旗——五星红旗，上面的红色是革命先驱们用鲜血染成的，象征着革命；而大的星星代表着中国共产党，小星星则代表着我们全国人民，五颗金色的星星相互连接，疏密相间，象征着全中国人民大团结。国旗，是多么神圣啊！

我们胸前的红领巾亦是如此。爱国无大小，红领巾虽小，却是国旗的一角，它染于烈士的鲜血，蘸着民族的信仰。同学们总说我们没有机会做朱涛那样的升旗手，但我说保护好红领巾和升好国旗一样重要。可是，我们身边有些少先队员却经常不标准佩戴红领巾，把红领巾扔在操场上，塞在抽屉里，更甚至用红领巾擦汗……勿以善小而不为，勿以恶小而为之，"鞠躬尽瘁"并不是只有革命英雄、科研战士才能做到，我们每一个人从身边的小事做起，都可以成为爱国护国的小卫士。我们口中的爱国就应当始于爱护胸前的红领巾，自豪地喊出我们也是小小护旗手！

祖国日益强大繁荣，作为华夏儿女，我们身怀感恩，我们如此骄傲，我们戴上红领巾迎风奔跑！我的祖国和我，像海和浪花一朵，浪是海的赤子，海是那浪的依托……

陈贺翔/文，六年级　指导老师：施盛佳

我和祖国共成长——梦想起飞的地方

我是一名三年级的小学生，我热爱学习，热爱生活，热爱祖国。

妈妈从小告诉我，她的爷爷是一名光荣的中国人民志愿军，扛着枪跨过了鸭绿江。爸爸从小教育我，我们的幸福生活，是老一辈革命先烈用他们的生命和鲜血换来的。师长从小叮咛我，我们是祖国未来的希望和栋梁，一定要有远大的理想，有敢于吃苦的勇气！

我骄傲，因为我是中国人。我自豪，因为我从小生活在这片文明又美丽的土地上。我常常自己跟自己对话，我的梦想要从哪里开始起飞呢？

十岁的我懵懵懂懂，无法体会爷爷奶奶那个年代的艰苦，却真真实实地在感受着现在的幸福。在我牙牙学语时，爸爸妈妈希望我健康快乐地成长，就像童话里的小王子被呵护着；上了幼儿园，老师还有阿姨教会了我热爱集体生活，做个多动脑勤思考的快乐宝宝；进入小学，我成了一名光荣的少先队员，每天我神采奕奕边唱边跳，一路踩着清晨的朝阳，走进美丽的崇文小学。

前不久，我把我的梦想写在了千纸鹤上，装进了时光胶囊，期待着三十年后，当中华人民共和国成立一百周年的时候，重启时光胶囊，见证我的梦想，见证祖国的巨变！

哦，原来我早已把梦想的种子撒进了我的校园生活——这里就是我梦想起飞的地方。

沈朱宥成/文，三年级

我爱您，祖国

2019年是中华人民共和国成立七十周年。

国庆节一大早，我便怀着激动的心情守在电视机前，很快迎来了激动人心的阅兵式。礼炮准时响起，为胜利而响，炮响如同当年的子弹声，震撼人心。阅兵仪式正式开始，在嘹亮雄厚的歌声中，车子徐徐驶来，车身后面插着一面小红旗，在阵阵微风中，红旗就像乘风破浪的红船帆，习主席乘着阅兵车开始检阅仪式。当阅兵车经过队伍的时候，习主席分别向各队士兵问好，士兵们也纷纷向习主席敬礼。他们站姿是那么整齐，那么有威严，一动不动，就像是千万棵笔挺的白杨树似的站立在那里。

分列式开始了，空中有好几架战机，飞在空中摆出各种造型和字样。我很想知道在战机中的士兵，是如何在天空中操控战机摆出这样整齐的队列的呢？抗战老兵们也乘车出场了，我想着以前那个年代的抗战老兵都这么老了，是什么力量让他们还充满着精神坐在阅兵车上呢？各个分队依序出发，他们头戴钢盔，身穿军服，手戴军用手套，拿着国家新式的冲锋枪，脚穿作战靴，踏着有节奏的步伐前进着。一声号令，他们的头齐刷刷地望着右前方，真是壮观呀！

随着数万只代表着自由的和平鸽和五彩缤纷的气球飞上天空，阅兵仪式就这样结束了。看完了阅兵仪式，我仿佛看见了祖国的希望，看见了祖国繁花似锦的未来。

张宇萱/文，四年级　指导老师：王佳音

我爱我的祖国

　　五千年的风和雨啊，藏了多少梦？黄色的脸，黑色的眼，不变是笑容……每当我听到这首歌，内心就会无比激动和兴奋，因为我是一个中国人。

　　几千年的漫漫征程，几百代的风云变幻，曾走过绿茵花溪，也踏过枯骨万里。一个世纪的近代史，刻满血与泪的印记；七十年的上下求索，在挫折中迎来新生。只要民族意志永远向前，无论历经多少艰辛痛苦，我们的祖国依旧能披荆斩棘，砥砺前行。

　　我是中国人，我爱我的祖国。我爱您那历史悠久、繁荣与开放的隋唐时期，南方经济开放的南朝，历史上疆域最广的元朝，一步步走向今天的中国。中国是一个历史悠久的国家，是四大文明古国之一。它面积大、疆域广、人口多，经济发展状况是一个正在努力中的青年。

　　我爱我的祖国，因为它是伟大的、独一无二的。爱国人士造就了祖国，而祖国也养育了他们。我们要行动起来，为人民服务，为祖国而奋斗！

　　我爱您，中国。爱您那坚强不屈的品质，西安事变，圆明园被烧毁，遭受日本的侵略，鸦片战争……您受的委屈太多太多，但您挺过来了。我永远不会忘记1945年，日本无条件投降；不会忘记1949年10月1日，毛泽东主席按下了电钮，五星红旗冉冉升起，中华人民共和国成立了！不会忘记2003年10月15日，中国第一次载人飞船成功发射；不会忘记2008年，奥运会在中国北京举办；不会忘记玉兔二号登上月球；不会忘记……

大家还记得《战狼2》最后那一句话吗？"当你在海外遭遇危险，不要放弃！请记住，在你身后，有一个强大的祖国。"是啊，伟大的祖国是我们屹立不倒的坚强后盾，是我们赖以生存的美丽天堂，如果没有这美好的祖国，怎么有美好的我们？

杜俊磊/文，六年级　指导老师：刘瑾

家乡的变化，祖国的力量

我的家乡——瑞安，东海上的一颗璀璨明珠，名副其实的鱼米之乡，正发生着翻天覆地的变化。

原来的河水又脏又臭。河里有不计其数的脏垃圾，让水里的鱼妈妈奄奄一息！再看看现在，河水清澈见底，像一面镜子。河水里的小鱼真快活。有的小鱼在无忧无虑地吃食物，有的鱼妈妈在满怀欣喜地孵小鱼，有的小鱼在兴高采烈地捉迷藏，好像在说："这儿真是我们的天堂，我太喜欢了！"

原来的房子又矮又旧。以前的房子是用瓦片盖的，只要台风一来，房子就会摇摇晃晃。如果台风稍微大一些，屋顶就直接被掀起来了，所以只要一有台风，人们就开始惶恐不安。而现在，城市改革，房子又高又大，崭新又漂亮。它们就像巨人一样，守卫着这一片土地。就算超强台风要来，大家也不会怕了。

以前商店矮小，东西又少，这里买得到文具却买不到吃的，那里买得到吃的却买不到生活用品，还有的地方买得到生活用品却买不到衣服……可你看看，现在的综合商场巨大无比，功能齐全，商品琳琅满目，应有尽有。想吃的？有！想玩的？有！想穿的？有……

不仅如此，马路也在变，工厂也在变……什么都在变！

时间在飞逝，中国在变化！家乡的面貌在不断地变化，变得越来越美；人们的生活条件也在不断变化，变得越来越好！

陈宸/文，三年级　指导老师：林琪妮

我与祖国共成长

　　十年前，当我还在妈妈肚子里的时候，就听到了上海世博会开园的钟声——"城市，让生活变得更美好。"在妈妈的怀抱里，我这个世博宝宝游览并见证了190个国家、56个国际组织参展、7000万人参观的上海世博会。

　　转眼间，我三岁了，外婆抱着我，在葡萄树下静静坐着，偷听织女姐姐的悄悄话，太神奇了。醒来后，发现王亚平姐姐在月亮上给春晖中学的哥哥姐姐打电话、做科学实验。原来，王亚平姐姐就是天上的七仙女，就是月亮上的嫦娥姑娘！爸爸告诉我，天上还有很多很多的月亮，它们相互捉着迷藏。

　　去年，妈妈带我去了香港和澳门，踏上了世界上最大的跨海大桥——港珠澳大桥，它像一条巨龙，横跨在珠海和香港之间的大海上，连接着香港和祖国的怀抱，让全国人民都感到骄傲。

　　是啊，祖国强大了，我也成长了不少。从世博宝宝的牙牙学语，到今天，胸挂红领巾，肩背大书包，认真学习科学文化知识，培育各种爱好，努力锻炼身体。我们要保持刨根究底的好奇心，学国家天文台的叔叔阿姨，长大了创造出更厉害的宇宙探测器，发现更多的宇宙奥秘，即使地球去流浪，也可以让它像旅游一样轻松自在。

　　2022年，国际冬奥会将在北京举办。2022年，亚运会将在杭州举办，我们将以小主人的姿态，迎接八方来客。

牟修齐/文，四年级

祖国啊，我亲爱的祖国

　　晨岚中冉冉升起的金色朝霞，拂去了战火硝烟的斑驳血迹，尘封了生死离别的触目惊心，掩埋了万里河山的残垣断壁，留下一页崭新隽永的壮丽画卷。嘹亮的国歌声中，是亿万同胞的殷切眼神，无数令人激动不已的画面，在歌声中汇成一句话："我爱您，亲爱的祖国！"

　　打小，父亲带着我在文字中结识了无数爱国英雄，他们伟岸的身躯一直留在我稚嫩的心灵里，像永不熄灭的火种。

　　曾几何时，文天祥一语"人生自古谁无死，留取丹心照汗青"，直击心扉，令人热血贲张。兵败被俘，元世祖亲自劝降，他昂首挺胸，斩钉截铁地说："唯有以死报国，我一无所求。"便面向南方慷慨就义，金红的光在他身上熠熠生辉。

　　曾几何时，抗日英雄杨靖宇被日军围困，身负重伤。日军劝降不成，残忍地开枪射杀，又剖开他的肚皮——里面仅有野草和棉絮。冰雪笼罩的树林，寒风如泣，残阳如血，与雪地中的鲜红辉映。

　　曾几何时，詹天佑在一无资本、二无技术、三无人才的艰难局面下，在凛冽的寒风中，走遍了北京至张家口的山山岭岭，不畏艰险，实地勘测数据。历时四年，一道铁路横亘在高山之巅，凝聚着他的无数心血，又闪烁着拳拳赤子之心，更史无前例地昭示着中国崛起的决心。

　　长大些，家人带我用双脚去丈量祖国的大好河山。江山如此多娇，让人为之眷恋。

俯瞰黄河之水奔腾而下，仰视万里长城气势磅礴，看泰山之巅旭日东升，观重庆霓虹灿若星河，品西湖山水如诗如画，望边疆草色辽阔无边，无一不让我心神激荡。

在爬满甲骨文的钟鼎之上，读历史遗风；在孔府碑林之间，品洙泗弦歌；在烽火连台之中，写热血诗篇。祖国是山，馈赠了我眼前的美景；祖国是海，包容了我的微小不足；祖国是家，我和祖国同成长。

如今，祖国变成了一个极速"动词"，每天都在飞速奔跑，让国人为之激动和自豪，更让世人为之侧目。

中国天眼是世界灵敏度最高的望远镜，歼-20冷眼捍卫着祖国的领空，5G技术开创了中国通讯新纪元，神舟飞船、北斗卫星、磁悬浮列车、国产手机芯片……这些世界顶尖科技，无一不彰显着中国强大的科技实力。

中华人民共和国成立七十周年阅兵式上，近15000名官兵步伐铿锵，马达轰鸣，雄壮豪迈。空中梯队振翅长空，气势如虹。随着7万羽和平鸽展翅高飞，《歌唱祖国》的激昂乐曲回荡在整个中华大地。

穿过时间的鳞隙，我仿佛看到了一个和谐强盛、势不可当的祖国，百舸争流千帆竞，乘风破浪正远航。

千言万语都汇成一种深情的告白：我爱您，我亲爱的祖国！

陈诺/文，七年级

第十四辑

苔花如米

生活的价值就是像苔一样，
卑微却伟大，贫乏却富足。

萝卜的最后时光

作为一个萝卜，我既盼着快快"长大成卜"，又很担心"出土问世"，因为"出土"便意味着将迎来我生命的最后时光，很快我便会被人"啊呜"一口吞进肚里。

但"天命不可违"，就在今天，平时对我们百般呵护的主人毫不客气地将我们一个个拔出了地面，装进一个大筐子里。我贪婪地呼吸着清新空气，却不知道接下来要面对的是哪位食客？唉！还是希望自己能成为主人的盘中餐吧，毕竟是他把我养育成一个大萝卜的。

主人将满头问号的我们装进了一辆大卡车，奇怪的是车上还有许多土豆兄弟和白菜姐姐："咦，怎么你们也在啊？""是呀，我们被两个戴口罩的大个子叔叔拉到了这里。"土豆兄弟和白菜姐姐也一脸疑惑。"咣当、咣当"，卡车越走越远，大家面面相觑，不知道自己到底会被运去何方。突然车上的收音机响了起来："目前疫情十分严峻，整个湖北地区受到了严重影响，各地救助物资都在纷纷赶往武汉……"

车内的气氛顿时紧张起来，这也太吓人了吧，这是多严重的疫情，连我们这些萝卜、白菜都成了救援物资？很快我们被运到了武汉，街上空荡荡的，几乎没有行人、没有车辆，家家户户都门窗紧闭，就像刚刚被"扫荡"过一样。这时，几个全副武装的人将我们搬进了一个小食堂，他们都穿着防护服，戴着口罩和手套，行色匆忙。接着我们被一位厨艺精湛的厨子大切八块，炖成了一锅香喷喷的萝卜排骨汤，最后被一份份地装进快餐盒，送到了火神山医院。

一位身着防护服的白衣天使走到我面前，在她脱下手套，用双手卸下防护面具和口罩的那一刻，我看到了一张满布压痕的疲倦的脸。她一手打开快餐盒，一手拿起手机拨通了电话："妈，你放心，我在这边一切都好……你们在家要做好防范，注意身体……帮我照顾好崽崽，等我回来……"她声音哽咽，一滴眼泪滑过她的脸颊滴落在我身上，咸咸的、暖暖的……

作为一个萝卜，我从未像今天这样自豪过。在平时的餐桌上，我只是一盘不起眼的菜肴，但在今天、在疫情面前，我定将身体内的每一丝营养化为白衣战士们坚守前行的动力，化为众志成城的决心，与他们一起并肩作战！

罗安娜/文，四年级　指导老师：汤妃美

倔　牛

在一栋老式的房子里，有一张大木方桌，桌上摆着一个不锈钢面盆，面盆中装着满满当当的面粉。"哗啦啦"，厨房里的水龙头在放肆地流淌着。突然，水声戛然而止。一个满头银发的老太太，手上提着一把热水壶，行色匆匆地走向桌旁，把热水壶往桌上一放，对着桌边的凳子一屁股坐了上去。嘴里还念念有词："要来不及了，今天是中元节，一定要把这些做好的。"

说完，她顾自忙去了。只见她用两手把不锈钢面盆里的面粉从中间向两边扒开，扒出一个圆洞，迅速掀开热水壶瓶盖，往圆洞里倒热水。在面粉快要凝结的时候，一边拿起筷子搅拌几圈，一边抓一把周边散着的面粉撒往快要凝结的面团。一遍一遍地重复着，直至散着的面粉越来越少，都被吸附到面团中，变成一个大面团。随后，她站起来，用手掌的肉用力向下压面团。之后，把手横着放进两侧面团的底下，将它们翻至中间。她把身子挺得笔直笔直，两条手臂用力向下压，嘴里还不时地传出"呼哧呼哧"的喘息声。

八月骄阳似张火伞，炽热的火伞高张在空中，热得河里的鱼儿不敢露出水面，鸟儿也不敢飞出山林，村中的狗伸长舌头喘个不休。奶奶两鬓都已浸出了豆大的汗珠，晶莹的汗水顺着脸颊往下流。

打从我记事起，奶奶每年如此，风雨无阻。就算前几天还病恹恹的，到了这几天，她一定会打了鸡血似的强壮起来。记得有一年冬至，天出奇的冷，奶奶又如往常一样端出装备揉面做饼。爸爸阻拦她说：

"现在谁家里还做这些啊，谁还要吃这些啊，比这好吃的东西多的是。这么冷的天，还是去取取暖，别做这些了。"说罢，顺势要去收拾她那些装备。奶奶为此还跟爸爸大吵了一架。

奶奶已经揉好面团了。面盆里放着一个白色的面团，一个青色的面团。我指着青色的面团问奶奶："这个面团怎么是青色的呀?"奶奶一脸慈祥地说："我加了艾草粉呀。"我侧着脑袋，满脸疑惑："难道一年四季都有艾草吗? 为什么冬天做的饼也有青色的啊?"奶奶清澈的小眼睛里透出得意的光芒："我早已将艾草制成粉装在罐子里储存了。"

说罢，转身走向厨房，不一会儿抱着一个大罐子出来了。打开盖子，一阵豆沙的清香迎面扑来。奶奶随即抄起她的大木圆棍在罐子里捣啊捣，碾啊碾。看着蛮好玩的样子，我赶忙迎上去说："奶奶，我来帮你。"

碾压好豆沙之后，又放上厚厚的一层白糖，继续碾压成细沙。我两只眼睛盯着豆沙罐子，口水却早已挂在了衣襟上，活像一只馋嘴的小猫咪。奶奶见状，拿来一只勺子，赶紧挖一勺让我尝尝，问："味道怎么样啊? 够甜吗?""好……吃。"我连吞带咽地说。

不知是吃货的世界里时间总是过得飞快，还是奶奶几十年来早已练就了一身娴熟的手法，不知不觉间，蒸架上竟摆放了好多个饼了。有白色的像饺子样的饼，里面裹着咸菜、肉丁、豆腐干等佐料；有像小笼包一样的青色的饼，里面裹着的是丝滑酥软的豆沙。

生活中总有一些人执拗地坚持着一些事，他们就像牛一样倔强。大浪淘沙，在时光的骇浪中如果没有这种倔强的黄牛，恐怕一些事与物早已随沙流走。

沈栩佳/文，五年级

春水·舟影

窗外有一条小河，细软的风拂过，水面的波，像老人的皱纹，密密麻麻，深深浅浅却又无力地一圈一圈荡漾开去。深绿色的河面上，浮着的水藻一日日地铺，河面一日日地窄，隐隐间，整条河渐渐暗淡无光，像一个对未来丧失信心的病患，恨不得浑浑噩噩，虚度光阴。但从那天开始，小河变得不一样了。

像一弯新月，一叶木舟摇摇曳曳，扁扁长长，顺着风，没有任何防护，像失根的浮萍飘在水面。或许是我错过了最佳的相遇时间，来不及见到那人的正脸，小舟已飘到了前方，只有那个坐在舟尾微微佝偻着的背影，映入了脑海。灰色套头衫下，高高撸起的袖子，黝红的手臂，与头顶的志愿者小红帽，相互映衬。大抵是个四五十岁个子瘦矮的男子，他左手划着桨，右手拿着网。说是船桨，其实是块跟小手臂一样短的木头，木头上残留着一些朱红的漆。小舟在一圈圈涟漪中荡去了河中央，他放下桨，在小舟右侧轻轻甩出了白网一端，网迅速滑入河面，一下没入河中，他的左手有条不紊地操纵着网的另一端。大约一分钟，他双手拖着网兜，将它捞了起来。网兜里大约盛了半兜的水草和浮萍，像脱落的胡须，他轻轻捞出它们，放入舟中，他的动作轻缓而坚定。偶有行人踏上一边的小桥，他便热情地招呼："午饭吃了没？"阳光正好，落他的肩头，像蝴蝶亲吻着花瓣。桥上的人往往也是热情地回应一声："吃了！最近天气真好！"一场对话往往就这样结束了。行人继续走着，脸上是阳光沉淀的笑颜；他也继续划着，见不着他的脸，却留下一池碎金般的阳光在水面飘荡。半个钟头过去，水草已经载满了小舟。

之后几日，那一舟一影与河面融为一体，仿佛它们本应成为那里固有的风景。水草、浮萍一天天变窄，水面一天天宽阔了，两岸一树树、一丛丛、一簇簇的草木，酿绿了水面。推窗，是樱花的味道？是艾草的味道？是紫云英的味道？似乎嗅觉细腻了，伴着春日芬芳的呓语，倒是有了些杜甫笔下"舍南舍北皆春水，但见群鸥日日来。花径不曾缘客扫，蓬门今始为君开"的意境。

不同于往年的温润，一场春雨疾来。一刹那，穹庐茫茫，雾霭蒙蒙。雨大得好像要砸破窗棂，冰雹也接二连三地向地面袭来。窗外枝头的樱花纷纷坠落，新长的枝丫在拼命挣扎，河水也因此震动着，眼前的世界好像要被淹没。

但他，还是来了。他外罩一件黑雨衣，头戴一顶竹斗笠，独坐一叶扁舟晃悠悠而来。雨雾氤氲了眼眸，让我看不清他的正脸，最终留下的只是被雨水模糊了的背影。他不慌不忙地划着，任雨水浸湿他的衣角，河水快没过木舟，木舟好像随时要翻，他依然镇定地坐在船头眺望着。他轻轻低下头去，拿起了网，放进河水中。波澜不惊的背影，在深灰色苍穹之下，孤独却沉稳。门口执勤的保安早早回了温暖的值班房，马路上的汽车在一片嘈杂的鸣笛声中亮起了灯。他捞起了网，半袋的水草，幽绿中夹杂着黑。雨虽大，盖过了船，却盖不住雨帘中的背影。

或许他早已习惯了。小舟向河深处前进，消失在眼里……

他又划着小舟在河中继续工作，嘴里还哼着小曲儿。那个背影，黑发中掺杂着白发，佝偻却坚定。

陈诺/文，七年级

茶心的传递

早春，茶农便忙开了。大片的茶田，茶农们忙碌着，绿油油的早茶更是急不可耐，急急地展现美好，或偷偷散发清香，或悄悄溜进背篓。晓农的爷爷便是这采茶大军中的一员。

童年时，爷爷在屋内摆起茶灶，往灶内添些新叶，抹些茶油，并不停用手来回翻炒。起初察觉不出什么，可渐渐地，茶香弥漫了整间屋子，在晓农鼻尖"安营扎寨"。小时的他，每当春季都与茶香为伴。当然，他最爱的也便是茶香了。

如今，晓农是一个职场精英。每逢论事，无论事大事小，都会早早地沏一壶好茶，但他总觉得少了一味。无论多么上等的茶，总像少了点什么，他百思不得其解。

时间正一点一点地流逝，在农村的爷爷终究是老了。头发白了，背也驼了，手上也多了根拐杖，老得已经不能再上山采茶了。可不知山中的茶是否还在等待，等待着那几十年如一日的老茶农再次上山。但爷爷却只是坐在门口，目光始终追随着大山，眼底落下一片阴影。

"孙儿，最近能否回家看看？"老人坐在那满是裂痕的藤椅上，颤抖地捧着电话，期待着能听到他所期待的声音。很久才从电话那头传来一声"好"。

那老人放好电话，挂着拐杖，颤颤巍巍地去准备刚制得的茶叶，因为他知道孙儿爱喝茶。

晓农回乡了。时隔多年，瞧见那熟悉的街道，那熟悉的房屋，一切都倍感亲切。"轰——轰——"街边传来一阵阵机器制茶的声音。晓农心里想："爷爷那儿会有清茶吧!"于是不由得加快了脚步。

然而，这一切都只是幻影。屋内没有一丝清香，爷爷也没有用手翻动新茶，爷爷手里只有一根拐杖。

他手里端着一杯茶，摇晃晃地往我这儿走来，说道："这是今年的新茶，尝尝吧。"

晓农细细喝了口正冒着热气的新茶，觉得味道不对，又是少了点什么。"爷爷，这茶……"

"哦，这茶是你刘二婶家的，我手脚已经不利索了，上不了山了，便托你二婶带了些，她家机器做得也快些。"

晓农盯着那杯底的茶叶，扁平而又无光泽。他突然意识到了，知道之前泡的茶里为什么总会少一味，因为那些茶都是用冷冰冰的机器加工而成的，而爷爷以前做茶却是倾注了他一辈子的辛苦，精雕细琢，才成就了这茶道。

"唉，我是再也没有机会了，再也没有力气做茶了，你爸爸也走了，这茶艺到我手上就断了。唉! 真正要断后喽。"老爷子长叹着。紧接着是一种压抑的沉默。

"爷爷，您把茶艺传给我吧，有我在，我会扛着，不会让我们的茶艺就这么断了!"晓农终是下定了决心。

"别，孩子，你还有工作。""我已经打算辞职了。"他坚决地说。晓农上山去了，去那已多年无人问津的茶园，他在里头穿梭，他笑着，笑得像个刚落地的娃娃。茶也在笑，这是茶对青年善意的笑，肯定的笑，赞美的笑。村里又多了个新茶农，而那间屋子里又重新飘出了那久别重逢的香气——茶香。

孙泽枫/文，高二年级　指导老师：徐凤燕

一起种下的植株

每个人都被禁锢在了家中，多人共同居住在一个房间，却没有太多的交流攀谈。每个人都聚精会神地盯着那巴掌大小的屏幕，沉溺于不可触摸的虚幻网络世界。

我听见他的电话响了，他说了几句："好，我马上下来。"就匆匆下楼去了。没过多久，就听见他有力的脚步声似乎是到了家门口，他认真拿起酒精的喷雾，多次下压，喷在手腕和包裹上。快步往前走的同时拆解这纸盒。打开后簌簌的细土往下掉着，几株翠绿幼嫩的植株被他握在手里。

我问道："爸爸，这是什么植株?"他回答我说："草莓。我买的是四季草莓，一年多次开花，多次结果。"

我最爱草莓，红艳的，看着就可口的水果。只是没想到，他会突然想要种植。我突然间想起，家里花盆中朴素的，连个叶子都还没冒出的葡萄藤的出现可能不是偶然。我想了想说："爸爸，我想和你一起种。"

我跑到杂物间，拿出一个宽大的花盆，拖出父亲当年收集的黑土，倒出一些，然后用小铲子翻一翻，再听从父亲的指导一起挖个小坑，把植株种下去，慢慢压平，然后在小桶里接上水，均匀地灌溉。

晚上，当父亲回来时，我问："爸爸，我能跟你一起去站岗吗? 我也会认真询问每一个外地来的人口，让他们安心在家。"

父亲严肃地对我说："你是我的孩子，我会保护好你。好好待在家里。"

　　这些天，我一直观察着草莓植株，给它们浇浇水，还和妈妈一起做饭，一想到爸爸回家就能吃到我和妈妈做的饭，就觉得幸福极了。我知道，我和爸爸一起种下小嫩苗不仅仅是一株植株，更是家庭温馨美满的表现，是武汉恢复勃勃生机的希望。

　　　　　　　　　　　　　汪伟奇/文，六年级　指导老师：田珊珊

粮　票

　　刚吃完饭还没坐到沙发上，"你的嘴巴是漏斗吗，怎么老漏饭？"耳边又传来老妈的唠叨声。哎，我扭头只看见她的嘴巴不停地张张合合，妈妈讲起来真是喋喋不休。我生气地回到自己房间，拉开抽屉，找到正在睡觉的哆啦A梦。"嘿！懒虫，醒醒！"我扯着他的耳朵大叫道，"我需要时光机！"哆啦A梦揉揉惺忪的睡眼，在自己的魔法口袋里翻啊翻，终于找到了时光机："来，我们把它设置到'1990'年。"嘿嘿，这样就可以摆脱妈妈的唠叨了。

　　"咦，你们是谁呀？"旁边传来一个熟悉的声音。我侧头一看，咦，这不是年轻版的外婆吗？"这就是你的外婆呀，你穿越到了你妈妈小时候呀。"哆啦A梦小声提醒我。"啊，我……我们家……家刚搬到这……这里。你叫……我小千就行。"我结结巴巴地说。"是刚搬来吗？饭吃了吗？""我……"刚开口，肚子就不争气地咕咕叫了。"你看都十二点了，我们家今天饭正好都吃完了。小佳，你快带小千出去买几个包子吃吧。"

　　"哦，知道了。"十岁的妈妈掀开帘子，从里屋走了出来。她很自然地牵着我的手，带我来到了一个馒头摊前。隔着那一片热乎乎的雾气，小佳脆生生地喊着："老板，来两个包子。""今天肉票没了，没法买肉做包子了。""那就给我两个馒头吧。""好嘞。"随后给了我们两个馒头。小佳掏出了一些钱和一些花花绿绿的纸张，我好奇地问："那是什么？是优惠券吗？买馒头也有优惠券吗？""这是粮票呀，奇怪，你

407

怎么会不知道呢，你家不用粮票?"

我赶紧圆谎:"我是从外地过来的，所以就不知道。"妈妈更惊讶了:"那你是从哪个外地来的?中国有哪里是不用粮票的吗?快告诉我!我长大了就去那里。我上次丢了半斤粮票，我妈妈骂了我好几天呢……"

"别说不开心的事了，我们去超市吧，我请你吃零食。"我拍拍口袋里鼓鼓囊囊的小钱包。

"什么超市，那是什么地方啊?"

"呃，长兴没有超市吗?"

"从来没听说啊，买东西的地方吗?那我还得回家和妈妈要粮票，刚才的一两粮票给你买馒头吃了。"

"为什么要用粮票呢?"

"我妈妈说，因为我们中国人口太多，什么都不够吃不够用的。你看，买馒头要用粮票，买肉要用肉票，买布要用布票。告诉你个秘密，我家柜子里有个小匣子，里面都是各种各样的票，我妈妈天天在那数啊数，天天很发愁，因为票总是不够用。听妈妈说，我出生在12月31日的晚上，爸爸妈妈特别高兴，因为我一出生就可以领这一整年的票，如果晚几小时就领不到了，我还要花一年的票。来，我给你一两粮票，是我从早饭里省出来的，如果你嘴馋小卖部的零食，可以拿这个去换……"

"你这不听话的孩子，怎么我还没说完，你就睡着了!"妈妈怒气冲冲地把我摇醒。原来刚才是做了一个梦呀。我擦擦嘴边的口水，斜眼看到，电视里正在播放祖国大地的丰收场景，地里翻腾着喜悦的气氛，人人脸上泛着欢乐的神采。

孙千懿/文，五年级　指导老师：钱树锋

立　春

　　"春雨惊春清谷天，夏满芒夏暑相连，秋处露秋寒霜降，冬雪雪冬小大寒。"你还记得这《二十四节气歌》吗？惊蛰的雷雨交加，芒种的硕果累累，大寒的冰雪消融……每个节气都有自己独特的一面，而我最爱的则是立春。

　　"一年之计在于春"，立春是一年的第一天。春是温暖的，鸟语花香；春是生长的，耕耘播种；春是充满生机的，春意盎然。立春的第一缕阳光照射在大地上，第一阵春风吹拂过大地，带走了冬天的寒冷，迎接着春天的洗礼，万物复苏，一片生机勃勃。

　　我们老家的风俗习惯，一到立春，家家户户门框和窗户上会插上几叶翠柏，迎接新年开春的到来。2019年的立春刚好与除夕是同一天，非常特殊，作为年少的我们盼着过年的喜悦，拥抱春天的温暖，期待不同凡响的2019年。我们懂得放下，忘记过去，展望未来，一切皆有可能，一切皆有希望，一切皆会实现。

　　我走在老家村口的田坎上，天虽下着雨，但极目远眺，那条经过我们村前的金台铁路一直在延伸，那铁轨载着我那满怀的希望通向远方。

　　沿着铁路的轨迹，我走在春的大地上，呼吸着带有泥土气息的空气，沐浴着明媚的阳光，感觉都可以用一个字来形容——"轻"，脚步是轻快的，身体是轻盈的，心情是轻松的。

　　"安全重于一切"历历在目，是铁路工人用一滴一滴的汗水换来了眼前充满希望的交通枢纽。

　　走在春天里，品味着自己经历过的酸甜苦辣，觉得都如浮云一般。走着走着，几朵初开的花映入眼帘，是啊，它们也曾盛开过，走在春天的脚步里，一切都舍得，一切都放得下。

　　眼前的那条路，承载着全村人的希望，承载着我们少年时代展翅高飞的梦。

胡译天/文，九年级

夏之荷韵

因繁忙的学业，许久未关心过荷花的长势。我已看了无数教学视频、电视节目，听了无数家长的唠叨、诗词歌赋。但我真想擦亮我的眼睛，看看荷花。

于是，夏日何时悄悄来临我并未关注，直到那天在家做作业时，忽然吹来一阵凉风，当我仰头避风时，忽得瞧见那红的、粉的荷瓣在葱翠荷叶的衬托下翩翩起舞！这是一幅多么婉约而又自由的画卷啊！我一惊，手搁浅在半空中，眼神凝固了。可正当我准备饱览这不可多得的景象时，风戛然而止。我又是一惊，心情就如到了极限的大浪，有气无力地陷了下去。

回首刚才的一瞬，我不禁想起那稚嫩的童年。

那时，最快活的事不是赏荷而是玩荷。从家到大公园有三条路可走，其中一条道路还算宽敞，可道边杂草丛生，并有几棵大树挡住阳光，投下一片斑驳，旁有房屋，可人迹罕至，怪可怕的。每去公园，几乎都从这条道走。不为别的，就为一个有荷花的小湖。

一个懵懂的小孩，紧紧地趴在石栏杆旁，不停地向一处荷丛靠近。难道他不怕掉进湖里吗？因为湖中有荷！终于抓到了！我一手擒花一手捉叶，看着其上晶莹的露珠，我的心灵也在这一瞬间变得清澈透明。

捧一些水，洒在荷叶上，手持荷叶两端小心翼翼地控制水珠不滚落，心惊胆战。或是将荷叶倒扣在头上，成了一顶帽子，别有韵味。想必荷就是这样：人们公认的纯洁，孩子眼中快乐的开端。

失去根的荷，有香无韵，而那生在水中的荷，却是香与韵并存。

静时荷，宛如一位仙女立于翡翠之上，有的似诗人，仰头欣赏美景；有的似小睡初醒的儿童，惺忪地环顾四周；有的则如婴儿，静静地睡着，编织着一个充满向往的梦。

大雨，使一切景致朦胧，但大雨中之荷，却如一幅轻描淡写的抽象画。密集的雨雾横贯于湖中间，放眼望去，几点粉，一块碧，辅以石亭，那荷似乎更美了。

张博文/文，五年级　指导老师：钟慧萍

梅　花

　　乡下外公家种了数十棵梅花。每到冬日，百花凋谢之时，却能见一树树粉红开满枝头。有时，从院子里也会探出几枝拇指大小的花朵，有的已经开放，有的含羞半开，有的含苞欲放，仿佛冬日里最亮丽的一道色彩，引得行人纷纷驻足回望。

　　每当黄昏时，夕阳照在花瓣之上，一树梅花红的耀眼，金的璀璨，还带了一丝淡淡的幽雅香气。"遥知不是雪，为有暗香来！"不管何时都能让人分辨出这就是梅花。

　　在外公家，书房的窗前也栽着几棵梅花。若是伏案学习时开窗，不多时便会有一枝淘气的悄悄探进来，在屋内散发着沁人心脾的幽香，有些还会轻轻扫在你脸上，像挠痒痒似的，多调皮！从外面回来时，先映入眼帘的也是那一树或淡红，或粉白的花儿，然后才见那两扇藏于树后的玻璃窗。

　　冬日里坚贞不屈、凌寒独放的那一枝梅花，不正是中华儿女的写照吗？那一树的梅花，给我留下了太深太深的印象。因为它教会了我：像梅花一般不惧霜雪、凌寒独放的人，才能开出属于自己的风采！

　　　　　　　　　　　　朱子乐/文，六年级　指导老师：陈艳

我和那枝康乃馨的故事

教师节悄悄地来了，同学们都商量着准备一些花束祝福辛苦了一年的老师们。

放学后，大家排着整齐的队伍从校门口走出，远远看去，只见黑压压的人群围着一个白发老爷爷。我的好奇心促使我去侦察，看看他们到底是在干什么。我很努力地挤进人群，只见老爷爷的前面铺着一张地毯，地毯上整齐摆放着各种各样的花，有康乃馨、向日葵、满天星……我看到有一枝装饰好的康乃馨非常漂亮，甚是喜欢，我心里想着就是它了。我急匆匆跑回家拿出了我所有的零花钱，兴冲冲跑到校门口的地摊上，气喘吁吁地问："爷爷！这枝花多少钱？"老爷爷居然开价十五元，我低下头紧紧盯着手上的十元钱，两只手用力地揉捏着，心里莫名无助，灰溜溜地准备离开。此时老爷爷却叫住了我："小姑娘，你喜欢这枝康乃馨，是吗？"然后拿起手边的康乃馨递给了我："看你这么喜欢，这朵康乃馨就送给你了。"我连忙摇摇头，觉得这样不太妥当，老爷爷也是为了谋生计才出来摆地摊的。我跟老爷爷说："谢谢爷爷！我还是选点别的吧。"所以我挑了一点做贺卡的材料，就回家了。

可当我回到家打开袋子才发现多了枝康乃馨，对！就是我看中的那枝，心里非常喜欢的康乃馨。我想它肯定是老爷爷偷偷塞进袋子里送给我的。晚上我和妈妈说了这件事以后，妈妈给了我十五元让我去给那个老爷爷。第二天，我带着十五元钱来到校门口，幸好那位老爷爷还在这边摆摊。我要还给老爷爷，但是爷爷怎么都不肯收："小姑娘，看你很喜欢那朵花，就送给你了。这钱你就自己留着花吧。"上学就要迟到了，我趁老爷爷不注意的时候悄悄地把钱塞进了爷爷身旁放装饰品的塑料袋里。

从此以后，每次经过校门口的这个花摊我都会放慢脚步，看着老爷爷忙碌的身影，我感觉生活如此美好。

宋佳奕/文，五年级　指导老师：许海娃

距离产生美

如果说美是一块无价的玉石，那么它必须放在一个特殊的展柜上，否则，它就会被贬得一文不值，而那个独一无二的展柜，叫"距离"。

这种距离可能来自一朵花，或其他。一朵红色的花在野外一枝独秀，衬在后面的是一片绿色的叶子，让花显得那么奔放！

看，天空刚下过雨，我简直无法想象自己是多么惊讶，在一场突如其来的大雨来临时，在身后的野草都畏惧地缩在了树下，感受着大树的保护时，只有这枝花，她不屑于在别人的阴影下，而是自己站了出来！风雨中自己承担，这是多么豪放且勇敢！花的身上都披着露珠，可这不影响人们赏花的兴致，花儿身上沾满了雨水，就如同美人涂了粉红的胭脂，更加浓烈。

这是你在远处对这朵孤花的盛赞，它有一种豪放的美，可当你怀着好奇与敬畏走近时——

一朵红一片绿，被一只手粗暴地揉在一起。再看看那叶子，枯黄中夹杂着深绿，上面已经被雨水穿孔，无力地垂在地上。而远处看来像花的东西，只不过是几片年迈的红叶长在了相同的树枝上，它们被露水泡得发黑发胀，上面的虫洞周围一片枯黄。这个时候，因水雾造成的朦胧一下子消失殆尽，迷雾散开了，你才知道幕布是多么重要。

我默默穿过水雾退回到原位，那一些叶片隐藏在雾后又出现了花的样子，我也注视着他们，只是不再有赞叹。

陈梓浩/文，四年级

生命的旅程

朵朵白云在空中飘浮着,就像一片白色的朦胧云海,看得见却摸不着。

明艳阳光像利剑一般穿透云海,照射在匈牙利的蒂萨河上,波光粼粼的水面被阳光染成了金色。一条条金色的波纹折射出淡黄色的朦胧光点,使河面摇曳生辉,熠熠发光,好似一条金色的彩带。

渐渐地,河面上热闹起来,一只只渺小的虫子——蜉蝣,开始钻出了水面,飞到岸边的枝叶上、枯木上、岩石上,紧紧地挂了上去,开始蜕皮。它们割开了旧皮,蠕动着,奋力挣扎着,新的身体缓缓露出,六只小脚颤动着,眼睛也变得更亮了。一点点、一点点……头出来了,整个身子也出来了,它们扇动着翅膀,抽出细长的尾巴,褪去外壳,挣脱束缚,只留下一块晶莹剔透的旧壳。

越来越多的蜉蝣飞上了水面,翅膀扇动的声音和蜉蝣鸣叫的声音越来越响,河面变得嘈杂了,所有雄性蜉蝣都开始寻找自己的配偶。河面上一片生机勃勃,许多蜉蝣在河面疾驰,想寻找自己的伴侣;还有蜉蝣飞在河的上方,想通过高空视角进行搜索;还有些蜉蝣打作一团,想获得雌性的青睐。

在这场生命的大爆发中,河面依旧金亮,依旧朦胧,一只只蜉蝣好似金灿灿的光点,闪耀生辉,时而散开,时而聚拢;又像明晃晃的星星,光芒闪耀,时而朦胧,时而清晰。一群群蜉蝣像一层薄纱似的笼罩着河面,哗哗,哗哗!蜉蝣扇动翅膀的声音不绝于耳。它们在这光滑的镜面上翩翩起舞，甚至有些疯狂了。因为它们的生命已经开始了三分钟的倒计时。

很快，雄性蜉蝣的生命走到了尽头，他们缓缓滑落在水面上，一动也不动，似乎十分安详。这是他们一生的高潮，也是终点。

雄性的表演结束了，雌性已经开始了另一场表演。

她们纷纷起飞，深入空中，在阳光的照耀下化为一个个光点，开始了长达五千米的征程。一个个光点时大时小，时快时慢，时上时下，时左时右。光影交错，摇曳生辉，无形中构成了一幅绚丽无比的画卷，这也是她们一生中最美的生命乐章。

五千米的距离，转瞬即逝。终于，雌性蜉蝣也筋疲力尽，像雨点般坠落在河中，仿佛下起了一场蜉蝣雨。"扑通""扑通"，一只只蜉蝣溅起阵阵水花，不一会儿，湖面就恢复了平静。故事，似乎就这么结束了，蜉蝣似乎什么都没留下。但不为人知的是，在雌性蜉蝣坠入水中的一瞬间，她产出了上千枚卵，她们在生命的最后一刻，完成了最重要的生命延续过程。

蜉蝣生命很短暂，但它们活得精彩；蜕变、求偶、产卵，它们虽然渺小，但却完成了自己的使命，为自己的后代开启了崭新的道路——生命的征程。

沈忆南/文，六年级

成长的足迹

春天的露水滴在绿叶上，
婉转的鸟鸣声在萦绕着，
你的语言从咿咿呀呀到爸爸妈妈，
你的动作从蹒跚学步到追逐嬉闹。
度过春天，
你迈出第一步。

夏天的骄阳照在大地上，
烦躁的蛙叫声在回荡着，
你的身体从憨态可掬到矫健迅捷，
你的时间从无比宽松到十分紧张。
度过夏天，
你开始奔跑。

秋天的落叶飘在小路上，
孤独的蝉噪声在起伏着，
你的思想从天真无邪到难以捉摸，
你的心灵从纯洁无瑕到遍体鳞伤。
奔过秋天，
你开始累了。

冬天的霜露结在枝头上，
天真的欢笑声在荡漾着，
你的眼神从清澈透明到深邃浑浊，
你的脸庞从吹弹可破到满面沧桑。
告别冬天，
你再也跑不动了。

从春到冬，从幼到老，
它们铺成了一条路。
我们从上面奔过，
留下成长的足迹。

沈忆南/文，六年级

柳

柳，代表着送别。诗人王维在《送元二使安西》中写道："渭城朝雨浥轻尘，客舍青青柳色新。"柳，平平常常，在公园、在街道、在学校，都有它的身影。我的朋友离我远去时，我就会折一束小柳条，代表我的心意，送给他。

春日，柳树脱去光秃秃的冬装，迎来了一小片新绿。细细的枝条上，长出了嫩绿的芽，犹如小婴儿稚嫩的小手指轻轻拂过。

夏日，恶毒的太阳照耀大地，使人汗流浃背，尤其是正午，那时的太阳光是最毒的，人们吃完饭就安详地睡着了，只有屋外的柳树依然挺立在湖边。烈日当空，柳树挺直了身板，绿叶在阳光的照射下，显得更加娇嫩，更加生机勃勃，十分光滑。旁边的一些花草，原本还花团锦簇、竞相开放，被阳光一照，立即失去了原先的生机，像即将枯萎一样，没精打采，垂头丧气。晚上，人们坐在柳树下，吃着新鲜的水果，时常唠叨着几句家常话，享受着柳树在旁演奏的夏的颂歌。走在公园的湖边，那瘦瘦长长的柳树亭亭玉立，纤细又娇嫩的叶片泛着点点绿光，远远望去，好像一树的绿宝石。难怪唐代诗人贺知章在《咏柳》中赞美柳树"碧玉妆成一树高，万条垂下绿丝绦"的样子十分好看。

到了秋高气爽的秋天，柳叶渐渐老去，颜色从浅黄色，慢慢变成深黄色，一阵凉爽的秋风吹来，枝条慢慢摇摆着，柳叶如一个个天真、可爱的黄色小精灵，飘飘悠悠、漫天飞舞。触摸柳树的枝干，那粗糙的树皮让我想起了外公那双长满老茧的手……

我爱柳树！爱它犹如绿宝石的叶子，爱它老旧的树干，更爱它代表的含义——送别！

金奕霏/文，五年级

草

　　有谁曾留意过那普通得不能再普通的随处可见的小东西——草呀。

　　那嫩绿的小草，顶着那尖尖的小芽，不屈向上，茁壮生长。不管是那风吹雨打，还是那骄阳似火，在一次一次的磨炼下，始终挺直腰板，在微风的吹拂下傲然挺立着。

　　有一次，我去浙大紫金港游玩。那时候是夏天，小草正处在茂盛的时期，好像把它的全部生命力展示给我们看。那么多的小草，一簇堆在另一簇上面，看上去就像一张超大的地毯，每一根小草上面，似乎都有一个新的生命在颤动，给这张地毯增添了无限的生机。

　　我轻轻地踩了上去，小心翼翼地，一步一个脚印，一步一回头，生怕它经受不住我的分量，但我发现，那些被我踩倒的草会自己重新立起来。

　　我开始在草坪上撒欢了，我在草坪上飞奔，一会儿冲上小小的草坡，一会儿又从上面狂奔下来。

　　我准备好好地测试一下小草的生命力有多么顽强。于是，我带了几颗种子，把它撒在阴暗干燥的石头缝隙里，那些缝隙小得连人的一根小拇指都伸不进去。

　　过了几天，我去瞧瞧它，啊！它竟然从那小小的缝隙中探出头来了。后来，我基本上只能一周去看它一次了，虽然没有人照顾它，可是它并没有枯萎，还是绿油油地顽强活着呢！

　　　　　　　　　　　　　　潘雨涵/文，五年级　　指导老师：郑秀军

423

灯·月

月光下，亮着一盏灯。

灯撑着短短的灯柱，在脚边泛出晕圈。

月亮踩着太阳的光，立在天上。

她用不再闪耀的曦光，把灯光牢牢地按在地上。

然后蔑笑着转身，

扯过地平线彻底盖住了太阳。

灯却仰起头，轻笑着，

向着乜着眼的月亮，说：

你好，

我在发光。

苏迁/文，八年级

白　露

白露未晞，龙眼独盈。晨起，我又看见偏红的枫叶上一枝碎金般流萤似的露水。白露，又来了。

（一）丰收召起

"芷儿，去看看你爸爸！"娘亲坐卧在竹枝编成的椅子上，身着碎花长衣，翘着兰花指，四处张望。"好嘞！"芷儿飞快地跑进麦野。

山路陡，她爽快地脱下绣花鞋，赤着脚向原野奔去。那片金灿灿的麦田，从小便陪伴她度过无边岁月。"唉，还是路子野。"芷儿的姐姐芷清悄声走到娘亲跟前，双手递给娘亲一杯新茶："妹妹还是改不了这毛病。""随她吧！"娘亲笑着看看那片稻野。晨起，叶微凉。

"爹！"芷儿嗔怪地喊着。她红嫩嫩的脸上沾满了泥巴，手上也全是泥。"芷儿，你这女儿……""爹，你也说我！"芷儿嘟起小嘴。"啊好好好，我是说，马上就要丰收了！"

芷儿放眼望去。早秋时的稻田沁出点点金黄，一望无际的稻田随着风儿舞动。徜徉在碧天下的金黄色波浪，伴着鸟儿声声啼叫，显出"白露白茫茫，稻谷满田黄"之感。天上细雾朦胧，却挡不住那片溢出的黄色。

"爹……"芷儿张开嘴，欲言又止。"怎么了？""我，我想上大学……可总是被人耻笑。"芷儿低着头。"哈哈，爹相信你，一定能考上好大学！""还是爹最好！"芷儿抬起头，抬眼望天空，一片湛蓝。

在略带寒意的秋风里，芷儿坐在麦浪之中。"'白露暖秋色，月明清漏中'，小咪，我一定能考上好大学，是吗？"她的手抚摸着猫儿弓着的背。猫儿舒服地叫了起来，似乎在表示赞许。

（二）玉茶露起

南京郊外。"白莲，那里的茶叶干了，去看看！""好！"一声清脆的叫喊在山谷中响起。白莲十五岁，自幼没了父亲，母亲病重，扛起家中的大事小事，与三四十岁的妇人一起制茶。

"蒹葭苍苍，白露为霜。所谓伊人，在水一方。"白莲吟诵着她不理解的诗词，试图把意思摸索出来。

"白莲，今天是白露，又有新一批年满十五岁的采茶女要来了，你去迎迎！"山妈在一边叫唤。

"好！"

白莲看见眼前这个姑娘，与她差不多年纪，细细的眼眸中柔波起落。"我叫芷儿。"那个女孩唤道。

白莲也不多讲："白露茶，是把此时的茶树做成茶叶。此时的茶树经过夏季的酷热，白露是它生长的好时期。它既不像春茶那样鲜嫩，不经泡，也不似夏茶那样干涩，而是甘醇清香的。"

"明白了，白莲姐姐！"芷儿笑笑，微风带过她的发梢，"白莲姐姐，我以后一定要考大学。"

白莲心念一动。同样的目标，同样的年纪。她，已经喜欢上了这个女孩。白露时节，玉茶倾倾。

（三）米酒兴起

"亦月，你爸爸说，家中米酒酿好了？""是呀，白莲，欢迎你过来，你也来尝尝。"

亦月十六岁了，算是白莲与芷儿的姐姐。三个志趣相同的女孩在一起，马上便相熟了。

朦胧中的白露米酒温中含热，略略带甜。那微微泛白的光泽在阳光下显得清甜无比。

"今年是我立下上大学志向的第三个白露了。"芷儿一叹息，"可是我还没完成目标。"

"芷儿，你和白莲都能上学，多好呀，还能参加高考，我只能关在这个小地方，制米酒。"亦月眼角沁出泪珠，像一滴白露，滴在了米酒坛中。

"没事儿，你的诗词积累比我们好多了，你一定能考上大学！"白莲不善言辞，只是在心底默默鼓气。

白露未晞，月下三人。

（四）诗词雄起

五年后。白露在枝头微微动摇，不禁派落在河上的荷花上。残荷一阳，哀自叹息。

三抹惊鸿，浮在天边。在复旦大学文学系的讨论室中，三个女孩在各自发表自己的意见。

"依松白露上，历坎幽泉鸣。"

"白露沾衣。"

"露从今夜白，月是故乡明。"

白露的内涵，也许是点点桂流香，合在一起，变成的一片天地；也许是乡村中无依的三人，像失根的花朵合为一体。

白露的夜色尽了……

陈诺/文，六年级

苔花如米

偶然发现，家中鱼塘边的石头上，有一层浓浓的青苔。

许是下了很久的雨孕育出的新生命，深深的绿意覆盖在暗灰色的石砾上，浓密得像是丛林。久违的阳光轻轻斜射在青苔上，青苔也不负阳光，为自己的一方天地带来短暂的绿意。它像一件青衣，为死寂的石头带来了些许生机。浓浓的深绿上，有几个嫩绿的细芽，柔软却顽强地直立着，努力撑起芽尖上一抹白莲似的纯洁——是几朵若米粒般细碎的洁白色苔花。四五朵小得几乎看不见的苔花为青苔的绿意增添了几分朴实与真挚。它们轻轻绽放，默默承担，各自安好。白色的小花瓣上浅浅的细纹，一笔一画勾勒出质朴与淡雅。没有逸人的香气，没有多姿的外表，却不沉沦，不惜被阳光普照，不能与其他花朵争奇斗艳，却不苟且。它只是顺其自然，心怀理想，不负韶华。

栏杆上的几滴露珠轻盈飘落，慢慢滑下，折射出彩虹的色彩，不偏不倚落在了苔花上面。苔花像是被露珠的重量打击了一下，轻轻弯下腰，又悠然挺直了腰板。卑微几乎占据了它生命的全部，但它在红尘的低处依旧吮吸着雨露，努力迎接翘首以盼的美好。

"苔花如米小，也学牡丹开。"尽管被人群淡忘，甚至被自然遗失，也要尽自己全部的力量，实现最美好的精致。

曾经在电视上看到支教老师带领着数十名山里的孩子用最淳朴的乡音唱《苔》，泪水氤氲了双眼。他们或许生活在最偏远、最穷困的地方，不被阳光普照，不被众人熟知，但他们自尊自强，努力，奋斗，不苟且，不耗费光阴，不负自己，不负生命。也许他们暂时不能光芒四射，没有灿烂的芳华，但他们总会以自己的努力诠释生命的价值。

生活的价值就是像苔一样，卑微却伟大，贫乏却富足。

转身再看青苔，依旧那么沉寂、卑微地覆盖在石头上。但一种勃发的生命力却好似要一鸣惊人。

偶然发现，苔花若米，亦若牡丹。

陈诺/文，七年级

生活，就是一本书

"神秘北极圈，阿拉斯加的山巅，谁的脸出现海角的天边，忽然的瞬间，在那遥远的地点，我看见恋人幸福的光点。"彼时的我，听完张韶涵的《欧若拉》，心中油然而生对极光的向往。

终于，今年寒假，机会来临。

一路转机，一路辛苦，我们终于跟着旅行团来到了挪威郊区，即将前往极光基地。在这里，一片白雪皑皑的景象。在黑夜的衬托下，被冰雪覆盖的大地显得毫无生机。尽管穿着厚重的防寒服，那一股股刺骨的寒气依旧狠狠刮着我的脸，与此同时一种前所未有的灼痛感向我袭来。尽管快步行走，那股寒风也还是如影随形，把我的脸冻得通红。更要命的是，脚下那厚厚的积雪也肆无忌惮地折腾着我们，我的脚深深陷了进去，有时几乎无法动弹。那透心凉的冰雪便乘机钻进我的裤腿，释放着它那令人无法忍受的寒冷，我咬紧了牙关，想挣脱却没办法。

看着一旁骑着雪橇、快速前行的金发碧眼的欧洲人，想起自己当初执意选择步行造成现在举步维艰的狼狈情景，我心中不禁产生了一股强烈的后悔感。尽管我仍坚持走到目的地，即将实现多年以来埋在心底的梦想，但我的身体已不再允许我继续，由于严寒，我已被局部冻僵，而我们又没带够物资，爸爸妈妈最终决定带我回酒店。最后，在离基地一千米的地方，我与它失之交臂。

在目睹了一番冰天雪地的壮观、千里冰封万里雪飘的异域风情之后，那茫茫雪山之上唯美的一束束极光，始终在我脑海挥之不去。

在视频中见到的你，是那般诗意唯美。在漆黑的夜晚，只见一条透绿柔美的丝带悬挂高空，不断来回飘舞；如同两只凤凰在空中嬉戏，你追我赶，十分有趣。一会儿，你便如同旋风疾驰而去，向下飞奔而来，以迅雷不及掩耳之势变出了红与紫的花边，让游客全都惊叹不已。是呀，对于你，我一直神往不已，可却一直无缘。

时光匆匆流逝，学业也愈加繁重，再见极光的机会少之又少。见，或不见，已不再重要，因为那黑夜中的极光，于我脑海中，于我心中，已不再是一处自然的美景，而是永远存在心间的美好。

是呀，生活就是一本书。它告诉我们：人生总有一些高山翻越不了，从而留下这样那样的遗憾。将这片风景放在心间，便成了永恒……

林俊安/文，六年级

附 录

作品名录

432

［全集完］

扫二维码，出一本自己的书

jiazuo.cc/publish